应用型本科 经济管理类专业“十三五”规划教材

市场营销学

季 辉　王 冰　唐心智　编著

西安电子科技大学出版社

内容简介

本书阐述了市场营销学的一般原理和方法。全书分为三个部分。第一部分为第一至六章，主要介绍了市场营销的基本概念、营销观念和市场营销理论的产生和发展、营销环境分析与市场分析、目标市场营销战略确定；第二部分为第七至十章，主要介绍了市场营销组合策略的确定；第三部分为第十一章，主要介绍了营销管理的基本理论。

本书主要作为应用型本科教材，也可以作为高职高专经济管理类专业教材学习之用。

图书在版编目(CIP)数据

市场营销学/季辉，王冰，唐心智编著．—西安：西安电子科技大学出版社，2017.6
ISBN 978-7-5606-4542-1

Ⅰ．① 市…　Ⅱ．① 季…　②王…　③唐…　Ⅲ．① 市场营销学　Ⅳ．① F713.50

中国版本图书馆 CIP 数据核字(2017)第 155692 号

策划编辑　万晶晶
责任编辑　万晶晶
出版发行　西安电子科技大学出版社(西安市太白南路 2 号)
电　　话　(029)88242885　88201467　　邮　　编　710071
网　　址　www.xduph.com　　电子邮箱　xdupfxb001@163.com
经　　销　新华书店
印刷单位　陕西大江印务有限公司
版　　次　2017 年 7 月第 1 版　2017 年 7 月第 1 次印刷
开　　本　787 毫米×1092 毫米　1/16　印张 15.5
字　　数　368千字
印　　数　1～3000 册
定　　价　30.00 元
ISBN 978-7-5606-4542-1/F
XDUP 4834001-1

前 言

市场营销学20世纪产生于美国。随着市场经济的发展、市场竞争的加剧、科技的进步，市场营销学发生了根本性变化，各种营销手段与方法层出不穷，市场营销学已发展成为建立在经济学、行为科学、管理学等理论基础之上的综合性的应用科学。市场营销学的基本理论和方法已被广泛应用在各个领域与行业，具有很强的应用性与实践性。

本书阐述了现代市场营销的基本概念、理论、营销策略和研究营销的一些基本方法，反映了营销科学的最新发展，既注重系统性，又避免与相关学科的重复。本书的特色是针对应用型本科教学的特点，通过营销格言、案例导入、课堂讨论、即问即答、营销故事、阅读资料等小板块加深对内容的理解。本书最后增加两个综合能力实训题，供读者在学习完本书内容后进行能力综合实训。本书强调针对性、实用性，提倡案例教学、能力培养。本书可作为应用型本科及高职高专教学用书，也可作为企业培训教材和参考书，还可供营销爱好者学习参考。

全书共11章，分为三个部分。第一部分为第一至六章，主要介绍了市场营销的基本概念、营销观念和市场营销理论的产生和发展、营销环境分析与市场分析、目标市场营销战略确定；第二部分为第七至十章，主要介绍了市场营销组合策略的确定；第三部分为第十一章，主要介绍了营销管理的基本理论。

本书由季辉、王冰、唐心智三位老师编写，全书由季辉统稿和定稿。本书编写分工是：季辉(第一、二、五、七、九章)、王冰(第三、四、六、八章)、唐心智(第十、十一章)。

由于营销科学发展迅速，加之编者的学识有限、经验不足，书中难免存在疏漏，恳请读者批评指正。在编写过程中编者参考了大量时贤的研究成果以充实本书的内容，在此一并致谢。

编　者

2017.2 于成都

目　录

第一章　市场营销概述

【营销格言】营销并不是以精明的方式兜售自己的产品或服务，而是一门真正创造顾客价格的艺术。

【本章结构】

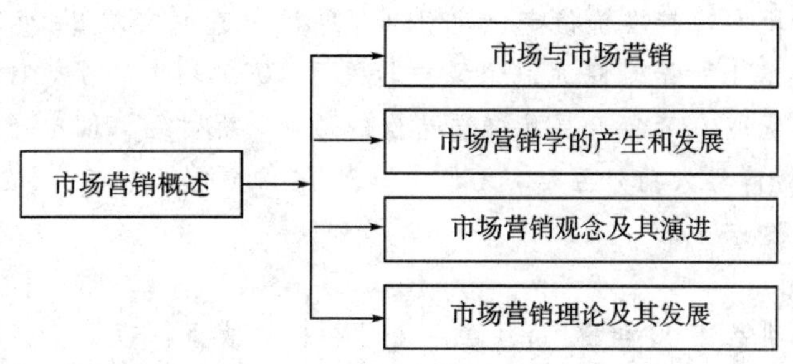

【案例导入】

会讲故事的褚橙

“褚橙”本名“云冠橙”，其实就是云南冰糖橙。虽然其貌不扬、个头一般，售价也不菲，却在网络上蹿红，销量一路走高。伴它一起走红的还有一个人(褚时健)和一段非常传奇的故事。

“昔日烟王，今日橙王”的褚时健，知命之年当了厂长，古稀之年进了牢房，73岁(保外就医)种橙，84岁时他的果园年产橙子8000吨，变身“橙王”，到了耄耋之年进京卖橙，创造5分钟被抢购800多箱的销售神话，一时间褚橙成了励志的图腾。“励志橙”凭什么迅速蹿红，大众为何愿为高价埋单?

首先，会讲故事，寻求卖点。橙子不是稀罕物，本不大好卖，做广告也未必奏效。褚时健也不做广告，而是讲述他沧桑的故事。从褚厂长、褚总、褚董事长，再到果农、售货员，其人生轨迹可谓跌宕起伏，极具传奇色彩。一位70多岁的老人，在人生的谷底开始“务农”，其传奇故事得到王石、潘石屹等知名人士在微博上的力捧，进而引爆了公众话题。于是，“褚橙”被大众誉为“励志果”，在如今大众创业的浪潮中，“吃励志果，走创业路”，成了创业者们的口号。所以，吃“褚橙”不在水果本身，而是成了一种励志体验。

其次，控制品质，赢得信任。名人涉商，产品质量与个人的名誉、信用紧紧捆绑在一起，因此他们格外在意产品质量细节和生产销售环节的标准化。“褚橙”的每棵果树只留240～260朵花，既控制产量又保证果实能够吸收足够的阳光和养分，并且种植过程中不使用任何化肥，而是用特制的有机肥；每个橙子上有防伪喷码，每个外包装箱上还有二维码，可以直接通过扫码防伪和下单；与阿里巴巴合作，利用“满天星”农产品溯源计划，帮助消费者买到正品褚橙；销售包装严格控制橙子个头，并按直径分三档：55～60 mm、60～70 mm、70～81 mm。

第三，销售一种精神，贵有贵的道理。“本来生活网”的数据显示，5公斤的家庭装“褚橙”

售价达128元，比普通国产橙子贵五六倍，进口的新奇士橙不到10元/斤，也被褚橙甩出一大截。褚橙，堪称橙子中的"高大上"品牌。那么消费者为什么愿意购买呢？除了品质好以外，微博上一位小姑娘从另一个侧面作出了回答："买褚橙并不是想吃橙子，而是买褚老的励志概念，是买健康生活的理念。"

第四营销创新。首先，结缘互联网，利用当前最热门的推广销售渠道。2012年携手电商新贵"本来生活网"让褚橙成功进京，一炮而红。仅2013年11月11日一天，褚橙的预售量便已经超过了2012年全年的总销量，达到了200吨。2015年，褚橙和阿里巴巴集团合作，利用阿里平台销售褚橙，10月10日是褚橙在阿里平台预售第一天，仅6小时销量就达到130吨。其次，以名人的个人魅力和励志概念吸引消费者，将褚时健种的橙叫"褚橙"，就是创意；充分利用社会化营销手段实现精准价值定位。2012年褚橙进京的文章24小时内被网络转发了7000多条，王石在微博上对褚时健的评论又被转发了4000多次，网友们纷纷慕名而来，一下子让"褚橙"卖断了货；2013年开展售书送褚橙的活动，新财经订阅电子版送褚橙，韩寒的one也是，再通过与微博红人巧妙互动，无形中做出了"恒源祥，羊羊羊"的重复记忆，使大多微博用户都知道褚橙这东西。

思考：

人们说营销就是讲故事，"褚橙"讲述了一个什么样的故事？市场营销必须采取整体的营销手段，从褚橙营销来看，从品牌构建、产品、价格、渠道、促销等方面赋予了现代农产品全新的营销内涵。你从褚橙营销中看出营销涉及哪些因素？

市场营销学是以经济学、行为学、管理学和现代科学技术为基础，站在企业的角度，以实现潜在的交换为目的，研究以满足消费者需求为中心的有关需求、市场、环境、战略和策略等市场营销活动及其规律的综合性应用科学。

第一节　市场与市场营销

【本节任务】

掌握市场与市场营销的概念及其功能；理解市场营销的核心概念。

一、市场概述

市场营销学研究的是市场营销活动，而市场营销活动又与市场密切相关。因此，研究市场营销必须首先对市场有所了解。

（一）市场的概念

从经济学与市场营销学两个角度来看，市场概念具有不同的内涵。

从经济学的角度来看，市场是随着社会分工和商品生产的发展而形成、壮大起来的。它是一种以商品交换为内容的经济联系形式。由于市场的基本经济内容是商品供求和商品买卖，因此市场的形成必须具备三个基本条件：其一是存在可供交换的产品（包括有形的实物产品和可供出售的无形产品），这是市场的客体；其二是存在欲出售商品的卖主和具有购买力、购买欲望的买主，这是市场的主体；其三是具有买卖双方都能够接受的交易价格及条件。只有满足了这三个基本条件，商品的交换才能成为现实。市场的概念是随着商品经济的发展而变化的。最初，在交换尚不发达的时代，市场仅仅是指商品交换的场所，是一个时间上和空间上的概念，我们称之为狭义的市场概念。在现代社会里，随着金融信用和通信交通事业的发展，交换渗透到社会生活的各个方面，打破了时间上和空间上的限制，交换关系日益复杂，交换范围日益扩大，交换不一定需要固定的时间和地点，此时，市场就不仅指具体的交易场所，还指所有卖者和买者实现商品让渡关系的总和，即市场是商品交换关系的总和，这就是广义的市场概念。

从现代市场营销学的观点来看，市场营销学是研究卖方的营销活动。对卖方市场营销来讲，市场只是有需求的一方。市场是某种产品的所有现实购买者和潜在购买者所组成的群体。现实购买者是指目前正在实施购买行为的购买者；潜在购买者是指某种产品的未来购买者。市场营销专门研究企业如何适应买方的需求，并根据买方的需求及其欲望决定自己的生产销售策略，从而达到自己的经营目标。因此，市场营销中研究的市场专指买方，不包括卖方；专指需求，而不包括供给。

从卖方角度研究买方市场，企业经营活动的成败，取决于是否对现实购买者和潜在购买者有正确的估计量和积极的引导。企业在确定生产什么、生产多少、如何组织营销时，必须要了解自己所经营产品购买者的数量、购买力和购买意愿这三个要素，它们决定了市场的规模和容量。所以，从市场营销的角度来看，可以用下列简单公式来表示市场：

市场＝购买者＋购买力＋购买动机

所以，企业要出售商品，购买者是决定市场的基本因素，购买者越多，现实与潜在消费需求就越大。购买力决定了市场的大小、购买动机可以把潜在需求变为现实需求，促成购买。要构成一个市场，购买者、购买力、购买动机三大要素缺一不可。企业要扩大其产品的市场，就必须尽可能地了解和争取更多的购买者。

（二）市场的功能

1. 交换功能

交换功能指购、销两个方面的功能，是市场的基本功能。我们通过交换实现商品所有权的转移。在商品所有权转移中，必须区分商品销售与购买两种功能。商品销售的目的是设法创造其商品需求并寻找购买者，按照卖者所期望的价格将商品出售。商品购买的目的是取得购买者所需要的商品种类、品质及数量，并在适当的时间、空间以适当的价格进行最优选择，直到完成商品所有权的转移。购买功能包括选择商品的来源，即决定购买哪些卖主的商品，选择购买商品的种类、数量、质量、规格、花色，商讨交易方式、价格、交易日期。销售功能包括创造或唤起需求，寻找买主或为商品找到市场，对销售方式与价格等做出选择。

2. 供应功能

供应功能主要指运输和储存功能。由于商品的生产与需求在时间与空间上存在分离，这就需要现代物流的发展，特别是商品运输和储存功能的强化。运输功能要求按照商品的合理流向，及时将商品送至供应市场。商品的储存功能是将商品通过储存设施加以保管，用于调节供求在消费地点、消费时间上的差异，寻求销售良机。

3. 价值实现功能

商品的价值是人们在生产劳动过程中创造的，其价值的实现则是在市场上通过商品交换来完成的。任何商品都会受到市场的检验，市场是企业营销活动的试金石。市场状况良好，商品能顺利地送到消费者手里实现消费，价值才算得到实现。

4. 信息反馈功能

在商品交换中必然存在信息的流动，提高信息的传递与反馈效率，可以有效地为企业生产提供明确的市场信息。

5. 便利功能(服务功能)

便利功能包括资金融通、风险负担、市场情报和商品标准化，它是为方便市场活动主体而提供的各种便利条件。

(三) 市场容量的影响要素

企业从事市场营销活动总是需要考虑某种商品的市场需求量，即市场容量的大小。一种商品在某一时期市场容量的大小是指这种商品在该时期最大可能的需求量。影响一种商品需求量的因素主要有价格因素和非价格因素两大类。

1. 价格因素

在一般情况下，价格与需求量成反比例的关系。若影响需求的其他因素不变，一种商品的价格越高，市场可能的需求量就越小；相反，价格越低，市场可能的需求量就越大。

2. 非价格因素

(1) 消费者收入。一般而言，收入与需求量成正比。消费者收入越高可能需求量就越大。但就不同的商品而言，收入的变化对需求量的影响是不同的。收入增加，大多数普通商品的需求量会相应得到增加，高档商品则会以更快的速度增加，而一些低档的商品、对人身健康不利的商品，需求量则会逐渐减少。

(2) 消费偏好。消费者消费偏好的形成会增加该种商品的消费。消费者的消费易受心理因素的影响，流行时尚、明星的示范等因素可能会产生很大的趋同效应，促使购买量增加。企业通过促销宣传，通过培养消费者的消费偏好，就可以扩大商品销售。

(3) 消费者对价格的预期。消费者在消费过程中，对某类商品价格的预期会对消费产生直接的影响。一般消费者往往形成一种买涨不买跌的价格心理。当消费者预期商品价格会进一步持续上涨，尤其是在通货膨胀时期，他们可能提前购买，导致一定时期内需求量会扩大；若消费者预期价格会持续回落，尤其是在通货紧缩时期，则会推迟购买，导致一定时期内需求量会减少。

(4) 相关商品的购买量。市场上有的商品之间存在替代关系，一种商品的需求量增加，则会导致另一种商品需求量的下降，这是市场的替代效应，如空调与电风扇。而有的是几种商品在消费或使用中必须配合，存在较大的正相关，一种商品需求量的增加会导致另一种商品需求量的增加，这是市场的互补效应，如录音机与录音带、影碟机与碟片的消费。

【课堂讨论】

中国已经成为世界第二大奢侈品消费国，那么影响奢侈品消费市场容量的因素是哪些呢？收入增加导致一些商品需求量下降，你能举几个例子吗？

(四) 市场的分类

为了便于研究市场，需要对市场进行分类。市场分类的方法多种多样，但从市场营销的角度对市场进行分类，最主要的有三种。

1. 根据市场出现的先后进行分类

根据市场出现的先后将市场分为现实市场、潜在市场和未来市场。

现实市场是指对企业经营的某种商品既有需要和支付能力，又有购买欲望的现实顾客，主要包括曾经购买过、正在使用、随时会购买的顾客。

潜在市场是指有可能转化为现实市场的市场。在构成市场的三个要素中，后两个要素(支付能力和购买欲望)中的任何一个要素不具备都意味着其仍是潜在市场。

未来市场是指暂时尚未形成或只处于萌芽状态，但在一定条件下必将形成并发展成为现实市场的市场。

企业要想长久发展，除了重视自己的现实市场外，更重要的是开发潜在市场，并积极地预见和开拓未来市场。

【课堂讨论】

某人一口气购买了三件衣服，今后几年内不会再购买衣服了，那么此人对衣服的需求属于现实需求还是潜在需求?

2. 根据顾客的性质进行分类

根据顾客的性质，将市场分为消费者市场和组织市场。

消费者市场(又称消费品市场)是指为了个人或家庭消费需要而购买或租用商品、劳务的市场。

组织市场是指购买者由各类组织所组成的市场，其主体是组织，也包括个人。按其盈利与否，组织市场又可分为生产者市场、转卖市场和政府市场。

根据顾客的性质划分市场，企业应根据不同市场购买者的消费或购买特点及购买行为，采取有针对性的营销策略。

3. 根据买卖双方在商品交换过程中谁占据主导进行分类

根据买卖双方在商品交换过程中谁占据主导，将市场分为买方市场和卖方市场。

卖方市场是指供给小于需求，商品价格有上涨趋势，卖方在交易上处于有利地位的市场。在卖方市场中，商品供给量少，由于供不应求而不能满足市场的需求，即使商品质次价高也能被销售出去，商品价格呈上涨趋势。这时，买方对商品没有选择的主动权，卖方只关心产品数量，很少考虑市场需求。卖方在交易上处于主动地位。

买方市场是指供给大于需求、商品价格有下降趋势，买方在交易上处于有利地位的市场趋势。在买方市场中，商品供给过剩，卖方之间竞相抛售，价格呈下降趋势，买方在交易上处于主动地位，有任意选择商品的主动权。

二、市场营销

(一) 市场营销的概念

“市场营销”是由英语中“marketing”一词翻译而来的，其原意是指市场上的买卖活动。作为一门学科，它有多种译名，比如“市场学”、“市场营销学”、“市场销售学”、“市场作业学”、“行销实务学”等。但比较公认的看法是：将“marketing”译作“市场营销学”最为合适。

市场营销是指企业以满足消费者的各种需要与欲望为目的，通过采取整体性的营销手段，实现商品交换，占领市场，扩大销售，达到预期利润目标的商务活动过程。市场营销学是研究如何实现商品交换的，它以顾客为终点，更以顾客为起点。市场营销商务活动包括：市场调研、选择目标市场、估量与确定市场容量、产品开发、市场开发、产品定价、渠道选择、产品促销、产品储运、产品销售、售后服务等一系列与市场营销相关的业务经营活动。

要理解市场营销这一概念，必须从以下三个方面着手：

(1) 市场营销必须以顾客需求为出发点。在市场环境多变，消费需求日益变化的情况下，企业应当及时地判断、适应、发掘、刺激和满足消费者未满足的需求，甚至创造市场需求，通过对消费者需求的满足，使企业获取长久的利润。

(2) 市场营销要采取整体的营销手段以实现商品交换。市场存在环境的多变、消费者需求的复杂与难以揣摩、消费时空的不同等诸多问题。因此，企业营销活动要产生应有的营销效果，必须采取整体性的营销手段，将市场营销中所涉及的各种因素整合起来，如此才能有效实现商品交换，扩大销售，提高市场占有率等目标。

(3) 通过满足顾客需求获取利润。利润的获得可以采取多种手段，但最长久的是在满足顾客需求的基础上获得的。满足顾客需求程度越大，企业利润的获得就越多。

市场营销的实质是在市场研究的基础上，以消费者的需求为中心，在适当的时间、适当的地点，以适当的价格、适当的方式，把适合消费者需要的产品和服务提供给消费者。

【课堂讨论】

为什么说利润的获得最长久的方式是在满足顾客需求的基础上获得的？

(二) 市场营销的核心概念

市场营销涉及满足顾客需求，还涉及以何种产品来满足顾客需求，如何才能满足消费者需求，即市场营销学研究的是通过交换方式，产品在何时、何处交换，谁实现产品与消费者的连接，因此，市场营销的核心概念应当包含需求及相关的欲求、需要，产品及相关的效用、价值和满足，交换及相关的交易和关系，市场、市场营销及市场营销者等方面的内容。

1. 需求及相关的欲求和需要

(1) 需求(Needs)。需求指消费者生理及心理的需求，如人们为了生存，需要食物、衣服、房屋等生理需求及安全感、归属感、受人尊重和自我实现等心理需求。市场营销者不能创造这种需求，而只能适应它。

(2) 欲求(Wants)。欲求指消费者深层次的需求。不同背景下的消费者欲求不同，比如中国人需求食物则欲求大米饭，法国人需求食物则欲求面包，美国人需求食物则欲求汉堡包。人的欲求受职业、团体、家庭、教会等社会因素及机构因素的影响。因此，欲求会随着社会条件的变化而变化。市场营销者能够影响消费者的欲求，如建议消费者购买某种产品。

(3) 需要(Demand)。需要指有支付能力和愿意购买某种物品的欲求。可见，消费者的欲求在有购买力作后盾时就变成为需要，因此，市场营销者不仅要了解有多少消费者欲求其产品，还要了解他们是否有能力购买。

2. 产品及相关的效用和价值的满足

(1) 产品(Product)。产品是指用来满足顾客需求和欲求的物体。产品包括有形与无形的、可触摸与不可触摸的。有形产品是为顾客提供服务的载体。无形产品或服务是通过其他载体，诸如人、地、活动、组织和观念等来提供的。比如，当我们感到疲劳时，可以到音乐厅欣赏歌星唱歌(人)，可以到公园去游玩(地)，可以到室外散步(活动)，可以参加俱乐部活动(组织)，或者接受一种新的意识(观念)。

(2) 效用、价值和满足(Utility，Value，Satisfaction)。消费者如何选择所需的产品，主要是根据对满足其需要的每种产品的效用进行估价而决定的。效用是消费者对满足其需要的产品的全部效能的估价。产品全部效能(或理想产品)的标准如何确定？例如某消费者到某地去的交通工具，可以是自行车、摩托车、汽车、飞机等。这些可供选择的产品构成了产品的选择组合。又假设某消费者要求满足不同的需求，即速度、安全、舒适及节约成本，这些构成了其需求组合。这样，每种产品有不同能力来满足其不同需要，如自行车省钱，但速度慢，欠安全；汽车速度快，但成本高。消费者要决定一项最能满足其需要的产品。为此，将最能满足其需求到最不能满足其需求的产品进行排列，从中选择出最接近理想产品的产品，它对顾客效用最大，如顾客到某目的地所选择理想产品的标准是安全、速度，他可能会选择汽车。顾客选择所需的产品除效用因素外，产品价格高低亦是因素之一。如果顾客追求效用最大化，他就不会简单地只看产品表面价格的高低，而会看每一元钱能产生的最大效用，如一部好汽车价格比自行车昂贵，但由于速度快、修理费少、相对于自行车更安全，其效用可能大，从而更能满足顾客需求。

3. 交换、交易和关系(Exchange，Transactions，Relationships)

(1) 交换(Exchange)。人们有了需求和欲求，企业亦将产品生产出来，还不能解释为市场营销，产品只有通过交换才使市场营销产生。人们通过自给自足或自我生产方式，或通过偷抢方式，或通过乞求方式获得产品都不是市场营销，只有通过等价交换，买卖双方彼此获得所需的产品，才产生市场营销。可见，交换是市场营销的核心概念。

(2) 交易(Transactions)。交换是一个过程，而不是一种事件。如果双方正在洽谈并逐渐达成协议，称为在交换中。如果双方通过谈判并达成协议，交易便发生。交易是交换的基本组成部分。交易是指买卖双方价值的交换，它是以货币为媒介的，而交换不一定以货币为媒介，它可以是物物交换。

交易涉及几个方面，即两件有价值的物品，双方同意的条件、时间、地点，还有用来维护和迫使交易双方执行承诺的法律制度。

(3) 关系(Relationships)。交易营销是关系营销大观念中的一部分。精明能干的市场营销者都会重视同顾客、分销商等建立长期、信任和互利的关系。而这些关系要靠不断承诺及为对方提供高质量产品、良好服务及公平价格来实现，靠双方加强经济、技术及社会联系来实现。关系营销可以减少交易费用和时间，最好的交易是使协商成为惯例化。

【即问即答】

如何理解“最好的交易是使协商成为惯例化”？如何实现协商惯例化？

处理好企业同顾客关系的最终结果是建立起市场营销网络。市场营销网络是由企业同市场营销中介人建立起的牢固的业务关系。

4. 市场、市场营销及市场营销者

(1) 市场(Markets)。市场由一切有特定需求或欲求并且愿意和可能从事交换来使需求和欲望得到满足的潜在顾客所组成。从市场营销学角度看，卖方组成行业，买方组成市场。行业和市场构成了简单的市场营销系统。买方和卖方由四种流程所联结，卖者将货物、服务和信息传递到市场，然后收回货币及信息。现代市场经济中的市场是由诸多种类的市场及多种流程联结而成的。生产商到资源市场购买资源(包括劳动力、资本及原材料)，转换成商品和服务之后卖给中间商，再由中间商出售给消费者。消费者则到资源市场上出售劳动力而获取货币来购买产品和服务。政府从资源市场、生产商及中间商购买产品，支付货币，再向这些市场征税及提供服务。因此，整个国家的经济及世界经济都是由交换过程所联结而形成的复杂的相互影响的各类市场所组成的。

(2) 市场营销(Marketing)及市场营销者(Marketers)。上述市场概念使我们更全面地了解了市场营销的概念，它是指与市场有关的人类活动，亦即为满足消费者需求和欲望而利用市场来实现潜在交换的活动。它是一种社会的和管理的过程。

市场营销者则是从事市场营销活动的人。市场营销者既可以是卖方，也可以是买方。作为卖方，他力图在市场上推销自己，以获取买者的青睐，这样卖方就是在进行市场营销。当买卖双方都在积极寻求交换时，他们都可称为市场营销者，并称这种营销为互惠的市场营销。

【营销故事】

日本劳特泡泡糖的市场细分

日本泡泡糖市场年销售额约为740亿日元，其中大部分为“劳特”所垄断。可谓江山唯“劳特”独坐，其他企业再想挤进泡泡糖市场谈何容易。但是江崎糖业公司对此却并不畏惧，他们成立了市场开发班子，专门研究霸主“劳特”产品的不足和短处，寻找市场的缝隙。经过周密调查，终于发现劳特的四点不足：

1.以成年人为对象的泡泡糖市场正在扩大，而“劳特”却仍旧把重点放在儿童泡泡糖市场上；

2.“劳特”的产品主要是果味型泡泡糖，而现在消费者的需求正在多样化；

3.“劳特”多年来一直生产单调的条状泡泡糖，缺乏新型式样；

4.“劳特”产品价格是110日元，顾客购买时需多掏出10日元的硬币，往往感到不方便。

通过分析，江崎糖业公司决定以成人泡泡糖市场为目标市场，并制定了相应的营销策略，不久便推出功能性泡泡糖的四大产品：司机泡泡糖，使用了高浓度薄荷和天然牛黄，以强烈的刺激消除司机的困倦；交际泡泡糖，可清洁口腔，祛除口臭；体育用泡泡糖，内含多种维生素，有益于消除疲劳；轻松型泡泡糖，通过添加叶绿素，可以改变人的不良情绪。江崎公司精心设计了产品包装和造型，价格定为50日元和100日元两种，避免了找零钱的麻烦。功能性泡泡糖问世后，像飓风一样席卷了全日本，不仅挤进了由“劳特”独霸的泡泡糖市场，而且占领了一定的市场份额，从0猛升至25%，当年销售额达175亿日元。

(三) 市场营销的功能

1. 了解市场消费需求

市场营销活动总是从了解市场需求开始的。企业首先应当了解顾客需求的特点和消费需求发展的趋向，才能生产出满足消费需求的商品或服务，才能创造市场需求。

2. 指导企业生产

市场经济条件下，企业必须实行以销定产。通过市场营销调研了解消费需求信息和市场竞争信息，可以对企业生产起指导作用。

3. 开拓销售市场

企业通过营销调查，选择既能满足消费者需要，又能发挥企业优势的产品，通过市场营销，加强促销宣传，采取恰当的营销策略，达到扩大产品销售，提高自身市场份额的目的。

4. 满足顾客需求

企业通过营销活动，建立合适的营销渠道，通过营销努力，做好销售前后的各种服务，才能充分满足消费者的需求，如图 1-1 所示。

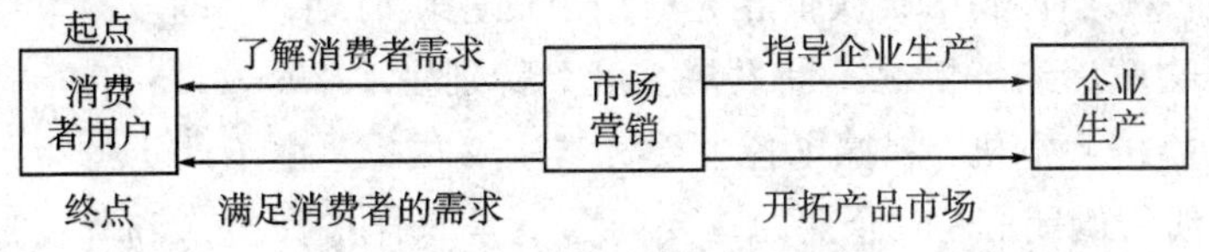

图 1-1　市场营销的功能

【阅读资料】

在互联网条件下，了解消费者需求有新的方式，那就是众筹方式。请阅读美国 Light Harmonic 公司：用众筹了解消费者需求。http://tech.163.com/14/0512/07/9S1DSLDC00094ODU.html

第二节　市场营销学的产生和发展

【本节任务】

了解市场营销学产生和发展各个阶段主要学者对市场营销学理论体系的贡献和市场营销学在中国的传播及其影响。

市场营销学是在经济学、行为科学等学科的基础上，为适应市场经济高速发展和市场竞争的需要，在现代市场营销实践中逐步形成和发展起来的。买方市场的出现是市场营销学产生的重要背景。市场营销学是一门研究市场营销活动及其规律性的应用科学。

一、市场营销学的萌芽期

随着资本主义经济的发展，到了20世纪初，各主要资本主义国家经过了工业革命，生产力迅速发展，生产能力的增长速度超过了市场的增长速度，市场开始由供不应求转为供过于求，导致了企业销售问题的出现。为了解决产品销售问题，少数有远见的企业开始设立市场营销研究部门，研究在企业的经营管理过程中如何推销商品和刺激需求，探索营销方法，并对产品进行市场调研与分析，以刺激需求、扩大销路。1911年，柯蒂斯出版公司(Curtis Publishing Company)率先设置了市场营销研究部门(当时称作"商品研究"的部门)。

与此同时，一些大学正式开设了销售课程，美国哈佛大学的赫杰特齐教授1912年出版了第一本以分销和广告为主要内容的《市场营销学》，被认为是市场营销学作为一门独立学科出现的标志。市场营销学开始萌芽。

二、市场营销学的创立期

从20世纪的20年代到第二次世界大战结束的这段时期内，随着科学技术的进步，美国等西方国家的社会政治经济情况不断发展变化，特别是1929—1933年资本主义国家爆发了严重生产过剩的经济大危机，震撼了各主要资本主义国家。由于严重的生产过剩，商品销售困难，工商企业纷纷倒闭。这时企业的首要问题不是怎样扩大生产和降低成本，而是如何把产品卖出去。为了争夺市场，解决产品销售问题。企业开始实施市场销售活动，使市场营销学的研究也大规模开展起来，市场营销学逐渐成为指导市场营销实践活动的一门实用性学科。

在这一时期，美国的高等院校和工商企业建立了各种市场营销的研究机构，有力地推动了市场营销学的研究和普及。1926年，美国在"全美广告协会"的基础上成立了"全美市场营销学和广告学教师协会"；1931年，全美各种市场研究机构联合组成了"全美市场营销学会"(America Marketing Association，AMA)，不仅有工商企业人士和经济学家、管理学家参加，而且吸收了市场行情、广告、销售、信托等方面的专家入会，正式开启了理性化的市场营销活动。

这一时期的研究以营销功能研究为突出特点，主要包括交换功能、实体分配和辅助功能，这些功能构成了当时市场营销体系的主体。然而，从总体上来看，这一阶段的研究还是将市场营销等同于销售或推销，研究范围局限于流通领域。

三、市场营销学的成熟期

20世纪50年代以来，随着国际政治环境的相对稳定以及第三次科技革命的展开，资本主义国家的社会生产力得到了较快的发展，产品产量剧增，花色品种日新月异，社会消费能力也有了较大增长，人们的消费需求和消费欲望不断加深，市场竞争日益激烈，政府对经济的干预明显增强，营销环境复杂多变。

在这种情况下，市场营销的理论研究从对产品生产出来以后的流通过程的研究，发展到从生产前的市场调研和产品创意开始，到销售后的顾客服务和信息反馈为止的营销过程的研究；从对营销实施的研究，发展到对市场营销问题的分析、计划、实施、控制等营销管理过程的研究。市场营销学逐步从经济学中独立出来，吸收了行为科学、心理学、社会学、管理学等学科的若干理论，形成了自身的完整理论体系。

在此期间，出现了一批对市场营销学说的发展具有重要贡献的学者，其中最著名的是杰罗姆·麦卡锡和菲利普·科特勒。1960年，麦卡锡和普利沃特合著的《基础市场营销》第一次将企业市场营销要素归纳为四个基本策略组合，即著名的"4P"理论，这一理论最终成为现代市场营销学的基础理论。

四、市场营销学的拓展期(1980年以后)

进入20世纪80年代，随着经济全球化趋势的加强，参与国际竞争的国家和企业急剧增加，市场竞争的范围不断扩大，程度不断加剧。在20世纪80年代中期，科特勒进一步发展了市场营销理论，提出了大市场营销(Magemarketing)的观念，突破了传统营销理论中阐明的企业可控制的市场营销组合因素与外界不可控的环境因素之间简单相适应的观点，把企业市场营销组合所包括的4Ps策略扩大到6Ps策略，即产品、价格、分销、促销、政治权力和公共关系等六大策略。这一思想对跨国企业开展国际营销活动具有重要的指导意义。

进入90年代以来，市场营销理论的研究不断向新的领域拓展，出现了定制营销、营销网络、纯粹营销、政治营销、绿色营销、营销决策支持系统、整合营销等新的理论领域，并打破了美国营销管理学派一统天下的局面，对传统营销理论提出了质疑，形成了不同的营销学派。

五、市场营销学在中国的发展

早在20世纪三四十年代，市场营销学在中国就曾有一轮传播。现有资料表明，中国最早的市场营销学教材是丁馨伯于1933年译编并由复旦大学出版社出版的《市场学》，当时国内一些大学也开设了这门课程。然而新中国成立后市场营销学的引进与研究工作在我国(除台湾、香港、澳门等地以外)中断了整整30年。

1978年至1983年是市场营销学再次被引进中国的初始阶段。这一阶段的主要工作是引进市场营销学。首先，聘请国外营销专家来华讲学，引进市场营销学的书刊、杂志，在高等院校中开设市场营销学课程，并组织有关教师编写市场营销学教材。同时，随着经济体制改革的启动，部分产品停止统购包销，有的行业逐渐放开，允许个体经营，尤其是四个经济特区的建立，使中国有了商品经济的"试验田"，市场上有了竞争。不少企业开始了初级阶段的营销尝试，提出了"顾客就是上帝"的口号，并总结出了经营取胜之道——优质取胜、创新取胜、服务取胜、快速取胜等。

1984年至1994年是市场营销学在中国的迅速传播阶段。1983年6月，南京市成立了中国第一个市场营销组织——江苏省市场调研、市场预测和经营决策研究会。1984年1月，全国高等院校市场学研究会在湖南长沙成立。1991年3月，中国市场学会(China Marketing Association，CMA)在北京成立。这些学会的成立为市场营销学的学习、研究与应用揭开了新的篇章。

1994年以后是市场营销在中国的拓展阶段。我国高层领导日益注重市场营销顶层设计。1996年，第八届全国人大四次会议通过的《中华人民共和国国民经济和社会发展"九五"

计划和2010年远景目标纲要》的文件中，首次以“市场营销”取代以往常用的“经营”、“销售”等术语，明确指出国有企业要按照市场需求组织生产，“搞好市场营销，提高经济效益”；文件还指出，要积极发展“代理制、连锁经营等新的营销方式”，“建立科研、开发、生产、营销紧密结合的机制”，这是市场营销首次见诸中央文件。1997年国家经贸委发布了《关于加强国有企业市场营销工作的意见》，可以说是国家经济管理部门日益重视市场营销工作的一个标志。

在理论研究方面，我国学者开始密切关注市场营销学发展的国际动向，与世界同步地研究市场营销学发展中的一些新的前沿性问题，并出版了一大批市场营销学方面的学术专著。

在教育方面，1992年，市场营销专业开始面向全国招生，除综合性大学、财经院校以外，很多理工、农林院校以及其他专业院校也都纷纷开设了市场营销专业，培养了大批市场营销人才，教育层次不断提高。2003年我国高校已开始招收市场营销管理专业的博士研究生，培养我国市场营销的更高层次人才。

第三节　市场营销管理哲学及其演进

【本节任务】

了解市场营销观念的发展历程，理解各种市场营销观念的特征及其对市场营销管理活动的影响。

一、市场营销管理

市场营销管理是指为了实现企业目标，通过创造、传递更高的顾客价值，建立和保持与目标市场之间的互利的交换关系而进行目的分析、计划、实施和控制过程。它的基本任务就是通过营销调研、计划、实施与控制来管理目标市场的需求水平、时机和构成，以达到企业目标。市场营销管理的实质，是需求管理，即对需求的水平、时机和性质进行有效的调解。然而，目标市场的需求是不断变化的，这就需要企业营销管理者针对不同的需求情况，采取不同的营销管理对策，进而有效地满足市场需求，确保企业目标的实现。

1. 负需求

负需求是指全部或大部分顾客对某种产品或劳务不仅不喜欢，没有需求，甚至有厌恶情绪。在此情况下，市场营销的任务是分析市场为何不喜欢这种产品，研究如何经由产品再设计改变产品的性能或功能，或以降低价格和正面促销的市场营销方案来改变市场的看法和态度，即扭转人们的抵制态度，实行扭转性营销措施，使负需求变为正需求。

2. 无需求

无需求是指市场对某种产品或劳务既无正需求亦无负需求，对该产品或劳务反应冷淡。无需求通常是针对新产品和新的服务项目，人们因不了解而没有需求；或者是非生活必需的装饰品、赏玩品等，消费者在没有见到它们以前也不会产生需求。因此，市场营销的任务就是要设法把产品能带来的利益和价值同人们的自然需要和兴趣结合起来，以引起消费者的关注和兴趣，刺激需求，使无需求变为正需求，即实行刺激性营销。

【营销故事】

聂耳牌钢琴的市场开拓

上海钢琴公司为了让公司的聂耳牌钢琴在供大于求的局面下打开销路，首先对国内的实际情况做了调查。他们发现国内弹钢琴的人不多，而且学钢琴的氛围也并不浓烈。于是得出结论：要销售钢琴，首先要培养弹钢琴的人。后来他们首先在上海、广州、福州、青岛等城市举办了各种形式的钢琴演奏会、钢琴大奖赛等，以增添家长为孩子购买钢琴的动力。丰厚的奖品与广告宣传营造的气氛为钢琴的销售前奏曲带来了“轰动效应”，聂耳牌钢琴的名声也一炮打响。其次是创办艺术学校，据说，在已培训的3000多名儿童中，已有10%以上的儿童家长购买了该公司生产的钢琴。

3. 潜在需求

潜在需求是指多数消费者对市场上现实不存在的某种产品或劳务的强烈需求。在这种情况下，市场营销的任务就是估量潜在市场的大小和发展前景，努力开发新产品，设法提供能满足潜在需求的产品和劳务，变潜在需求为现实需求，实行开发性营销。

4. 下降需求

下降需求是指市场对某种商品的需求逐渐减少的市场状态。人们对一切产品和劳务的兴趣与需求总会有发生动摇或下降的时候，在这种情况下，市场营销者必须分析市场衰退的原因，决定是否通过构建新的目标市场来改变产品特色，或者采取更有效的营销组合再刺激需求。市场营销的任务是设法使已下降的需求重新回升，使人们已经冷淡下去的兴趣得以恢复，即实行恢复性营销。

5. 不规则需求

许多产品和劳务的需求是不规则的，即在不同时间、不同季节需求量不同，如运输业、旅游业、娱乐业都有这种情况。因此，市场营销的任务是设法调节需求与供给的矛盾，通过灵活定价、促销和其他激励措施，以及寻找改变需求时间模式的方法，使供求趋于协调同步，即实行同步性营销。

6. 饱和需求

饱和需求是指当前市场对企业产品或劳务的需求在数量上和时间上同预期的最大需求已达到一致。但是，饱和需求状态不会静止不变，而是动态的，它常常由于两种因素的影响而变化：一是消费者偏好和兴趣的改变，二是同行业者的竞争。因此，营销任务是设法保持现有的需求水平和销售水平，防止出现下降趋势。这就要求企业必须保持或改进产品质量、不断估计消费者需求的满足程度与企业生产经营之间的关系，努力做好营销工作，即实行维护性营销。主要策略是保持合理售价，稳定推销人员和代理商，严格控制成本费用，进一步搞好售后服务等。

7. 过度需求

过度需求是指市场对某种产品或劳务的需求量超过了卖方所能供给和所愿供给的水平，这可能是暂时性缺货，也可能是价格太低，还可能是由于产品长期过分受欢迎所致。如收费过低的电力供应，免费范围过宽的公费医疗，使得电力部门和医院超负荷，甚至浪费严重。在这种情况下，应当实行限制性营销。限制性营销就是长期或暂时地限制市场对某种产品或劳务的需求，通常可采取提高价格、减少服务项目和供应网点、劝导节约等措施。实行这些措施是难免要受到反对的，营销人员要有充分的思想准备和应变措施。

8. 有害需求

有些产品或劳务对消费者、社会公众或供应者有害无益，对这种产品或劳务的需求，就是有害需求。有害的产品或劳务常引起有组织的力量反对其消费，如毒品、黄色书刊、色情服务等，都受到社会公众的反对和抵制。在这种情况下，市场营销的任务是否定这类需求，抵制和清除这类需求，实行抵制性营销或禁售。

抵制性营销与限制性营销不同，限制性营销是限制过度的需求，而不是否定产品或劳务本身；抵制性营销则是强调产品或劳务本身的有害性，从而抵制这种产品和劳务的生产及经营。

二、市场营销管理哲学

所谓市场营销管理哲学，是指企业对其营销活动及其管理的基本指导思想，它是一种概念、一种态度，或一种企业思维方式。企业的市场营销活动是在特定的营销管理哲学指导下进行的。它实际上是企业在开展市场营销的过程中，在处理企业、顾客和社会三者利益方面所持的态度、思想和意识。市场营销管理哲学的核心是企业以什么为中心来开展营销活动。企业的市场营销管理哲学决定了企业如何看待顾客和社会利益，一种营销管理哲学一旦形成，就会成为全社会在一定时期经营活动的行为准则。企业营销管理的指导思想是否符合形势，对企业营销管理能否成功和企业的兴衰成败关系极大。

随着商品交换日益向深度和广度发展，市场营销管理哲学也不断地演变和充实。纵观市场营销管理哲学发展演变的历史，大致经历了生产观念、产品观念、推销观念、市场营销观念、生态营销观念、社会市场营销观念和大市场营销观念等阶段。其中，前三种观念统称传统(旧)营销观念，后四种称新市场营销观念。

市场营销观念主要有以下七种：

1. 生产观念

这种观念产生于20世纪20年代左右。企业经营哲学不是从消费者需求出发，而是从企业生产出发。其主要表现是“我生产什么，就卖什么”。生产观念认为，消费者喜欢那些可以随处买得到而且价格低廉的产品。所以，企业应致力于提高生产效率，扩大生产，降低成本以扩展市场。企业的中心任务：加强生产管理，努力提高生产效率，增加产量，降低成本，将物美价廉的产品提供给顾客，获取利润。

【知识拓展】

20世纪初，亨利·福特(Hennery Ford)在开发汽车市场时所创立的“扩大生产、降低价格”的经营思想，就是一种生产观念。福特汽车公司从1914年开始生产T型汽车，福特将其全部精力与才华都用于改进大规模汽车生产线，使T型车的产量达到非常理想的规模，大幅度地降低了成本，使更多的美国人买得起T型汽车。

读者进一步了解福特T型汽车的相关内容可参考百度百科：

http://baike.baidu.com/link?url=6o1mLU1QruuSh0XclM8ttnpyHj8UbCOCsi_T8oY2e31d4KPtyRLQtMWAroTB-mvC

【课堂讨论】

生产观念适合何种市场状态？在目前的市场状态下，生产观念是否还能起指导作用？为什么？

2. 产品观念

随着社会生活水平大幅度提高，供不应求的现象得到了缓和或趋于缓和，消费者已不再仅仅满足于产品的基本功能，而是开始追求产品在功能、质量和特点等方面的差异性。在这种市场情况下，产品观念认为，消费者会欢迎质量最优、性能最好、特点最多的产品，因此，企业应把精力集中在创造最优良的产品上，并不断精益求精，以产定销，以质取胜。目前，我国还有很多企业不同程度地奉行产品观念，它们把提高产品功能与质量作为企业的首要任务，提出了"企业竞争就是质量竞争""质量是企业的生命线"等口号，这无疑有助于推动我国企业产品的升级换代，缩短与国外同类产品的差距，一些企业也由此取得了较好的经济效益。然而，这种观念也容易导致公司在设计产品时过分相信自己的工程师对产品的设计和改进，过分迷恋自己的产品，总认为自己的产品好，一定是人见人爱，它们很少深入市场研究，完全忽视市场需求的变化，不考察竞争者的产品情况，致使企业经营陷入困境。

【课堂讨论】

"真金不怕红炉火，酒香不怕巷子深。"酒香不怕巷子深，也作"酒好不怕巷子深"，意思就是说如果酒酿得好，就是在很深的巷子里，也会有人闻香知味，前来品尝。陈窖一开香千里，要真正吸引酒客(消费者)，让他们不会因为巷子深而却步，就需要在酿造上下大工夫。

这一名句表达了哪种市场营销观念，对你有何启示？

【即问即答】

生产观念与产品观念有何区别与联系？两种观念分别会对管理者行为产生什么样的影响？

历史典故：酒香不怕巷子深。

http://baike.baidu.com/link?url=AQixFh2YzKn66K1snL-g2s86pJYjZFxKt0Up6qPW0bzTxsuWkfKWkCDWgqYVTAEdcZaHNXgU1rlmRXZRyF1HG_

3. 推销观念

20 世纪 30 年代，资本主义国家爆发了持续 4 年之久的经济危机，出现了产品销售困难的情况，企业开始重视产品的销售问题。推销观念认为：以销售为中心，经过企业的销售努力，消费者就会接受企业所推销的产品，其表现为"我卖什么，顾客就买什么"。这个观念认为，消费者通常表现出一种购买惰性或抗衡心理，如果顺其自然，消费者一般不会足量购买某一企业的产品，因此，企业必须积极推销和大力促销，以刺激消费者大量购买本企业产品。推销观念一味强调把自己生产出来的产品推销出去，而不是生产能够出售的新产品。这一观念强调的仍然是产品而不是顾客需求，具体表现为"我们卖什么，人们就买什么"。在推销观念下企业的中心任务：采取各种可能的销售手段和方法，去说服和诱导顾客购买产品。

【知识拓展】

营销近视症

营销近视症(Marketing Myopia)是著名的市场营销专家，美国哈佛大学管理学院西奥多·莱维特(Theodore Levitt)教授在 1960 年提出的一个理论。营销近视症就是不适当地把主要精力放在产品上或技术上，而不是放在市场需要(消费需要)上，其结果导致企业丧失市场，失去竞争力。读者可通过MBA智库百科“营销近视症”词条了解更多信息：http://wiki.mbalib.com/wiki/营销近视症。

4. 市场营销观念

市场营销观念也称为需求中心论，它与推销观念及其他传统的经营思想存在着根本的不同。这一观念认为，实现企业营销目标的关键在于正确地掌握市场的需求，然后调整市场营销组织，使企业能比竞争者更有效地满足消费者的需求。这种营销观念的具体表现是顾客需要什么，就卖什么，而不是企业自己能制造什么，就卖什么。

市场营销观念有许多生动说法，如“找出需求并满足之”、“热爱顾客而非产品”、“制造能够销售出去的东西，而不是销售制造出来的东西”、“任你称心享用”(汉堡王公司)、“你就是主人”(联合航空公司)等。市场营销观念下企业的中心任务是搞好市场调研，通过产品开发、市场开发满足消费者需求。市场营销观念的4个支柱是：市场中心、顾客导向、协调的市场营销和利润。从本质上说，市场营销观念是一种以顾客需要和欲望为导向的哲学，是消费者主权论在企业市场营销管理中的体现。

在美国的迪斯尼乐园里，欢乐如同空气一般无所不在。它使得每一位来自世界各地的儿童的美梦得以实现，使成年人产生对童年的美好回忆。迪斯尼乐园成立之时便明确了它的目标：它的产品不是米老鼠、唐老鸭，而是快乐。公司的每一个人都是快乐的灵魂。游人无论向谁提出问题，谁都必须用“迪斯尼礼节”回答，决不能说“不知道”。因此游人们一次又一次地重返这里，享受欢乐，并愿意支付不菲的价格。

【营销故事】

日本本田汽车公司要在美国推出一款雅阁牌新车。在设计新车前，他们派出工程技术人员专程到洛杉矶地区考察高速公路的情况，实地丈量路长、路宽，采集高速公路的柏油，拍摄进出口道路的设计。回到日本后，他们专门修了一条9英里长的高速公路，就连路标和告示牌都与美国公路上的一模一样。在设计行李箱时，设计人员意见有分歧，他们就到美国的停车场看了一个下午，观察人们如何放取行李。经过对市场的考察，意见马上统一起来。结果，本田公司的雅阁牌汽车一到美国就备受欢迎，被誉为全世界都能接受的好车。

【课堂讨论】

如何理解“制造能够销售出去的东西，而不是销售制造出来的东西”？两者分别反映了何种营销观念？“制造能够销售出去的东西”的前提条件是什么？

5. 生态营销观念

20世纪50年代，一些企业不顾自身的条件，片面强调或迎合消费者的需求，结果生产出来的商品反而因质量问题，无法满足消费者需要，因此，人们开始强调企业要同其外部环境相适应，既要满足消费者的需要，又要发挥企业的优势。在生态营销观念下，企业的中心任务是注重研究如何将企业优势与市场需求相整合的营销方式。

6. 社会市场营销观念

社会市场营销观念是对市场营销观念的修改和补充。社会市场营销观念认为，企业的任务是确定各个目标市场的需要、欲望和利益，并以保护或提高消费者和社会福利的方式，比竞争者更有效、更有利地向目标市场提供能够满足其需要、欲望和利益的物品或服务。

社会市场营销观念要求企业在确定营销决策时要权衡三方面的利益，即企业利益、消费者利益和社会利益。具体来说，社会市场营销观念希望摆正企业、顾客和社会三者之间的利益关系，使企业既能发挥特长，在满足消费者需求的基础上获取经济效益，又能符合社会利益，从而使企业具有强大的生命力。许多企业通过采用和实践社会营销观念，已获得了引人注目的销售业绩，如美国的安利、强生等大企业就是其中的例子。

7. 大市场营销观念

20世纪70年代末，企业的经营环境发生了极大的变化：跨国公司得到飞快的发展，企业的竞争已跨越国界，同时世界各国贸易保护主义日益盛行，政府干预加强，竞争形式更加严峻。菲利普·科特勒提出了“大市场营销观念”，目的在于解决国际市场的进入壁垒问题。“大市场营销观念”提出企业为了成功地进入特定市场或者在特定市场经营，在策略上必须协调地施用经济、心理、政治和公共关系等手段，以博得外国或地方各方面的合作与支持，从而达到预期的目的。大市场营销战略在4Ps的基础上加上2Ps即政治权力(Power)和公共关系(Public relations)，从而把营销理论进一步扩展。与以前的营销观念相比，大市场营销观具有两个突出特点：一是十分重视企业与外部各方面的关系，以排除来自人为的障碍；二是提出了变被动为主动营销的思想，使企业营销具有更多的主动性和灵活性。

市场营销观念的演变以上述七种观念为代表。实际上，在具体的营销实践中，还有许多观念从各个侧面与市场营销观念进行渗透或予以强化，如竞争导向观念、企业形象观念和绿色营销等。各种营销观念的比较见表1-1。

表1-1　营销观念的比较

营销观念	出发点	方　法	目　标
生产观念	增加产量	降低成本，提高生产效率	在销量增长中获利
产品观念	产量质量	生产更加优质的产品	用高质量的产品推动销售增长
推销观念	产品销售	加强推销和宣传活动	在扩大市场销售中获利
市场营销观念	顾客需求	运用整体营销策略	在满足顾客需求中获利
生态营销观念	企业优势	注重企业优势与消费需求结合	企业优势同消费者需求充分协调
社会营销观念	社会利益	运用整体营销策略	维护社会长远利益，满足消费者需求
大市场营销观念	市场环境	运用“4Ps＋2Ps”的整体营销策略	进入特定市场，满足消费者需求

【课堂讨论】

在太平洋上的一个小岛上，居住着10多万土著居民，这里风景秀丽，盛产菠萝、香蕉、椰子、芒果，部落酋长统治着这里的政治和经济。一家美国制鞋公司打算把自己的产品卖给这个小岛上的居民。该公司首先派出了自己的财务经理去考察市场。几天以后，该经理发回电报说：“这里的人根本不穿鞋，此地不是我们的市场。”

为了证实这一点，该公司又把自己最好的推销员派到该岛上。一周之后，该推销员回报："这里的居民没有一个人有鞋，这里是巨大的潜在市场。"

该公司最后又把自己的市场营销副经理派去考察。两周以后，他汇报说："这里的居民不穿鞋，但他们的脚有许多伤病，可以从穿鞋中得到益处。如果要开辟这个市场，我们还必须取得部落酋长的支持与合作。他们没有钱，但可用水果和我们交换。我测算了三年内的销售收入及成本，包括把水果卖给欧洲超级市场连锁集团的费用，回报率可达30%。我建议公司开辟这个市场。"

本案例中的三个人奉行何种营销观念？营销观念是如何影响人们的市场营销行为的？

第四节　市场营销理论及其发展

【本节任务】

理解"4Ps"、"4Cs"等营销理论的基本观点，理解营销理论对营销实践的指导作用，关注社会化营销等新理论在营销实践过程中的应用及其影响。

第二次世界大战后，随着全球经济的快速复苏，消费者需求与欲望在更高层次上发生变化，产销矛盾逐渐尖锐起来，传统的营销理论已经不适应企业与市场的要求，尤其是确立了以消费者为中心的观念，直接导致市场营销学发生了历史性"变革"。以"满足顾客需求"、"顾客至上"为核心的营销论著不断出现，营销理论得到不断的丰富与深化(见表1-2)。

表1-2　市场营销理论发展概述

年代	营销理论	营销理论变革进程
20世纪50年代	市场营销组合、产品生命周期、品牌形象、市场细分、市场营销观念	营销从传统的经济学转入管理学研究，标志着营销管理时代的开始，营销环境和市场研究成为热点
20世纪60年代	"4Ps"组合、营销近视症、生活方式、买方行为理论、扩大营销	市场研究强化了对消费者态度与使用的研究，从态度和习惯上判断消费者的生活方式，麦卡锡提出著名的4Ps理论奠定了管理营销的基础理论框架
20世纪70年代	社会营销、低营销、定位、战略营销、服务营销	随着服务业的兴起，服务营销为服务业提供了思想和工具，也推进了制造业开拓新的竞争领域
20世纪80年代	内部营销、全球营销、关系营销、大市场营销	顾客满意度开始流行，伴随着全球一体化的进程，"全球营销"的思想成为另一热点
20世纪90年代	4Cs营销、整合营销传播、4Rs营销、网络营销、差异化营销、绿色营销	营销理念发生新的变化，企业开始反思传统的营销活动，意识到营销不仅要考虑消费者的需要，更要考虑消费者与社会的长远利益，公司的组织目标不应是利润最大化或消费者的选择和满意度最大化，而应是兼顾消费者的满意与长期福利

市场营销学在其发展过程中，不断吸收经济学、管理学、社会学、行为科学等学科的相关理论，形成了自己完善的理论体系。进入20世纪80年代后，社会的进步、信息技术的发展、人们对环保的日益重视等因素使人们对市场营销观念的认识进一步拓展，新的营销方式如绿色营销、直复式营销、网络营销、合作营销、蜂鸣营销(口头宣传营销)等不断涌现，市场营销理论得到了新的发展。以下重点介绍几种市场营销理论。

一、市场营销组合理论的发展

企业市场营销活动是一项系统工程，要搞好营销活动涉及目标市场的需要、环境、企业能力、竞争等一系列因素，所以市场营销必须采取整体性营销手段，把企业可控因素有机组合，并制定恰当的企业营销战略。市场营销组合这一概念是由美国哈佛大学教授尼尔·鲍顿于1964年最早采用的。它是制定企业营销战略的基础，做好市场营销组合工作可以保证企业从整体上满足消费者的需求。此外，它也是企业对付竞争者强有力的手段，是合理分配企业营销预算费用的依据。

(一) 4Ps营销理论

4Ps营销理论是市场营销理论体系中影响最深远的营销组合理论。所谓市场营销组合理论是指企业针对目标市场特点，将各种可能的营销策略和手段有机地结合起来，形成整体优化的营销策略，以保证企业目标的实现。

杰罗姆·麦卡锡(E. Jerome McCarthy)于1960年在其《基础营销》(Basic Marketing)一书中第一次将企业的营销要素归结为四个基本策略的组合，即著名的“4Ps”理论：产品(Product)、价格(Price)、渠道(Place)、促销(Promotion)。由于这四个词的英文字头都是P，再加上策略(Strategy)，所以简称为“4Ps”。下面介绍这四个基本策略。

(1) 产品(Product)：注重开发的功能，要求产品有独特的卖点，把产品的功能诉求放在第一位。

(2) 价格 (Price)：根据不同的市场定位，制定不同的价格策略，产品的定价依据是企业的品牌战略，应注重品牌的含金量。

(3) 分销 (Place)：企业并不直接面对消费者，企业与消费者的联系是通过经销商来进行的，所以，应注重经销商的培育和销售网络的建立。

(4) 促销(Promotion)：企业注重销售行为的改变来刺激消费者，以短期的行为(如让利、买一送一、营销现场气氛等)促成消费的增长，吸引其他品牌的消费者或导致提前消费来促进销售的增长。

4Ps的提出奠定了管理营销的基础理论框架。该理论以单个企业作为分析单位，认为影响企业营销活动效果的因素有两种，如表1-3所示。

表1-3　影响企业营销活动效果因素

可控因素	不可控因素
产品、价格、分销、促销	社会、人口、技术、经济、环境/自然、政治、法律、道德、地理
内部环境	外部环境

企业营销活动的实质是一个利用内部可控因素适应外部环境的过程，即通过对产品、价格、分销、促销的计划和实施，对外部不可控因素做出积极动态的反应，从而促成交易的实现和满足个人与组织的目标。用科特勒的话说就是“如果公司生产出适当的产品，定出适当的价格，利用适当的分销渠道，并辅之以适当的促销活动，那么该公司就会获得成功”(科特勒，2001)。所以，市场营销活动的核心就在于制定并实施有效的市场营销组合。

【知识拓展】

11Ps 营销理论

1986 年 6 月，菲利浦·科特勒教授又提出了 11Ps 营销理念，即在大营销 6P 之外加上调研、区隔、优先、定位和人，并将产品、定价、渠道、促销称为“战术 4P”，将探查、分割、优先、定位称为“战略 4P”。该理论认为，企业在“战术 4P”和“战略 4P”的支撑下，运用“政治权利”和“公共关系”这 2P，可以排除通往目标市场的各种障碍。

读者可通过百度百科“11ps营销理论”词条了解更多信息：

http://baike.baidu.com/link?url=RMKCB1B8koDtNc9S8deE8CkYT54NkFyNNxVTw85PMtza1qSjV9b12W9eBtXYYumIRY4rzTQ2bYEUVWSOAz-29a

【课堂讨论】

讨论“人”在市场营销策略体系中的地位和作用，这里的“人”指的是哪些人?

(二) 4Cs 营销理论

4Cs 理论是由美国学者罗伯特·劳特朋(Robert Lauterborn)教授于 1990 年提出的，他以消费者需求为导向，重新设定了市场营销组合的四个基本要素：顾客、成本、便利和沟通。

4Ps 营销组合向 4Cs 营销组合的转变，具体表现为：

(1) 产品(Production)向顾客(Consumer)转变：首先要了解、研究、分析消费者的需要与欲求，而不是先考虑企业能生产什么产品。

(2) 价格(Price)向成本(Cost)转变：首先了解消费者满足需要与欲求愿意付出多少钱(成本)，而不是先给产品定价，此外，这中间的顾客购买成本不仅包括其货币支出，还包括其为此耗费的时间、体力和精力以及购买风险。

【营销故事】

在南方的一个小镇中，有一位年轻的米店商人，名叫华明。他是该镇里 10 位米商之一，开始他与其他米商一样，总是待在店内等候顾客，所以生意并不大好。

一天，华明突然认识到他应该更多地为该镇居民着想，了解他们的需求和期望，而不是简单地为那些到店里来的顾客提供大米。他认为自己应该为居民提供更多的价值，而不能仅仅只是提供和其他米商一模一样的服务。他决定对顾客的饮食习惯以及购买周期建立记录档案，并且开始为顾客送货。

开始，华明绕着该城镇到处走，并且敲开每一位顾客的家门，询问家里有多少口人，每天需要煮多少碗米，家里的米罐有多大等。之后，他决定为每个家庭提供免费的送货服务，并且每隔固定时间自动将每个家庭的米罐补满。

例如，某4口之家，平均每人每天大概需要2碗米，因此这个家庭每天需要8碗米。从他的记录里，华明可以知道该家庭的米罐能装60碗米或者说接近一袋米。

通过建立这些记录以及提供的全新服务，华明首先成功地得到老年顾客的认可，进而与更多的其他居民建立起更为深入的关系。他的业务也逐渐扩大，甚至需要雇佣更多的员工才能完成工作量。就这样，华明通过花时间拜访居民，处理好与供应商之间的关系，生意日益兴隆。

(3) 分销渠道(Place)向方便(Convenience)转变：首先考虑顾客购物等交易过程如何给顾客方便，而不是先考虑销售策略和渠道的选择。

(4) 促销(Promotion)向沟通(Communication)转变：以消费者为中心实施营销沟通是十分重要的，通过互动、沟通等方式，将企业内外营销不断进行整合，把顾客和企业双方的利益无形地整合在一起。

(三) 4Rs 营销理论

4Rs 营销理论(The Marketing Theory of 4Rs)是由美国整合营销传播理论的鼻祖唐·舒尔茨(Don E. Schuhz)在4Cs营销理论的基础上提出的新营销理论。4Rs涉及的四个营销要素包括 Relevance(关联)、Reaction(反应)、Relationship(关系)和 Reward(回报)。

(1) 关联(Relevance)。就是与顾客建立关联。在竞争性市场中，顾客具有动态性。顾客忠诚度是变化的，忠诚度不够会使他们转移到其他企业。要提高顾客的忠诚度，赢得长期而稳定的市场，重要的营销策略是通过某些有效的方式在业务、需求等方面与顾客建立关联，形成一种互助、互求、互需的关系。把顾客与企业联系在一起，这样就大大减少了顾客流失的可能性。

(2) 反应(Reaction)。就是提高市场反应速度。对经营者来说最现实的问题在于如何站在顾客的角度及时地倾听顾客的希望、渴望和需求，并及时答复和迅速做出反应，满足顾客的需求。

(3) 关系(Relationship)。就是指与顾客强化关系。在如今企业与客户的关系发生了本质性变化的市场环境中，抢占市场的关键已转变为与顾客建立长期而稳固的关系，从营销变成责任，从顾客变成拥护者，从管理营销组合变成管理和顾客的互动关系。

(4) 回报(Reward)。回报是营销的源泉。对企业来说，市场营销的真正价值在于其为企业带来短期或长期的收入和利润的能力。一方面，追求回报是营销发展的动力；另一方面，回报是维持市场关系的必要条件。企业要满足客户需求，为客户提供价值，但不是做“仆人”。因此，营销目标必须注重产出，注重企业在营销活动中的回报。一切营销活动都必须以为顾客及股东创造价值为目的。

4Rs 营销理论的最大特点是以竞争为导向，体现关系营销思想。在新的层次上概括了营销的新框架。4Rs 根据市场不断成熟和竞争日趋激烈的形势，着眼于企业与顾客互动与双赢，不仅积极地适应顾客的需求，而且主动地创造需求，运用优化和系统的思想去整合营销，通过关联、关系、反应等形式与客户形成独特的关系，把企业与客户联系在一起，形成竞争优势。可以说4Rs是新世纪营销理论的创新与发展，必将对营销实践产生积极而重要的影响。

【营销故事】

潘石屹的现代城 4Rs 营销理念

在潘石屹的“北京现代城”的整个营销推介过程中，都能看到 4Rs 的影子。首先从开发理念上看，老潘第一个引进国外的 SOHO 观念。针对了大批的自由职业者“在家办公”的消费需求，抓住了消费者的房产需求变化，将 4Rs 的关联(Relevance)要素转变为销售核心价值，制造出了有核心竞争力的产品。其次，在现代城的售卖过程中，随着消费者需求的变化，现代城的图纸也在建筑过程中不断地修改。最初现代城为解决顶层物业销售的难度，将顶层的户型设计成复式结构，结果一下子供不应求，顶层复式的房子被抢购一空，还有顾客不断地来询问复式的房子，潘石屹当机立断，将下面本来平层的房子也改成复式的，以适应消费者变化的购房需求。就这样一层挨一层的从顶层往下改，设计院的设计师问他“怎么改个没完?”，潘石屹回答说：“消费者的需求是最完美的设计，只要消费者有需求变化，设计就要改。”这正是 4Rs 中的反应(Reaction)要素。再次，现代城的营销中后期建立了业主沟通网站，所有业主的意见都可以在第一时间反馈到公司的最高领导那里。对所有业主的资料建立详细的资料库，附以无理由退房等有力的售后保障，使开发商与消费者之间建立长效稳固的关系，把对业主的管理变成了责任，消费者从顾客变成了品牌忠诚者，从管理营销组合变成管理和顾客的互动关系，这正是 4Rs 中的关系(Relationship)要素。之后，潘石屹和他的红石公司声名鹊起，其后开发的其他项目在企业品牌和客户关系的积累中无往不利，且营销费用也节省了不少，短期利润与长期回报双效回笼，大获全胜。

二、关系营销理论

1985 年，巴巴拉·本德·杰克逊提出了关系营销的概念，使人们对市场营销理论的研究又迈上了一个新的台阶。关系营销理论一经提出，迅速风靡全球，杰克逊也因此成了美国营销界备受瞩目的人物。

关系营销是把营销活动看成是一个企业与消费者、供应商、分销商、竞争者、政府机构及其他公众发生互动作用的过程，其核心是建立和发展与这些公众的良好关系。关系营销有五个方面的重要内容。

1. 关系营销的中心——顾客忠诚

在关系营销中，怎样才能获得顾客忠诚呢？发现正当需求—满足需求并保证顾客满意—营造顾客忠诚，构成了关系营销中的三部曲。企业要分析顾客需求，而顾客需求满足与否的衡量标准是顾客满意程度。满意的顾客会给企业带来有形的好处(如重复购买该企业产品)和无形的好处(如宣传企业形象)。

2. 关系营销的重点——顾客维系

市场竞争的实质是争夺顾客资源，维系原有顾客、减少顾客的叛离，要比争取新顾客更为有效。维系顾客不仅仅需要维持顾客的满意程度，还必须分析顾客产生满意感的最终原因，从而有针对性地采取措施来维系顾客。

3. 关系营销的构成层次

关系营销分为以下三个层次：

(1) 财务层次营销。维持关系的重要手段是利用价格刺激目标公众以增加企业的财务利益。

(2) 社交层次营销。企业需尽量了解到单个顾客的需要和愿望，使服务个性化和人格化，以此来增加公司与顾客的社会联系。

(3) 结构层次营销。增加结构纽带，同时附加财务利益和社会利益，与客户建立结构性关系。

4. 关系营销的本质特征

关系营销的本质特征可以概括为以下几个方面：

(1) 双向沟通。在关系营销中，沟通应该是双向而非单向的，只有广泛的信息交流和信息共享，才可能使企业赢得每个利益相关者的支持与合作。

(2) 合作。一般而言，关系有两种基本状态，即对立和合作，只有通过合作才能实现协同，因此合作是“双赢”的基础。

(3) 双赢。关系营销旨在通过合作增加各方的利益，而不是通过损害其中一方或多方的利益来增加其他方的利益。

(4) 亲密。关系能否得到稳定和发展，情感因素起着重要的作用，因此关系营销不只是要实现物质利益的互惠，还必须让参与各方能从关系中获得情感的需求满足。

(5) 控制。关系营销要求建立专门的部门，用以跟踪顾客、分销商、供应商及营销系统中其他参与者的态度，由此了解关系的动态变化，及时采取措施消除关系中的不稳定因素和不利于各方利益共同增长因素。

5. 关系营销的有效工具

数据库是关系营销的有效工具。必须建立客户数据库，利用大数据，记录与分析客户的偏好、价格选择和生活习惯，使得企业变成一对一营销者，能够根据获取的消费者的特定信息提供个性化的产品和服务，精准营销。

【课堂讨论】

如何理解关系营销本质特征之一——“双赢”？关系营销所提倡的双赢是否与企业营销目标相背离？应如何实现“双赢”？

三、顾客让渡价值理论

顾客让渡价值是菲利普·科特勒在1994年提出的。他认为顾客将从那些他们认为提供最高顾客让渡价值的公司购买商品或服务。

顾客让渡价值是指在顾客获得的总价值与顾客为之付出的总成本之间的差距，即

顾客让渡价值＝顾客总价值－顾客总成本

顾客满意度是由其所获得的让渡价值大小决定的，如图1-2所示。

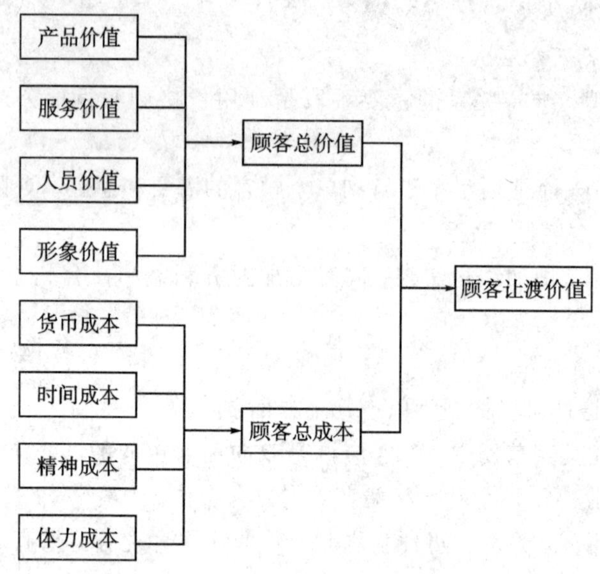

图1-2 顾客让渡价值示意图

(一) 顾客总价值

顾客总价值是指顾客购买某一特定产品或服务所获得的全部利益，它包括产品价值、服务价值、人员价值和形象价值等。

(1) 产品价值。产品价值是指由产品的功能、特性、品质、品种与式样等所产生的价值。它是顾客需要的中心内容，也是顾客选购商品的首要因素，因而一般情况下，它是决定顾客购买总价值大小的关键和主要因素。产品价值是由顾客需要来决定的。

(2) 服务价值。服务价值是指伴随产品实体的出售，企业向顾客提供的各种附加服务，包括产品介绍、送货、安装、调试、维修、技术培训、产品保证等所产生的价值。服务价值是构成顾客总价值的重要因素之一。

(3) 人员价值。人员价值是指企业员工的经营思想、知识水平、业务能力、工作效率和质量、经营作风、应变能力所产生的价值。企业员工的素质直接决定着企业为顾客提供的产品质量与服务质量，决定着顾客购买总价值的大小。

(4) 形象价值。形象价值是指企业及其产品在社会公众中形成的总体形象所产生的价值，包括企业的产品、技术、包装、商标、工作场所等所构成的有形形象所产生的价值，公司及其员工的职业道德行为、经营行为、服务态度、作风等行为形象所产生的价值，以及企业的价值观念、管理哲学等理念形象所产生的价值等。

(二) 顾客总成本

顾客总成本是指顾客为购买某一特定产品或服务所耗费的时间、精神、体力以及所支付的货币资金等，它包括货币成本、时间成本、精神成本和体力成本等。

由于顾客在购买产品或服务时，总希望把货币、时间、精神和体力等有关的成本降到最低限度，而同时又希望从消费中获得更多的实际利益，以使自己的需要得到最大限度的满足，因此，顾客在选购产品或服务时，往往从价值与成本两个方面进行比较分析，从中选出价值最高、成本最低，即“顾客让渡价值”最大的产品或服务作为优先选购的对象。

【即问即答】

顾客让渡价值是不是可以理解为将企业的一部分利润让渡给消费者？企业应该如何提高顾客让渡价值？

四、顾客满意理论

现代市场营销观念的核心是以顾客为中心，满足顾客需求。在这一观念的指导下，企业在进行市场营销活动中，要努力通过让顾客满意，提高顾客的忠诚度。忠诚顾客的数量决定了企业的生存与发展，也是企业长治久安的根本保证。

菲利普·科特勒认为，顾客满意度是指一个人通过对一个产品的可感知效果(或结果)与他的期望值相比较后，所形成的愉悦或失望的感觉状态。可见，顾客满意是一种期望(或者说预期)与可感知效果比较的结果，它是一种顾客心理反应，是一个心理学的概念。

顾客在进行消费之前，心中就持有产品应达到的某种特定标准，从而形成期望。在购买产品之后，他会将产品的实际表现同自己的标准相比较，从比较中判断自己的满意程度。这种判断有三种可能的结果：如果产品表现与顾客的标准相符，他就会感到理所当然，不会有太大的反应；如果产品表现优异，超出了顾客的标准，则他会感到十分满意；相反，如果产品表现达不到标准，顾客就会产生不满。

能否实现顾客满意有三个重要因素：① 顾客对产品的预先期望，这种期望来源于顾客以往的购买经验、朋友或同事的建议、企业广告信息及承诺等；② 产品的实际表现；③ 产品表现与顾客期望的比较。

满意本身又具有多个层次，具体来说，有五种情绪可以用“满意”来形容：① 满足，指产品可以接受或容忍；②愉快，指产品带给人以积极、快乐的体验；③ 解脱，指产品解除了人们的消极状态；④ 新奇，指产品带给人以新鲜和兴奋的感觉；⑤ 惊喜，指产品带给人以出乎意料的高兴。

五、整合营销传播理论

1992 年，全球第一部关于整合营销传播理论的(Integrated Marketing Communications，IMC)专著——《整合营销传播》在美国问世。作者是在广告界极负盛名的美国西北大学教授唐·舒尔茨及其合作者斯坦利·田纳本(Stanley I. Tannenbaum)与罗伯特·劳特朋(Robert F. Lauterborn)。

整合营销传播一方面把广告、促销、公关、直销、CI、包装、新闻媒体等一切传播活动都涵盖到营销活动的范围之内；另一方面则使企业能够将统一的传播资讯传达给消费者。所以，整合营销传播也被称为 Speak With One Voice(用一个声音说话)，即营销传播的一元化策略。

整合营销传播包含认知的整合、形象的整合、功能的整合、协调的整合、基于消费者的整合、基于风险共担者的整合、关系管理的整合等几个层次。

整合营销传播的方法有：

(1) 建立消费者资料库。整合营销传播和传播营销沟通的最大不同在于整合营销传播是将整个焦点置于消费者、潜在消费者身上，因为所有的厂商、营销组织，无论是在销售量或利润上的成果，最终都依赖消费者的购买行为。

(2) 研究消费者。在整合营销传播中，可以将消费者分为三类，即对本品牌的忠诚消费者、对他品牌的忠诚消费者和游离不定的消费者。很明显这三类消费者有着各自不同的“品牌网路”，而想要了解消费者的“品牌网路”就必须借助消费者的行为资讯。

(3) 接触管理。现在的市场由于资讯超载、媒体繁多，干扰的“噪声”大幅增大。因此，目前最重的是决定“如何、何时与消费者接触”，以及采用什么样的方式与消费者接触。

(4) 发展传播沟通策略。确定在什么样的接触管理之下，该传播什么样的信息，而后，为整合营销传播计划制定明确的营销目标。

(5) 营销工具的创新。营销目标一旦确定之后，就是决定要用哪些工具，哪种结合形式最能够协助企业达成传播目标。

(6) 传播手段的组合。选择有助于达成营销目标的传播手段，这里所用的传播手段可以无限宽广，只要是能协助达成营销及传播目标的方法，都是整合营销传播中的有力手段。

六、事件营销

事件营销就是借助社会事件、新闻之势达到营销传播的效果，从而增加企业产品销售，提高营销绩效的手段。但由于事件发展的不可预见性，以及企业对事件策划的掌控能力不同，事件营销有很大的风险。

(一) 事件营销的特点

事件营销的特点有：(1) 突发性强，时间紧迫；(2) 潜在的机会大；(3) 有广泛的消费者受众面；(4) 高频率的媒体助阵；(5) 消息复杂，消费者很难分辨。

事件营销的优势在于：首先，避开由于媒体多元化而形成的干扰，提升企业品牌的统一形象，便于人们对其了解和熟悉。其次，国内媒体收费奇高，事件营销可以跨越这种障碍，节省企业的宣传成本。其成功的关键是实效和快速反应。面临的市场考验是对局势的把握与应变力。在实际运用过程中，事件营销应把握好两条原则，即一切应从消费者角度出发以及不能越过法律范畴。

(二) 事件营销的策略

事件营销是近年来国内外十分流行的公关传播手段与市场推广手段。事件营销通过“借势”和“造势”，提高企业或产品的知名度、美誉度，树立良好的品牌形象，并最终促成产品或服务的销售目的。

1. 借势

所谓借势，是指企业及时地抓住广受关注的社会新闻、事件以及人物的明星效应等，结合企业或产品在传播上欲达到的目的而展开的一系列相关活动。具体可以采取以下策略：

(1) 明星策略。利用明星的知名度去加重产品的附加值，可以借此培养消费者对该产品的感情、联想，来赢得消费者对产品的追捧。

(2) 体育策略。主要就是借助赞助、冠名等手段，通过所赞助的体育活动来推广自己的品牌。体育活动已被越来越多的人所关注和参与，体育赛事是品牌最好的广告载体，体育背后蕴藏着无限商机，已被很多企业意识到并投入其中。

【营销故事】

金六福与中国体育紧密合作，通过体育营销不断提升品牌的知名度和美誉度，并与中国奥委会建立了长期战略合作伙伴关系。其不仅支持中国体育的奥运项目，还积极支持各种非奥运项目和群众体育项目。其旗下的金六福酒相继成为第二十八届奥运会、第二十一届大运会、第十九届冬奥会中国体育代表团唯一庆功白酒以及“中国男足世界杯出线专用庆功酒”。

(3) 新闻策略：企业利用社会上有价值、影响面广的新闻，不失时宜地将其与自己的品牌联系在一起，以达到借力发力的传播效果。

【营销故事】

在新闻策略的应用上，海尔的做法堪称国内典范。在“7・13”申奥成功的第一时间，海尔在中央台投入5 000万元的祝贺广告随后播出。据说当夜，海尔集团的热线电话被消费者打爆，相信很多国人在多年后再回味这一历史性喜悦时。肯定会同时想起曾经与他们一同分享成功的民族品牌海尔。

2. 造势

所谓造势，是指企业通过策划、组织，制造出具有新闻价值的事件，吸引媒体、社会团体和消费者的兴趣与关注。

(1) 舆论策略：企业通过与相关媒体合作，发表大量介绍和宣传企业的产品或服务的软性文章，以理性的手段传播自己。

(2) 活动策略：是指企业为推广自己的产品而组织策划的一系列宣传活动，吸引消费者和媒体的眼球达到传播自己的目的。

(3) 概念策略：是企业为自己的产品或服务所创造的一种“新理念”、“新潮流”。

【营销故事】

百年品牌，激情成就梦想

2005年前三季度，全国啤酒原料、辅料、能源、运输等几个环节价格上涨，加上国际啤酒巨头对中国市场的争夺，使国内啤酒生产厂家普遍面临压力。然而面临国内市场日趋激烈的竞争，青岛啤酒最新公布的2005年三季度报告却显示：公司实现主营业务收入82.6亿元，同比增长16.6%，实现利润总额54473万元，同比增长18.7%。究其原因在于青啤公司巧用一系列事件营销使公司的销售收入及利润取得了持续的增长。其一就是联手央视梦想中国。青岛啤酒近半年的“梦想中国”独家冠名，将百年品牌主张锁定“激情成就梦想”。作为新时期的品牌主张，口号鲜活、时代感强，对于年轻一代的啤酒消费者具有很强的吸引力。青岛啤酒的品牌及其品牌主张随着“梦想中国”的“海选”传遍全国。从效果看，青岛啤酒实现了品牌的重大突破，品牌主张得到了有效传播，远超过预期目标。在营销上，青岛啤酒通过各赛区的选拔赛，使品牌第一提及度上升1个百分点，产品的销量上升8个百分点以上。销售方面，青岛啤酒在2005年8月份，销售同比增长43%，9月份同比增长38%。

七、共生(合作)营销

何谓共生营销？美国管理学专家阿德勒这样解释：“共生营销是指通过两个或更多个相互独立的企业在资源或项目上的合作，达到增强市场竞争能力的目的。”

(一) 共生营销的形式

(1) 共享资源。它包括设施、营销渠道、品牌或其他资源。

(2) 共同促销。共生伙伴各方把单一企业的产品优势、营销技能和营销网络结合起来，发挥单个促销无法达到的规模效益，联合开发目标市场。例如，美国东方航空公司和环球航空公司联合进行促销，允许双方的乘客积累里程数，在航线上享有免费里程。再如，格兰仕与深圳精时达表业进行捆绑销售，实现互利。

(3) 共同提供产品和服务。在旅游业中，交通公司、旅馆、饭店、娱乐部门等联合提供“一揽子”服务，既能降低价格，又能方便顾客，使各公司的竞争力都大大增强。

(4) 共同销售。例如，美国的《华盛顿星报》及《波士顿环球报》等五家报社，组成一个“百万市场报业有限公司”，由它来负责销售这五家报社的报纸，提高了报纸的销量。美国运通公司和 MCI 电讯公司达成协议，运通卡用户在使用 MCI 长途电话时，可享受一定折扣；而 MCI 凭借运通公司所掌握的 1000 万用户信息资料，大大增强了自己的竞争力。

(5) 共同开发新产品。由于日益高涨的研究开发费用所带来的高风险，以及难以单独克服的技术障碍等问题，使得高技术公司越来越倾向于合作开发与生产新产品。例如 1992 年初，IBM 公司、西门子公司、日本东芝电气公司达成协议，联手开发 256 兆位超微芯片。

(6) 共同创办新企业。这在国外教育界、化工业、新材料工业、计算机工业中已屡见不鲜。例如，美国时代公司和通用电报公司曾经合资创办通用学习公司，来开拓电化教育市场。

(二) 共生营销的特点

(1) 降低营销成本。资源共享可降低资源成本，降低研发费用，两个企业合作开发新产品或某项技术，各自都可以提高产品质量或创新卖点，从而提高市场竞争力；降低销售成本，两个企业分享销售渠道、销售队伍、仓储、运输等，能达到事半功倍的效果；降低广告费用，两个企业通过合作发布广告，可以提高广告的效果，降低广告成本。

(2) 提高营销效率。如分享销售渠道，可实现短时间内在更多地域推出产品，先入为主占据优势。

(3) 吸引注意力，制造轰动效应。共生营销具有特别的形式，能引起人们特别关注。

(4) 有利于进入新市场。通过与所在国企业进行某种形式共生合作，就可以开辟出一条进入新市场的捷径。

(5) 有助于多角化战略的展开。多角化战略要求企业向新的领域进军，但新的领域对企业来说是一个陌生的领域，要承担很大的市场风险。合作营销能减少这样的市场风险。

(6) 减少无益竞争。同行业企业在激烈竞争中往往会产生负效应，增加生产成本，某种共生营销就可避免这种情况发生。例如，新加坡航空公司、瑞士航空公司和美国三角洲航空公司合作统筹时刻表，制定共同的订票系统、维护系统，建立统一的行李运送等地勤服务。如此就大大降低了企业成本，提高了工作效率。

【营销故事】

四大佛教圣地联手

我国佛教文化源远流长，四大佛教圣地四川峨眉山、山西五台山、浙江普陀山和安徽九华山被称为智(五台山)、行(峨眉山)、悲(普陀山)、愿(九华山)四大法门，这四大法门互为关联，缺一不可，共同构成了中国四大佛教名山的鲜明特色。这四大景区管委会以佛教特色文化为纽带，将四大名山的佛教特色文化景点串联起来，通过有效整合、整活优势资源，提出了制定“中国四大佛教名山朝圣之旅营销联合体发展战略”的构想，以联合举办“中国四大佛教名山朝圣之旅系列文化节”为主要形式，共同打造“中国四大佛教名山朝圣之旅、缘满之旅”品牌。

八、定制市场营销

定制市场营销是指企业在营销活动中，针对每个消费者与众不同的个性化需求，为其“量身定做”产品从而最大限度地满足消费者需要的一种营销模式。

随着社会的发展和人们生活水平的提高，人们的消费观念发生了很大的变化，消费心理日趋成熟。人们不再盲目地追潮流、赶时髦，而是开始讲求时尚、品味，根据自己参加社会活动的具体场合、时间以及自己的身份、气质、个人爱好和经济承受能力等方面选择适合自己的商品，追求消费的个性化，力求避免消费的趋同。消费需求已进入个性化需求时代。

1. 定制市场营销为企业提供了新的发展机会

第一，定制市场营销是针对每一个消费者的，能够利用最小规模的市场机会，为企业的发展提供更加广阔的空间。第二，实行定制市场营销有利于提高企业竞争力。定制产品是消费者根据自己的个性需求自行改进、设计出来的产品，是消费者最满意的产品，因而也是竞争力最强的产品。第三，定制市场营销减少了中间环节，缩短了供需双方的距离，减少了营销与流通费用。第四，实行定制市场营销，企业不会有产品积压的危险。第五，定制市场营销能够提高企业利润。一方面高差别化的个性化产品使产品需求价格缺乏弹性，产品售价提高从而提高单位产品利润；另一方面存货水平降低，还有生产周期的缩短加快了资金的周转，这都会提高企业利润。

2. 定制市场营销的产品可充分满足消费者需要

消费者选购商品时可完全以“自己”为中心，对所购商品拥有除价格外的完全自主权。消费者既可以从现有商品中自行选择，也可以寻找市场以外的商品，根据自身的实际需要向企业提出具体要求，企业通过消费者的要求进行生产或改良，使消费者买到自己的理想产品。

【营销故事】

镜架智能设计系统

Paris Miki 公司通过与顾客的交流就可以将顾客所需的镜架确定下来，顾客无需在货架上的大量镜架中挨个寻找。这个总部设在东京的公司是世界上最大的眼镜公司之一，它花了 5 年的时间开发了 Mikissemes 设计系统，通过分析顾客面部的数字化图像，以及由顾客输入所期望的效果要求，该系统便可提出恰能满足该客户要求的镜架形状的建议。顾客可在给定范围内进行选择，甚至可以亲自用鼠标修改镜架，一旦他作出了最后的决定，Miki 公司可在大约一个小时内造出眼镜。

九、社会化营销

社会化媒体的崛起是近些年来互联网的一个发展趋势。不管是国外的 Facebook 和 Twitter，还是国内的人人网、微博或微信，都极大地改变了人们的生活，将我们带入了一个社交网络的时代。社会化营销就是利用社会化网络、在线社区、博客或者其他互联网协作平台来进行营销、公共关系处理和客户服务维护及开拓客户的一种方式。这是一个让顾客参与进来的过程，让品牌可以聆听市场的声音，跟外面的世界产生互动。

一般社会化营销工具包括论坛、微博、微信、博客、Twitter、SNS 社区、图片和视频分享等。

（一）社会化营销流程

对于很多企业来说，官方微博、人人网主页等社交媒体平台已经是企业营销的必备项目。然而，大多企业并没有真正明白社会化营销策略的内涵。社会化营销并非想象中那么简单，建个账号、发发新闻，这些远远不够。从账号矩阵的建立、内容的规划、互动反馈机制的建立以及危机公关等，都需要企业进行详细的分析规划，建立全面的营销策略，并长期维护下去。一般来说，社会化营销流程一般包括以下几方面：

1. 社交网络数据挖掘

实时的监控和定期的数据分析是企业实施社会化营销的前提条件。企业需要有一套监控机制，用以找到人们关心的问题和事物。哪些客户在社交网络上提到了自己？他们对品牌的评价如何？哪些人是最关心自己的，他们是否有消费的需求？他们的消费需求在哪里？企业需要找到这些内容，并加以回馈，为企业实施精准营销打下良好的基础。

2. 精准定位

首先，企业应该明白自己的定位和目标群体，不同的社交平台有着不同的客户群特征，要根据自身定位和客户群特征来判断和选择适合企业的社交平台，客户群体在哪里，企业就应该在哪里；其次，找到目标客户群体中最有影响力和号召力的客户；最后，提炼出目标客户群体的关注点和兴趣点。

3. 建立连接影响

社会的构成元素是人和组织，而社会能够称之为社会的关键则是人与人、人与组织以及组织与组织之间的关系链。那么在社会化属性日益增强的互联网中，关系链自然是社会化媒体最重要的组成部分。社会化媒体营销的一个显著优势就是用户对于信息的信任度高，而信任度高的原因就是社交关系链。

只有很好地利用用户的社交关系链，才能发挥社会化媒体营销的优势。然而，大部分社会化媒体网站是用户贡献内容，可以自由留下网址，但对企业营销人员来说，带来链接并不是发帖子留下网址那么简单。绝大部分用户能留下网址的地方都已经做了出来，留下的网址并不能成为普通意义上的链接，所以使用社会化媒体网站建设外部链接是间接的，需要的是在社会化媒体上让其他用户关注你的品牌、产品或者话题，然后用户在自己的网站、博客上再次讨论和提到你的网站，从而带来链接。

4. 经营粉丝，利用社会化媒体传播

在社会化媒体网站上进行营销，最重要的是与其他用户互动，通过口碑传播建立品牌知名度。一方面，营销人员应制造新鲜话题和产品特色吸引粉丝关注，一个微博或一个帖子能迅速传达给成千上万人；另一方面，充分发挥最有影响力客户的超强感染力，产生传播效果。

5. 深度营销，粉丝体验与参与

顾客自己的感受是最高的判断标准，没有人比消费者自己更了解自己的需求，也没有人比他们知道得更早。作为使用者，他们比任何一家企业的研发部门都更活跃、更具有创造力。因此，通过参与顾客能够很好地把自己的好恶表达出来。同时，通过顾客智力资源的开发可以为企业节省大量的人力物力，并且避免新产品开发的多种风险。而社会化媒体的发展为顾客参与提供了完美的技术支持，互动性成为社会营销的重要特征。

在互联网条件下最初适合传统的报纸、电视、广播这个单向传播媒体的 AIDMA 营销模式必然会向可以有效实现与消费者互动的 AISAS 营销模式转变，其变化见图 1-3。

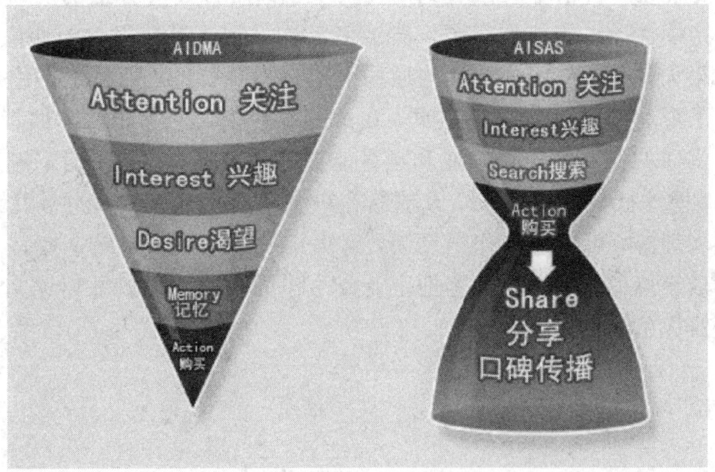

图 1-3　AIDMA 营销模式与 AISAS 营销模式比较图

(二) 社会化营销与传统网络营销的比较

社会化营销具有传统网络媒体营销的大部分优势，比如传播内容的多媒体特性、传播不受时空限制，传播信息可沉淀带来的长尾效应等。社会化营销对比普通网络媒体营销具有以下优势：

(1) 社会化媒体可以精准定向目标客户。社交网络掌握了用户大量的信息，通过对用户发布和分享内容的分析，可以有效地判断出用户的喜好、消费习惯及购买能力等信息。此外，随着移动互联网的发展，社交用户使用移动终端的比例越来越高，移动互联网基于地理位置的特性也将给营销带来极大的变革。这样，通过对目标用户的精准人群定向以及地理位置定向，在社交网络投放广告自然能收到比在传统网络媒体更好的效果。

(2) 社会化媒体的大数据特性可以帮助我们低成本地进行舆论监控和市场调研。随着社交网络的普及，社交网络的大数据特性得到很好的体现。企业如果能做好社交网络的数据分析与处理，能从中受到很大的益处。首先，通过社交媒体企业可以低成本地进行舆论监控。其次，通过对社交平台大量数据的分析或者进行市场调研，企业能有效地挖掘出用户的需求，为产品设计开发提供精准的市场依据。最后，社会化媒体让企业获得了低成本构建组织的力量。企业可以很低的成本组织起一个庞大的粉丝宣传团队，而粉丝带给企业的价值是巨大的。举个例子：小米手机如今有着庞大的粉丝团队，数量庞大的米粉成为了小米手机崛起的重要因素。每当小米手机有活动或者出新品时，这些粉丝就会奔走相告，做足宣传，而这些几乎是不需要成本的。而如果没有社交网络，雷军想要把米粉们组织起来为小米做宣传，必然要花费极高的成本。

【视频资料】

“雷军站在风口上，简述小米营销理念”读者可通过下面的链接或右边的二维码观看杨澜访谈视频：http://www.letv.com/ptv/vplay/2194640.html。

(3) 社会化媒体的互动特性可以拉近企业与用户的距离。互动性曾经是网络媒体相较传统媒体的一个明显优势，但是直到社会化媒体的崛起，我们才真正体验到互动带来的巨大魔力。在传统媒体投放的广告根本无法看到用户的反馈，而官方博客上的反馈也是单向或者不即时的，互动的持续性差。往往发布了广告或者新闻，然后看到用户的评论和反馈，而继续深入互动却难度很大，企业与用户持续沟通的渠道是不顺畅的。而社交网络使我们有了企业的官方微博，有了企业的人人网官方主页，在这些平台上，企业和顾客都是用户，先天的平等性和社交网络沟通的便利性使得企业和顾客能更好地互动，打成一片，形成良好的企业品牌形象。此外，微博等社交媒体是一个天然的客户关系管理系统，通过寻找用户对企业品牌或产品的讨论或者埋怨，可以迅速作出反馈，解决用户的问题。如果企业官方账号能与顾客或者潜在顾客形成良好的关系，让顾客把企业账号作为一个朋友的账号来对待，那么企业的获得的价值就是难以估量的。

本章小结

市场营销是指企业以满足消费者的各种需要与欲望为目的，通过采取整体性的营销手段，占领市场，扩大销售，实现预期利润目标的商务活动过程。现代市场营销具有全员参与、创新性、信息化以及更加强调对顾客的服务等特点。

市场营销管理的实质是需求管理，市场需求形态不同营销管理的任务与措施也就不同，市场需求有 8 种形态，所采取的营销措施也各有不同。

市场营销观念的发展大致经历了生产观念、产品观念、推销观念、市场营销观念、生态营销观念、社会市场营销观念和大市场营销观念等阶段。

市场营销组合理论经过了 4Ps、4Cs、4Rs 等发展过程，介绍了顾客让渡价值理论、关系营销理论、顾客满意理论、整合营销传播理论、事件营销理论等。

测试练习

一、名词解释

1. 市场营销观念　2. 市场　3. 顾客满意

二、填空题

1. 市场营销观念坚持以(　　　)为中心。

2. 从广义的市场概念来看，只有当(　　)、(　　)和(　　)等三要素同时具备时，企业才算拥有市场。

3. 4Cs营销理论主要包括(　　)、(　　)、(　　)和(　　)四个方面。

4. 关系营销的核心是(　　　)。

5. 顾客总价值通常包括(　　)、(　　)、(　　)和(　　)等几个方面。

三、选择题

1. 市场营销的核心是________。

A. 生产　　B. 分配　　C. 交换　　D. 促销

2. 只要能生产出好的有特色的产品就不愁产品销售不出去，这种营销观念属于(　　)营销观念。

A. 生产观念　　B. 推销　　C. 生态　　D. 产品

3. 在无需求情况下，企业应采取(　　)营销措施。

A. 抑制　　B. 开发　　C. 抵制　　D. 刺激

四、思考题

1. 试比较市场营销观念与推销观念。

2. 如何理解顾客让渡价值理论？如何提高顾客让渡价值？

3. 简述4Ps营销策略的优点以及其局限性。

4. 简述市场营销的功能。

五、案例分析

让顾客满意，事无巨细

“让顾客满意”几乎是所有企业的营销口号和营销目标。麦当劳作为当今全球最大的餐饮业服务企业，为顾客提供一种“标准化的食品、微笑、价值和整洁”，以其优良的品质、快捷的服务、清洁的环境和物有所值的产品赢得了世界各地顾客的喜爱。麦当劳并不满足于已有的顾客满意记录，而是始终对顾客投以细心和关爱。在北京，74个麦当劳分店均代售月票，弥补了北京市只有88个月票发售网点的不足，为北京市上百万乘客带来惊喜和便利，同时吸引了大批食客络绎而来。高考前夕，麦当劳对只要一杯饮料就在餐厅呆上好几小时的高考考生，不仅不驱赶，反而特意为他们延长了营业时间。从口号走向行动，“大企业”做“小好事”，麦当劳代售月票和关照高考学子的举动是对4C营销的很好阐释。

案例思考：

1. 从“4Cs”营销角度来阐释麦当劳的营销创新。

2. 麦当劳的营销创新给企业的营销启示是什么？

六、实训练习

实训项目：活动营销策划。

实训组织：利用已学知识，尤其是事件营销的原理，为本校青年志愿者社会服务周活动策划一套营销方案，目的是吸引媒体，宣传学校，扩大学校在社会的影响，展示本校学生利用专业知识与技能服务社会的热情。

实训要求：分组完成营销策划报告。

第二章　市场营销环境分析

【营销格言】我们不能改变风的方向，但可以调整帆的方向。

【本章结构】

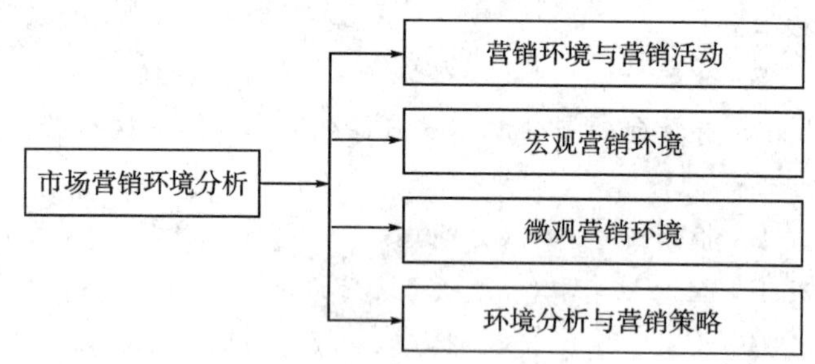

【案例导入】

成都高档餐饮业如何“涅槃”？

最近，成都市商务局、成都零售商协会发布了《2013年上半年成都零售业运行报告》。报告提供的数据显示，今年上半年，成都市限额以上餐饮企业实现销售收入83.8亿元，同比下降9.6%；餐饮业对成都市零售业的增长贡献率比去年同期降低了11.8%，降至18个月来的最低点。

成都餐饮业滑坡，高档餐饮店首当其冲，进入十年辉煌后的拐点。2013年1月中旬以来，成都各大高档餐厅、酒楼、会所及酒店等订单大幅下滑，一年前还金碧辉煌、华盖豪车往来、贵胄美女云集的餐饮豪庭，一时间门可罗雀；金都银杏、璞食天作、麦田记忆、紫荆5号、银杏南亭等成都知名高档餐厅相继关门歇业。成都市美食之都促进会会长何涛表示：“成都高档餐厅酒楼几乎全面陷入经营困难。”成都餐饮界资深人士、迷尚澳门豆捞董事长曾雁翔甚至直言：大概半年至一年的时间，成都的高档餐厅数量将只会剩下之前的一半。

业内专家、经济界人士等对成都乃至全国高档餐饮业跌入低谷的原因做了详尽的分析，诸如中央“八项规定”、禽流感、全球经济不景气等等。而高档餐饮企业的老板们似乎无暇慨叹，他们把力气更多地用在寻求生存上面。满庭芳、潮皇阁、诚信食府、大蓉和、银杏等，成都几乎所有的餐饮名店都调整菜品、调低价格，往平民那里靠；不少高档酒楼放低身段，或是打出“大众食堂”的口号吸引眼球，或是将以往人均消费数百上千元的价格调整为一二百甚至几十元。

痛定思痛，成都餐饮企业的有识之士开始反思：餐饮界必须回到行业自身特点去认识自我，寻求可持续发展之路。他们认为，成都高端餐饮近年发展太过“疯狂”，豪华的装修、高昂的价格、奢靡浪费、人情营销、回扣公关、追求暴利等等，已使整个行业病态发展，泡沫浓厚，而菜品、经营管理没有得到相应提高，脱离了“对美食的探索”这一餐饮行业本质，这才是高档餐饮走入困局的深层原因。

成都一些高档餐饮企业正在尝试走出困境的创新发展模式。“携手购物中心”，便是一种成功的模式。这些餐饮企业通过与购物中心等形态的城市综合体合作，寻求抱团、借力、整合。成都名店红杏酒家早在2008年就入驻万达广场成都锦华店，很快成为红杏体系内的销售冠军，年经营额已过亿。以“新派川菜”文化为核心的餐饮名店“巴国布衣”也开始与购物中心合作，先后携手成都来福士、环球中心等超大型城市综合体，生意十分火爆。“巴国布衣”市场总监周明认为，餐饮业传统的单店、街边店形式受制太多，进驻大型购物中心，可以充分共享其客群、整体软硬设施和资源，是一种优势的互补。与此同时，购物中心也看上了餐饮的聚客功能。王府井百货成都春熙路店作为西部百货单店销售之王，可以说其楼面是“寸土寸金”。然而今年王府井百货春熙店将八楼的办公区重新规划，引入鹿港小镇、鱼旨寿司、迷尚K1三家特色餐饮，吸引了大量的顾客；而社区购物中心更是离不开餐饮业态的服务价值和多元化属性。

看来，成都高档餐饮业“涅槃”，将不再是拼装修与排场，拼的将是专业、品质和价格。回归餐饮的本源，才能最终赢得市场。

思考：

成都高档餐饮业为什么会陷入困境？你认为成都高档餐饮业在这种困难环境中应该如何发展？

从本质上看，市场营销活动就是营销者努力掌控企业可控因素以适应企业外部不可控因素，从而实现企业营销目的的过程。认识并分析营销环境是企业制定科学的营销战略的基础。

第一节　营销环境与营销活动

【本节任务】

理解市场营销环境的含义，了解市场营销环境的特点以及营销活动的环境适应性。

企业作为外部环境系统的一个子系统，其生存和发展必须以一定的外部环境作为条件，因此，市场营销环境对企业的生存和发展具有重要的意义。企业必须重视对市场营销环境的分析和研究，并根据市场营销环境的变化制定有效的市场营销战略，谋求企业内部条件、外部环境和经营目标三者之间的动态平衡。

一、市场营销环境的含义

市场营销环境是指与企业营销活动有潜在关系的所有外部力量和相关因素的集合，它是影响企业生存和发展的各种外部条件。

企业市场营销环境的内容既广泛又复杂。不同的因素对营销活动各个方面的影响和制约不同，同样的环境因素对不同的企业所产生的影响力和制约力也不尽相同。一般来说，市场营销环境主要包括两方面的构成要素，一是微观环境要素，即指与企业紧密相联，直接影响其营销能力的各种参与者，这些参与者包括企业的供应商、营销中间商、顾客、竞争者以及社会公众；二是宏观环境要素，即影响企业微观环境的巨大社会力量，包括人口、经济、政治、法律、科学技术、社会文化及自然地理等多方面的因素。微观环境直接影响和制约企业的市场营销活动，而宏观环境主要以微观营销环境为媒介间接影响和制约企业的市场营销活动。如图 2-1 所示。

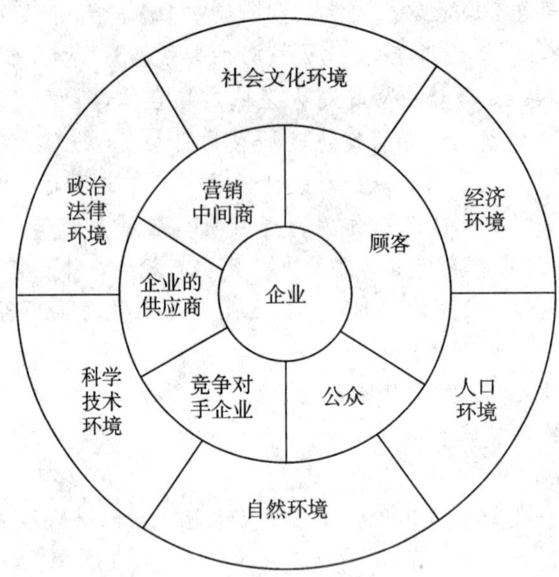

图 2-1　市场营销环境

一个企业的市场营销环境可以分成三个层次：

第一个层次是企业本身，它处于企业市场营销环境的中心。

第二个层次是企业所处的微观环境，包括市场营销渠道企业（它们参与企业产品的生产和分销活动）、市场（企业的目标顾客）、竞争者（它们也向企业所服务的市场提供商品）和公众（企业及其竞争者都在公众监视下，并受公众影响）。

第三个层次是宏观环境，所有企业和市场都要受宏观环境力量的影响和制约，并且这些环境因素不是静态不变，而是经常处于变动之中的，对企业的经营管理活动会造成一定的冲击。如 70 年代初期，由于石油价格暴涨引发了二战后最严重的一次经济危机，许多企业由于没有预料到这一形势环境变化而损失惨重，但日本制造商却把握住时机，推出了世界上最省油的汽车而一举打入世界汽车市场。

二、市场营销环境的特点

市场营销环境的变化，既可以给企业带来市场机会，也可以给企业造成严重威胁。由于生产力水平的不断提高和科学技术的进步，当代企业的外部环境变化速度远远超过了企业内部变化的速度，企业的生存和发展愈来愈决定于其适应外界环境变化的能力。企业要在复杂多变的环境下驾驭市场，就必须认真研究市场环境的特征。

市场营销环境是一个多因素、多层次而且不断变化的综合体。其特点主要表现在：

(1) 客观性。企业总是在特定的社会经济和其他外界环境条件下生存、发展的。不管你承认不承认，企业只要从事市场营销活动，就不可能不面对这样或那样的环境条件，也不可能不受到各种各样环境因素的影响和制约，包括微观的、宏观的。因此，企业决策者必须清醒地认识到这一点，要及早做好充分的思想准备，随时应对企业面临的各种环境的挑战。

(2) 差异性。市场营销环境的差异性不仅表现在不同的企业受不同环境的影响，而且同样一种环境因素的变化对不同企业的影响也不相同。例如，不同的国家、民族、地区之间在人口、经济、社会文化、政治、法律、自然地理等各方面都存在着广泛的差异性。这些差异性对企业营销活动的影响显然是不相同的。由于外界环境因素的差异性，因而企业必须采取不同的营销策略才能应付和适应这种情况。

（3）相关性。市场营销环境是一个系统，在这个系统中，各个影响因素是相互依存、相互作用和相互制约的，这是由于社会经济现象的出现，往往不是由某一单一的因素所能决定的，而是受到一系列相关因素影响的结果。例如，企业开发新产品时，不仅要受到经济因素的影响和制约，更要受到社会文化因素的影响和制约。再如，价格不但受市场供求关系的影响，而且还受到科技进步及财政政策的影响，因此，要充分注意各种因素之间的相互作用。

（4）动态性。营销环境是企业营销活动的基础和条件，这并不意味着营销环境是一成不变的、静止的。恰恰相反，营销环境总是处在一个不断变化的过程中，它是一个动态的概念。当然，市场营销环境的变化是有快慢大小之分的，有的变化快一些，有的则变化慢一些；有的变化大一些，有的则变化小一些。例如科技、经济等因素的变化相对快而大，因而对企业营销活动的影响相对强烈且跳跃性大；而人口、社会文化、自然因素等相对变化较慢较小，对企业营销活动的影响相对缓慢而稳定。因此，企业的营销活动必须适应环境的变化，不断地调整和修正自己的营销策略，否则，将会使其丧失市场机会。

（5）不可控性。影响市场营销环境的因素是多方面的，也是复杂的，表现出了企业的不可控性。例如一个国家的政治法律制度、人口增长以及一些社会文化习俗等，企业不可能随意改变。而且，这种不可控性对不同企业表现不一，有的因素对某些企业来说是可控的，而对另一些企业则可能是不可控的；有些因素在今天是可控的，而到了明天则可能变为不可控因素。

三、营销活动的环境适应性

企业对营销环境的适应，既是营销环境客观性的要求，也是企业营销观念的要求。现代营销观念以消费者需求为出发点和中心，它要求企业必须清楚地认识环境及其变化，发现需求并比竞争对手更好地满足需求。否则，就会被无情的市场竞争所淘汰。而且，因为环境的动态性和不可控性，企业对环境的适应必须是永不松懈的。消费者的需求不断变化，市场上就不存在永远正确的营销决策和永远受欢迎的产品，对企业来说，唯有通过满足消费需求实现赢利目标的任务是永恒的，而想成功地完成这一任务，适应环境是关键。

【营销故事】

美国被称为“车轮上的国家”，其发达的汽车工业是美国人引以为傲的资本。但美国几大汽车巨头们对能源危机反应迟钝，在能源趋紧的环境条件下，依然生产着大型、耗能高的传统汽车，而日本企业却适时地研制出小型节能汽车，成功地占领了大片美国市场。从此美国人曾以为高枕无忧的国内市场，在日本人的进攻下痛失“半壁江山”。

在客观环境面前，强与弱的划分标准是对环境的适应能力，善于适应环境就能创造竞争优势。在风云变幻的市场竞争中，“适者生存”是颠扑不破的真理。值得注意的是，企业对环境的适应并不仅仅是被动地接受，而应该是能动地适应，既有对环境的依赖，又有对环境的改造，即采取积极主动的行为影响营销环境因素。

【营销故事】

于1924—1932年间任西尔斯公司总经理的罗森沃尔德为公司确定的方针是"西尔斯是农民之友"，因为他发现当时美国人口中的一半以上是农民，生活贫困。西尔斯定期向农民寄送"邮购商品目录"，为农民提供各种便利。自此，西尔斯公司的邮售业务蒸蒸日上。

于1928年出任总经理的伍德，同样注意人口分析。他发现随着城市人口的大幅增长和交通的日益发达，农民已经可以驱车进城购买，继续以邮售为主就会落后于时代，于是他果断决定在城市建立西尔斯零售连锁商店，取代原来的邮售业务，多方面满足进城购物的农民和城市工薪阶层的购物需要。西尔斯公司重视人口环境分析并主动采取应变措施，因而成为世界级的零售连锁企业集团。

企业对营销环境的主动适应性表现在两方面：

(1) 营销环境虽然有不可控性，企业仍可借助科学的营销研究手段认识并预测环境的变化趋势，及时地调整营销计划。例如，目前许多企业意识到消费者对自身健康和社会环境的关注将对市场需求发生深远影响，纷纷开发环保、健康的绿色产品，力争在市场竞争中获得先机。

(2) 企业可以通过各种宣传手段，如广告、公共关系等，来创造需求、引导需求，促使某些环境因素向有利的方向发展。比如在现实生活中，绝大多数的消费流行或时尚潮流都是由企业所创造出来的。牛仔服刚进入我国市场时，被人们视为"异物"，与游手好闲、不三不四的形象联系在一起。而服装企业通过一系列的营销努力，使牛仔服成为广大消费者喜爱的一大服饰种类。因此，企业正是通过引导消费者需求进而改变某些消费环境来创造需求的。

【课堂讨论】

如何理解"创造需求"？企业应如何创造需求？

第二节　宏观营销环境

【本节任务】

了解人口、经济、自然、技术、政治法律、社会文化等市场营销宏观环境。

宏观环境，是指影响企业市场营销活动的社会性力量和因素。企业及其所处的微观环境，都处在这些宏观力量的控制之下，对企业而言，这些因素一般是不可控制的，只能适应和加以利用。宏观环境包括人口、经济、自然、技术、政治法律、社会文化等。

一、人口环境

人口环境是指人口的数量分布、年龄和性别结构等情况。人口的多少直接影响市场容量，因此人口状况成为企业市场营销的主要环境因素。对人口状况的研究，也成为企业成功开展市场营销活动的前提。

(一) 人口规模及其增长速度

哪里有人哪里就有衣、食、住、行、用等各种消费需求，人口规模与市场容量有着密切的关系。我国现在人口已达13亿多，庞大的人口数量及增长速度使得我国成为世界上最大的潜在市场。企业同时也应看到，由于人口众多，基本生活资源、基本原材料、运输、能源等的供应出现紧张状况，这会制约企业的市场营销活动。

(二) 人口地理分布及密度

人口密度指的是一定时间、一定地区的人数与该地区的面积之比，通常以每平方公里居民人数表示。我国人口的地理分布极不平衡，东部沿海人口密度大，西部则小；城市人口密度大，农村则小。

(三) 人口构成

人口构成 是指按人口的自然、社会经济和生理等特征划分后的各组成部分所占的比重。如年龄构成、职业构成、地域构成、文化程度构成等。人口构成是人口总体内部的各种属性特征的数量和比例关系。它反映国家各地区人口的质量(素质)和经济发展水平。一般包含人口的年龄、性别、职业、文化和城乡分布等内容。

人口构成对企业市场营销工作极其重要，因为不同的人口构成中，其收入水平、生理需求、生活方式、价值观念不同，消费诉求也不同，就会有不同的市场，而大多产品都是针对某一特定市场展开的。如以年龄结构为例，有婴儿市场、儿童市场、青少年市场、成年人市场、中年人市场、老年人市场。企业可根据各个市场的容量及自身条件，确定自己的目标市场，从而实现企业目标。

(四) 家庭单位

现代家庭仍是社会的细胞，也是商品采购的基本单位，一个国家或地区家庭单位的多少，直接影响着许多消费品的市场需求量。如家庭数目多，对家电、家具等生活必需品的需求就会大；否则，需求量就小。同时，家庭生命周期状况对企业的市场营销也有重大影响。

【知识拓展】

家庭生命周期(family life cycle)是反映一个家庭从形成到解体呈循环运动过程的范畴。美国学者P. C. 格里克最早于1947年从人口学角度提出比较完整的家庭生命周期概念，并对一个家庭所经历的各个阶段作了划分。一般把家庭生命周期划分为形成、扩展、稳定、收缩、空巢与解体6个阶段。

读者进一步了解家庭生命周期理论的相关内容可参考百度百科：

http://baike.baidu.com/link?url=nRF3iEAyhOR2GTHj8Pc33HZ0oSdVxyJ_725ytTamzcfwP3aBiOMsoAuSzkDyoOaJEbLZD3nhYPr7PJ9jXZ2ctg2xqGWQ98amjwUPVIBAike

二、经济环境

经济环境是指企业市场营销活动所面临的外部社会经济条件，其运行状况和发展趋势会直接或间接地对企业市场营销活动产生影响。经济环境研究一般包括经济发展阶段、社会购买力和消费者收入与支出等。

（一）经济发展阶段

处在不同经济发展阶段的目标市场，呈现不同的市场需求和消费方式。国家经济发展阶段的高低会直接、间接地影响企业的市场营销。就消费品市场而言，经济发展阶段高的国家，在重视产品基本功能的同时，比较强调产品的款式、品质及特色等，非价格竞争比价格竞争更占优势；而在经济发展阶段低的国家，则比较侧重于产品的基本功能及实用性，以价格竞争为主要竞争方式。

美国学者罗斯托(W·W·Rostow)的“经济发展阶段理论”将世界各国的经济发展归纳为五个阶段：(1) 传统社会阶段；(2) 准备起飞阶段；(3) 起飞阶段；(4) 走向成熟阶段；(5) 大众消费阶段。凡属前三个阶段的国家称为发展中国家，而处于后两个阶段的国家则称为发达国家。根据罗斯托的“经济发展阶段理论”衡量，我国处在经济起飞阶段，在这个阶段中，我国经济需不断进行产业结构调整。我国企业的市场营销，必须从我国的基本国情出发，制定相应的市场营销目标和策略。

【知识拓展】

读者进一步了解美国学者罗斯托（W · W · Rostow）的“经济发展阶段理论”的相关内容可参考百度百科：

http://baike.baidu.com/link?url=QuXQAMQHVFK-meEibBltdMuSsqMdKI7bzarSxL3De2gsu-iZCVb3RfNXTcDjYrlqetN6tNZiDIfyRuEwqDxyIK

（二）社会购买力

社会购买力，是指一定时期内社会各方面用于购买产品或服务的货币支付能力。市场规模的大小，归根到底取决于购买力的大小，因此从企业市场营销的角度看，它是经济方面最主要的指标。而社会购买力的大小取决于国民经济的发展水平，以及由国民经济的发展所决定的人均国民收入水平。经济发展快，人均收入高，社会购买力大，企业的市场营销机会就随之增大；反之，经济衰退，市场规模小，则会给企业市场营销带来威胁，迫使许多企业不得不缩小经营规模。在市场营销中，企业还要注意，社会购买力的实现同是否存在通货膨胀、储蓄增减变动以及消费者信用的规模变化等有着很大的联系。

（三）消费者收入和支出

消费者的需求能否得到满足以及怎样得到满足，主要取决于其经济收入的多少。消费者收入是指消费者个人从各种经济来源所得到的货币收入，通常包括个人的工资、奖金、退休金、红利、租金等。但是很有必要将消费者的收入进行划分，因为大家都知道，消费者的收入并不会全部用来购买产品。个人可支配收入是指个人收入减去直接负担的各项税款和非税性负担之后的余额，即个人能够用以作为个人消费支出或储蓄的数额。

消费者支出受消费者收入的影响。一般来说，收入越多，用于支出的就越多。消费者支出在各类商品上的比例分配称为消费结构。德国统计学家恩格尔根据长期观察和大量统计资料得出结论：一个家庭越穷，总支出中用于食品的部分就越多。食品支出在总支出中的比重，随富裕程度的降低而成几何级数增大。人们把食物支出占总支出的比例称为恩格尔系数。

【知识拓展】

读者进一步了解恩格尔系数的相关内容可参考百度百科:

http://baike.baidu.com/link?url=0N1plFjwIDJBZTojDi-VegiA4rWf600dNy3BtgGJ3hB0PKjKyM4paGCuPtX_HtdMAnWSy9uNvapWTaWcUgLqHK

【课堂讨论】

日本的丸井百货公司在其创建之初，是一个只有13平方米的小店铺，但如今却已发展为日本国内屈指可数的大百货商店。究其诀窍，就是时刻注意对经济环境进行研究并采取有效的营销策略。丸井百货在对整个日本经济进行了研究之后，发现日本青年的收入支出模式已经大大不同于自己的父辈，他们经常有超前消费的需求冲动，于是丸井把分期付款作为自己的主要业务，大受欢迎。根据丸井的有关市场调研资料显示，其固定消费者在其总顾客流量中高达82%.

讨论：丸井百货的成功给你怎样的启示?

三、自然环境

从企业市场营销的角度看，自然环境主要是指影响企业市场营销活动的自然资源。自然环境是企业赖以生存的基本环境，自然环境的优劣不仅影响到企业的生产经营活动，而且影响一个国家或地区的经济结构和发展水平，以及经济环境和人口环境等。因此，企业必须密切关注自然环境的变化。

在生态环境不断遭到破坏，自然资源日益枯竭，环境污染问题日趋严重的今天，自然环境已成为涉及各个国家、各个领域的重大问题。如今，环保的呼声越来越高，实施生态营销、绿色营销，自觉承担相应的社会责任已成为现代企业的必然要求。

【营销故事】

麦当劳的绿色营销

麦当劳通过使用可回收利用材料制成的包装物，使其生产包装物所产生的污染物每年因此减少60%。

所有麦当劳快餐店中使用的餐巾及杯子、盘子的衬垫均是纸制品，甚至包括其总部使用的所有文具也是纸制品。

据报道，麦当劳通过与制造商合作研究，减少其饮料管的塑料用量，减轻了其重量的20%。仅此一项，麦当劳每年便少制造几百万磅的塑料废弃物。

目前，除了在其产品上运用绿色营销外，它还开始利用可回收利用材料改造和新建它的餐厅，并敦促它的供应商们使用可回收利用的成品及材料。

成功地运用绿色营销，不仅使麦当劳公司的关心人类共同环境的形象得到了消费者的认同，也使其获得了额外的销售量。

【阅读资料】

2015年柴静的《穹顶之下》纪录片走红中国，在环境越来越差的今天，面对如此环境，能够催生哪些雾霾经济？

http://www.admin5.com/article/20150307/587557.shtml。

四、技术环境

技术环境是指一个国家和地区的技术水平、技术政策、新产品开发能力以及技术发展动向等。

技术对企业营销经营的影响是多方面的，一项新技术的发明或应用可能又同时意味着对现有行业的“破坏”，但同时也会带动一批新行业的兴起。越是技术进步快的行业这种技术变革就越应该作为环境分析的重要因素。

技术进步使社会对企业的产品或服务的需求发生变化，产品寿命周期缩短，从而给企业提供有利的发展机会，也带来威胁，需要企业搞好技术储备，开发新产品；技术进步致使产品技术含量提高，必须搞好学习型营销；技术进步促进营销方式、销售渠道与消费者购物习惯、企业促销手段的变革；技术进步带动企业的柔性化与消费的个性化趋势，使定制营销成为可能。

读者进一步了解“工业4.0”的相关内容可参考百度百科：

http://baike.baidu.com/link?url=K71h9ZQW1R9G3trneYEnGobxtOdng2dd1ZR9uElyE__WtUW6898EA1HeZRqiuZm8cHdKt3pjawPgkGCjiYMaQu90uGoTuwO7jW9A_aAt2Zm

【知识拓展】

工业4.0(Industry4.0)是指利用物联信息系统(Cyber—Physical System 简称CPS)将生产中的供应、制造、销售信息数据化、智慧化，最后达到快速、有效、个人化的产品供应。

五、政治法律环境

政治法律环境是指企业市场营销活动的外部政治形势、状况、法规和条例。企业的一切市场营销活动都必须遵守党和国家的方针、政策和法令，不允许有丝毫的背离。当国家在一定时期内调整或改变某项政策法令时，企业要相应地调整经营目标和策略。这就要求企业经营管理人员对政策法令的内容、含义及其对市场营销的影响要有明确的了解。

政治环境对企业营销活动的影响主要表现为国家所制定的方针政策，如人口政策、能源政策、物价政策、财政政策、货币政策等，都会对企业营销活动带来影响。

国家或地方政府所颁布的各项法规、法令和条例是企业营销活动的准则，企业只有依法进行各种营销活动，才能受到国家法律的有效保护。企业的营销管理者必须熟知有关的法律条文，才能保证企业经营的合法性，并懂得如何运用法律的武器来保护企业与消费者的合法权益。

六、社会文化环境

社会文化环境是指企业所处的社会结构、社会风俗和习惯、信仰和价值观念、行为规范、生活方式、文化传统、人口规模与地理分布等因素的形成和变动。社会文化是某一特定人类社会在其长期发展历史过程中形成的，它影响和制约着人们的消费观念、需求欲望及特点、购买行为和生活方式，对企业营销行为产生直接影响。

文化环境所蕴含的因素主要有社会阶层、家庭结构、风俗习惯、宗教信仰、价值观念、消费习俗、审美观念等。正是这些无形的文化因素，构成了企业营销的文化，它是影响人的欲望(包括消费需求欲望)、行为(包括消费行为和购买行为)的基本因素之一。任何人都在一定的社会文化环境中生活，存在于特定社会文化环境中的个体，其认识事物的方式、行为准则和价值观等都会异于生活在其他社会文化环境中的人们。例如，由于价值观念不同，使得人们对周围事物的是非、善恶和重要性的评价不同；同一款式的商品，甲民族认为是美的，乙民族也许认为是丑的；同一色彩的商品，农村居民十分喜爱，城市居民却可能很少问津；同一种消费行为，在这方土地上是习以为常的，在另一方土地上则可能认为是不可思议的。再如，由于民风习俗、礼仪交往等方面的差异，往往影响到销售促进的内容与形式(如广告内容的设计)，致使商务谈判的风格与技巧呈现出不同的特点，如此等等，因此，无论在国内还是在国际上开展市场营销活动，企业都必须全面了解、认真分析所处的社会文化环境，以利于准确把握消费者的需要、欲望和购买行为，从而正确决策目标市场，制定切实可行的营销方案。对于进入国际市场和少数民族地区的企业来说，这样做尤为重要。

社会文化环境分析一般考虑以下几方面：

(1) 教育水平。教育水平反映并影响着社会生产力、生产关系和经济状况。对企业的市场营销调研、目标市场选择、促销方式和产品形式等均有重大影响。不同文化层次的消费者具有不同的消费心理、消费习惯和消费结构，从而影响企业的营销行为。

(2) 宗教信仰。宗教信仰对人类的生产、生活存在着较大的影响。对企业的市场营销而言，产品在进入一个国家或地区之前，必须认真研究当地宗教信仰，因为若其产品与当地宗教信仰相冲突，企业将受到巨大的损失。

(3) 风俗习惯。风俗是指世代相袭、固化而成的一种风尚，习惯则是积久养成的行为方式，两者合称习俗。不同的国家，不同的民族，有着不同的风俗习惯。例如在饮食方面，我国的云贵川地区喜辣、江浙地区喜甜、山西喜酸、广东喜鲜、各具特色。各地习俗要求市场营销必须有针对性，提供适当的产品。

(4) 价值观念。价值观念是指人们对社会生活中各种事物的态度和看法。在不同的国家或民族之间，甚至是同一国家或民族的不同群体之间，人们的价值观可能迥然不同。不同的价值观，影响着人们的消费需求和消费行为，企业的市场营销就要采取不同的策略。

【营销故事】

日本黑白电视机进入中国市场

1979年，中国放宽了对家庭电器等用品的进口。欧洲和日本的电视机厂商都想进入中国市场。但欧洲电视机厂商过去一向以香港等地的高级消费者为销售对象，不重视一般靠薪金谋生的阶层，如荷兰电视机厂商就持这种态度，认为中国的电视机市场潜力不大，不想与日本厂商竞争，结果贻误了战机。与此相反，日本电视机厂商在一些熟悉中国情况的“智囊”的帮助下，根据“市场＝人口＋购买力＋购买动机”研究分析了中国市场。他们认为，首先，中国有10亿人口，是一个巨大的潜在市场；其次，虽然中国人民人均可任意支配收入较低，但普遍有储蓄的好习惯，已形成一定的购买力；最后，中国群众对电视有着强烈的需求。

于是，日本电视机厂商根据目标市场的特点，运用销售因素组合手段，制订了一套有计划的销售战略，把黑白电视机打入了中国市场。

第三节　微观营销环境

【本节任务】

理解市场营销微观环境因素，重点掌握顾客、竞争者和公众对企业营销策略的影响。

相对于宏观营销环境，微观环境对企业市场营销活动的影响更为直接。微观环境中的一些因素在企业的努力下可以不同程度地得到控制。把市场营销环境分为宏观环境与微观环境，有利于区别和掌握两类不同环境对市场营销活动的作用程度。

微观环境因素包括：供应者、营销中介、顾客、竞争者和公众。这些因素间有着密切的联系，如图2-2所示。

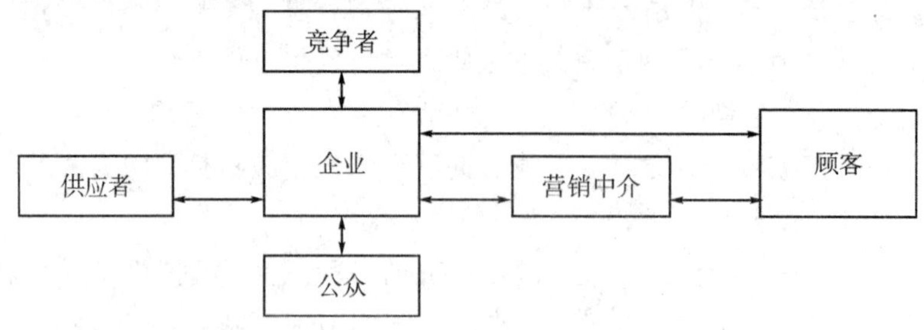

图2-2　企业的微观环境因素

一、供应者

供应者是指向企业及其竞争者提供生产上所需要的资源的企业和个人，包括提供原材料、设备、能源、劳务、资金等等。供应者对企业营销的影响是很大的，所提供资源的价格和供应量，直接影响着企业产品的价格、销量和利润；供应短缺很可能影响企业按期完成交货任务。这从短期来看，是损失销售额；从长期来看，则是损害企业在顾客中的信誉，因此，企业应从多方面获得供应，而不可依赖于任何单一的供应者，以免受其控制。

二、营销中介

营销中介是指帮助企业促销、销售以及把产品送到最终购买者手中，以赚取利益的那些机构，包括：中间商、实体分配机构、营销服务机构(调研公司、广告公司、咨询公司等)、金融中介(银行、信托公司、保险公司等)。这些都是市场营销中不可缺少的中间环节，大多数企业的营销活动，都需要有它们的协助才能顺利进行。比如生产集中和消费者分散的问题，必须通过中间商的分销来解决；资金周转不灵，则须求助于银行或信托公司等。随着商品经济的发展，社会分工愈细，这些中介机构作用就愈大。因而要求企业在营销过程中，必须处理好同这些中介机构的合作关系。

三、目标市场(顾客)

顾客是企业服务的对象，是企业市场营销活动的出发点和归宿。因此，顾客是企业最重要的环境因素，企业必须坚持顾客第一的观念，加强对顾客及其需求状况的研究。西方营销学通常是按顾客及其购买目的的不同来划分市场的，这样可以具体深入地了解不同市场的特点，更好地贯彻以顾客为中心的经营思想。一般可以分为消费者市场、生产者市场、转卖者市场、政府市场和国际市场五种市场(见图 2－3)。

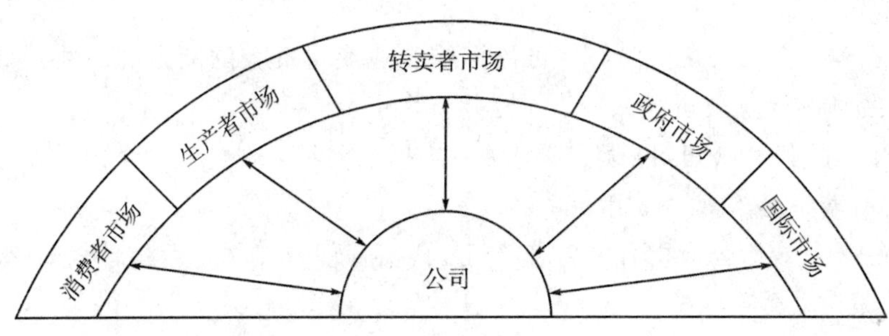

图 2－3　市场的划分

每一个市场都有其独特的顾客群和消费需求，要求企业必须认真研究其顾客群的类别、需求特点、购买动机、购买习惯和规律以及从事购买的人员和组织、购买方式等，以使企业的营销活动能够针对顾客的需要，符合顾客的愿望。

【营销故事】

华为穆斯林手机 C2802 在印尼掀购买热潮

华为专为穆斯林量身定做的 C2802 在印尼市场受到热捧，上市不到一个月，销售已突破 30 万部大关。此款手机是华为专为印尼 CDMA 运营商 Bakrie 定制的，C2802 是一款时尚镜面直板手机，在配色上，采用伊斯兰教传统的绿、白配色，并载有古兰经，具有祷告时间提醒的功能，同时手机内置伊斯兰特色歌曲，充分满足了穆斯林的需求。

鉴于其良好的性能与“贴心”服务，C2802 被印尼伊斯兰教协会决定委员会指定为已经被唯一一款推荐机型。

四、竞争者

竞争是市场经济的普遍规律，现代企业都处于不同的竞争环境中。从消费需求的角度划分，企业的竞争者包括愿望竞争者、平行竞争者、产品形式竞争者和品牌竞争者。

(1) 愿望竞争者。指提供不同产品以满足不同需求的竞争者。假如你是电视机制造商，那么生产冰箱、洗衣机、地毯等不同产品的厂家就是愿望竞争者。如何促使消费者更多地首先购买电视机，而不是首先购买其他产品，这就是一种竞争关系。

(2) 平行竞争者。指提供能够满足同一种需求的不同产品的竞争者。例如，自行车、摩托车、小轿车都可以作为家庭交通工具，这三种产品的生产经营者之间就存在着一种竞争关系，它们相互成为各自的平行竞争者。

(3) 产品形式竞争者。指生产同种产品，但提供不同规格，型号、款式的竞争者。

(4) 品牌竞争者。指产品相同、规格、型号等也相同，但品牌不同的竞争者。

五、公众

公众是指所有实际或潜在地关注、影响着一个企业达到其目标能力的公众。企业所面临的公众包括以下七类。

(1) 金融公众。金融公众指关心并可能影响企业获得资金的能力的团体，如银行、投资公司、证券交易所和保险公司等。

(2) 媒介公司。媒介公司指报社、杂志社、广播电台和电视台等大众传播媒介。这些团体对企业的声誉有着举足轻重的作用。

(3) 政府公众。政府公众指有关政府部门。营销管理者在制定营销计划时必须充分考虑政府的发展政策。

(4) 群众团体。群众团体指消费者组织、环境保护组织及其他群众团体。消费者协会是企业应予以重视的力量，应有专人负责与其关系。

(5) 当地公众。当地公众指企业所在地附近的居民和社区组织。企业在它的营销活动中，要避免与周围公众利益发生冲突，应指派专人负责处理这方面的问题，并对公益事业作出贡献。

(6) 一般公众。一个企业需要了解一般公众对它的产品和活动的态度。企业的“公众形象”，即在一般公众心目中的形象，对企业的经营和发展是很重要的。要争取在一般公众心目中建立良好的企业形象。

(7) 内部公众。内部公众指企业内部的公众，包括董事会、经理、白领工人、蓝领工人等。一般大型企业通常发行内部通讯，以对员工起到沟通和激励作用。内部公众的态度也会影响到外部社会上的公众。

所有以上这些公众，都与企业的营销活动有直接或间接的关系。现代企业是一个开放的系统，它在经营活动中必然与各方面发生联系，必须处理好与各方面公众的关系。

【知识拓展】

互联网营销环境：互联网已经成为面向大众的普及性网络，其无所不包的数据和信息，为上网者提供了最便利的信息搜集途径。同时，上网者既可能是信息的消费者，也可能是信息的提供者，从而大大增强了网络的吸引力。层出不穷的信息和高速增长的用户使互联网络成为市场营销者日益青睐的新资源，网上的市场营销活动也从产品宣传及信息服务扩展到市场营销的全过程。

读者进一步了解 互联网营销环境 的相关内容可参考百度百科:

http://baike.baidu.com/link?url=xLoX89sVSsCrejZ9UapVtvVr6XrzzVdaX2CZ-nEACXK8W8Z8JpKDg6Dnx8nCU6EtTFmpqgh4cuiu-l8tf9QT_a

【课堂讨论】

报社、杂志社、广播电台和电视台等大众传播媒介既是媒介公司又是营销中介机构，企业应如何处理好与他们的关系？

第四节　环境分析与营销战略

【本节任务】

理解市场机会和市场威胁分析方法，掌握综合业务评估方法及其营销策略。

一、市场营销环境分析

市场营销环境是企业经营活动的约束条件，它对企业的生存和发展有着极其重要的影响。现代营销学认为，企业经营成败的关键，就在于企业能否适应不断变化着的市场营销环境。由于生产力水平的不断提高和科学技术的进步，当代企业外部环境的变化速度远远超过企业内部因素变化的速度，因此，企业的生存和发展愈来愈取决于其适应外界环境变化的能力。“适者生存”既是自然界演化的法则，也是企业营销活动的法则，如果企业不能很好地适应外界环境的变化，则很可能在竞争中失败，从而被市场所淘汰。强调企业对所处环境的反应和适应，并不意味着企业对于环境是无能为力或束手无策的，只能消极地、被动地改变自己以适应环境，而是应从积极主动的角度出发，能动地去适应营销环境。也就是说，企业既可以以各种不同的方式增强适应环境的能力，避免来自营销环境的威胁，也可以在变化的环境中寻找自己的新机会，并可能在一定的条件下转变环境因素。

企业要进行环境分析必须要对企业经营的优势与劣势、经营的机会与威胁进行分析。

（一）市场机会与环境威胁分析

环境变化将给企业经营带来两个方面的影响，一方面是有利的影响，既市场机会，也就是说市场上尚存在未满足的需要，是对企业进行营销有利的领域；另一方面是不利的影响，即环境威胁，是指环境中不利的发展趋势所形成的对企业的挑战。企业的经营者必须要根据外部环境的变化，及时洞察与判断其变化对企业的影响程度，以制定科学的经营计划，采取相应的应变措施，抓住市场机会，避开环境威胁，以确保或提升企业的市场地位。在对市场机会与环境威胁分析中，应当注意并不是所有的市场机会都有利用的价值，也不是所有的环境威胁都对企业造成同样负面影响。对市场机会的把握不能凭感觉和想象，而要对各种左右市场的力量、因素产生的原因及发展趋势的把握、洞悉，并对其做出客观的评价。

【营销故事】

商业奇才亚默尔

美国具传奇色彩的商业人物——罐头大王亚默尔，在1875年的某一天，偶然从报纸上看到一则新闻，说是墨西哥畜群中发现了病畜，有专家怀疑是某种传染性较强的瘟疫。

亚默尔立刻想到，毗邻墨西哥的美国加州、德州是全国肉类供应基地，如有瘟疫，政府将必然禁止该地区的牲畜进入市场，将造成全国肉类供应紧张，价格必然上涨。于是，在派专业人员进行调查核实消息后，果断决策，倾其所有，迅速从加、德两州大量采购活畜及猪、牛肉，运往美国东部地区，结果净赚900万美元。

1. 市场机会评估

市场机会评估主要是分析机会来源、机会强度并结合企业自身条件分析市场机会可利用程度。企业可根据“市场机会矩阵图”（见图2-4）对机会进行评价。市场机会矩阵图的横排代表“成功的可能性”，纵列代表“潜在的吸引力”，表示潜在的赢利能力。

潜在吸引力 \ 成功的可能性	小	大
大	2	1
小	4	3

图2-4　市场机会矩阵图

根据市场机会矩阵图可做对策分析如下：

1区：最佳机会区，要及时捕捉和利用。

2区：监控并做准备，一旦机会成功的概率提高，应及时抓住。

3区：监控并做准备，一旦机会强度提高，应及时抓住。

4区：忽略放弃。

2. 市场威胁评估

市场威胁对企业有负面作用，可能对企业造成威胁的因素有很多：现有竞争对手、供应商、客户、潜在竞争对手、替代技术、关联企业政策等。企业必须对这些因素进行及时监控。对市场威胁可采用“市场威胁矩阵图”（见图2-5）来加以分析、评价。市场威胁矩阵图的横排代表“出现威胁的可能性”，纵列代表“潜在的严重性”。

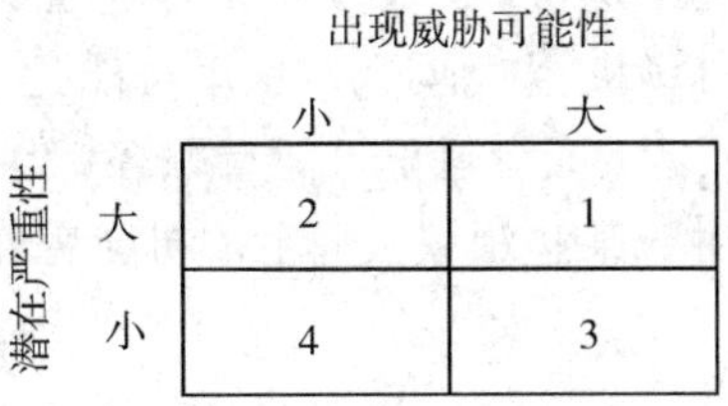

		出现威胁可能性	
		小	大
潜在严重性	大	2	1
	小	4	3

图 2－5　市场威胁矩阵图

根据市场威胁矩阵图可做对策分析如下：

1 区：对企业威胁较大，应做出应对决策。

2 区：密切监测变化，防止事态扩大。

3 区：制定应急措施，积极化险为夷。

4 区：忽略放弃。

3. 综合业务评估及其营销策略

在环境分析中，企业经营者可将上述两种方法结合起来，对企业经营业务的性质进行评价。企业经营的业务将有四种结果，如图 2－6 所示。

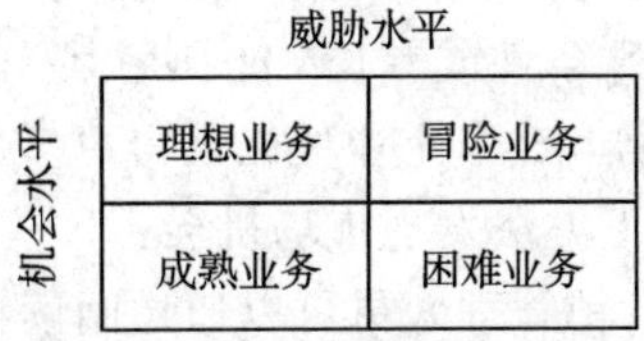

	威胁水平	
机会水平	理想业务	冒险业务
	成熟业务	困难业务

图 2－6　企业业务的分类、评价

理想业务，即高机会和低威胁的业务。企业面临良机，稳操胜券。

冒险业务，即高机会和高威胁的业务。机会多，威胁大，理智冒险，争取成功。

成熟业务，即低机会和低威胁的业务。风平浪静，等待机会。

困难业务，即低机会和高威胁的业务。风雨飘摇，危在旦夕。

在对企业业务性质进行界定的基础上，企业经营者需按照生态营销的观念，把企业的经营目标、优势与市场的机会有机地整合起来，确定企业的目标市场和企业的经营业务。

（二）威胁和机会的应对措施

企业在进行环境分析的基础上要针对不同的威胁和机会采取不同的措施：

1. 对威胁的反应

（1）反抗策略：即试图限制或扭转不利的发展。例如，西方国家的烟草公司可以疏通议员通过一个法令，准许人们在公共场所吸烟。

（2）减轻策略：即通过调整“市场营销组合”来减轻环境威胁的严重性。例如，烟草公司大力宣传在公共场所设单独的吸烟区。

（3）转移策略：即决定转移到其他赢利更多的行业或市场去。例如，烟草公司可以扩大香烟对发展中国家的出口，同时增加食品和饮料等业务，实行多元化经营。

2. 对机会的反应

最高管理层对企业所面临的市场机会，必须慎重地评价其质量。美国的市场营销学者曾警告企业家们，要小心地评价市场机会。他说："这里可能是一种需要，但是没市场；或者这里可能是一个市场，但是没有顾客；或者这里可能有顾客，但目前实在不是一个市场。"那些不懂得这种道理的市场预测者对于某些领域表面上的机会曾作出惊人错误估计。

二、市场营销战略

企业在环境分析的基础上，需要根据环境情况制定企业的经营战略及其营销战略。市场营销战略是企业经营战略分战略，所谓市场营销战略是企业市场营销部门根据战略规划，在综合考虑外部市场机会及内部资源状况等因素的基础上，确定目标市场，选择相应的市场营销策略组合，并予以有效实施和控制的过程。

市场营销总战略包括：目标市场营销策略、产品策略、价格策略、营销渠道策略、促销策略及其组合策略等。

市场营销战略制定是一个相互作用的过程；是一个创造和反复的过程。主要包括以下环节：

（一）分析营销环境，确定营销机会

市场营销机会就是消费者现实的和潜在的需求。许多企业家总结为：现代市场营销学认为企业市场机会"顾客没有被满足的需求，"或是"消费者在满足需求的过程中尚存的遗憾"。如果企业本身具备某种或多种特殊条件或专长，能利用某个"市场机会"，从事某方面的生产经营活动，比其他竞争者更具优势，这个企业便能获得更多的"差别利益"。

市场营销管理者往往采用以下方法发现市场机会：

(1) 市场信息分析法。市场营销管理人员可以通过阅读报刊、收听广播、收看电视、网上浏览、参加展销会、研究竞争者的产品、市场调研等途径，广泛搜集信息，从中发现或识别新的市场机会。

(2) 产品/市场矩阵分析法。市场营销管理人员可以考虑采取一些措施，如运用市场渗透法，即企业通过改进广告、宣传和推销工作，在某些地区增设商业网点，借助多渠道将同一产品送达同一市场，短期削价等措施，在现有市场上扩大现有产品的销售；也可以考虑运用市场开发的办法，通过在新地区或国外增设新网点，或利用新分销渠道、加强广告促销等措施，在新市场上扩大现有产品的销售；还可以考虑通过增加花色、品种、规格、型号等产品开发的办法向现有市场提供新产品或改进产品；一些规模较大的企业甚至可以考虑采取多角化经营的策略，跨行业经营多种多样的业务。

(3) 市场细分法。市场营销人员可通过市场细分发现新市场机会，拾遗补缺。企业发现了市场机会，还需将市场机会转化为营销机会。市场机会能否成为营销机会，关键在于市场机会要与企业内部条件、企业的任务、目标相一致，才能转变为营销机会。

【即问即答】

如何评价"市场信息"在企业市场营销战略管理中的地位和作用？

（二）选择目标市场

这是市场营销管理的第二个步骤。市场营销管理人员要测定任何一个既定市场的吸引性，

就需要估计市场总体规模、发展和赢利性。对其进行评价，选定其中某些部分作为目标市场，并在每个市场中给企业进行市场定位。例如，一家经营办公设备业务的公司，原有的公司办公设备和办公用品的经营走到一个发展的瓶颈。经过对市场的重新研究，细分出小型流动性企业和家庭办公用品的新市场，经过细致分析，确定开发家庭办公用品的细分市场，他们的定位战略重点开发小型、组合可分解型产品，以较低的价格和一流服务吸引家庭办公顾客。

（三）制定市场营销策略

企业营销管理过程中，制定企业营销策略是关键环节。企业营销策略的制定体现在市场营销组合的设计上。为了满足目标市场的需要，企业对自身可以控制的各种营销要素如质量、包装、价格、广告、销售渠道等进行优化组合。重点应该考虑产品策略、价格策略、渠道策略和促销策略，即“4Ps”营销组合。

（四）编制市场营销计划

市场营销计划包括如下几个部分：

(1) 计划概要：计划一开始就要对拟定的主要计划目标和建议给予扼要的概述，以便让高层管理部门很快掌握计划的核心内容。内容目录应附在计划概要之后。

(2) 市场营销现状：提供有关市场、产品、竞争配销渠道和宏观环境的背景资料。

(3) 机会与问题分析：综合主要的机会和威胁、优势和劣势以及计划必须涉及的产品所面临的问题。

(4) 目标：确定计划在销售量、市场占有率和赢利等领域所要完成的目标。

(5) 市场营销策略：提供将用于完成计划目标的主要市场营销方法。经理可用文字或表格的方式列出策略陈述书，具体内容应包括目标市场、产品定位、产品线、价格、配销渠道、销售人员、服务、广告、促销、研究与开发、市场营销研究等。

(6) 执行方案：具体列出将要做什么，如何去做，什么时候做，费用是多少。

(7) 预计盈亏报表：综述计划预计的开支。

(8) 控制：讲述计划将如何监控。

（五）组织、执行和控制市场营销工作

确定营销方案之后应具体组织实施，并对实施过程进行有效控制，从而最终实现目标。营销过程应有效地领导，营销组织包括协调全体营销人员的工作，对各类营销人员进行选择、培训、指导、激励和评价。营销控制则主要指年度计划、盈利能力控制以及评估企业的营销战略是否适合市场条件，只有对营销方案作有效的控制，营销目标才会最大限度地得到实现。

本章小结

市场营销环境是指与企业营销活动有潜在关系的所有外部力量和相关因素的集合，它是影响企业生存和发展的各种外部条件。

微观环境要素，包括企业的供应商、营销中间商、顾客、竞争者以及社会公众和影响营销管理决策的企业内部各个部门。

宏观环境要素，包括人口、经济、政治、法律、科学技术、社会文化及自然地理等多方面的因素。

市场营销环境的特点主要表现在：客观性、差异性、相关性、动态性、不可控性。

分析市场营销环境分析通常是利用“环境威胁矩阵图”和“市场机会矩阵图”分析法。

市场营销总战略包括：目标市场营销策略、产品策略、价格策略、营销渠道策略、促销策略及其组合策略等。

市场营销战略制定是一个相互作用的过程，是一个创造和反复的过程，主要包括分析营销环境，确定营销机会，选择目标市场，制定市场营销策略，编制市场营销计划，组织、执行和控制市场营销工作等环节。

测试练习

一、名词解释

1. 市场营销环境　2. 宏观营销环境　3. 微观营销环境

二、填空题

1. 微观环境要素，包括(　　)、(　　)、(　　)、(　　)、(　　)和(　　)。

2. 宏观环境要素，包括(　　)、(　　)、(　　)、(　　)、(　　)、(　　)和(　　)等多方面的因素。

3. 市场营销环境的特点主要表现在(　　)、(　　)、(　　)、(　　)和(　　)。

4. 企业的竞争者包括愿望竞争者、(　　)、(　　)和品牌竞争者。

三、选择题

1. 保险公司、证券交易所属于企业的(　　)。

A. 政府公众　　B. 媒介公众

C. 融资公众　　D. 群众团体

2. 与企业紧密相联，直接影响企业营销能力的各种参与者，被称为(　　)。

A. 营销环境　　B. 宏观营销环境

C. 微观营销环境　　D. 营销组合

3. (　　)是指环境中不利于企业营销的因素的发展趋势。

A. 风险业务　　B. 市场机会

C. 困境业务　　D. 环境威胁

4. 提供不同产品以满足不同需求的竞争者属于(　　)。

A. 愿望竞争者　　B. 属类竞争者

C. 产品形式竞争者　　D. 品牌竞争者

5. 下列哪种因素不属于社会文化环境(　　)。

A. 价值观念　　B. 收入

C. 生活方式　　D. 宗教信仰

四、思考题

1. 什么是市场营销直接和间接环境？为什么说企业对营销环境动态的适应是其成功的关键？

2. 企业如何分析、评价环境威胁和市场机会？

3. 市场营销环境的主要特征是什么？

4. 简述综合业务评估方法及其营销策略。

五、案例分析题

阿迪达斯与耐克

在20世纪60年代或70年代，长跑爱好者只有一种合适的鞋可供选择：阿迪达斯。阿迪达斯是德国的一家公司，是为竞技运动员生产轻型跑鞋的先驱。在1976年的蒙特利尔奥运会上，田径赛中有82%的获奖者穿的是阿迪达斯牌运动鞋。

阿迪达斯的优势在于试验。它试用新的材料和技术来生产更结实和更轻便的鞋，如，它采用袋鼠皮绷紧鞋边；其四钉跑鞋和竞赛鞋采用的是尼龙鞋底和可更换鞋钉。高质量、创新性和产品多样化，使阿迪达斯在20世纪70年代中支配了这一领域的国际竞争。

20世纪70年代，蓬勃兴起的健康运动使阿迪达斯公司感到吃惊。一瞬间成百万的以前不好运动的人们对体育锻炼产生了兴趣。成长最快的健康运动市场是慢跑市场。据估计，到1980年有2500万～3000万美国人加入了慢跑运动，还有1000万人是为了休闲而穿跑鞋。尽管如此，为了保护其在竞技市场中的统治地位，阿迪达斯并没有大规模地进入慢跑市场。

20世纪70年代出现了一大批竞争者，如美洲狮、布鲁克斯、新布兰斯、和虎牌。但有一家公司比其余更富有进取性和创新性，那就是耐克。由前俄勒冈大学的一位长跑运动员创办的耐克公司，在1972年俄勒冈的尤金举行的奥林匹克选拔赛中首次亮相。穿着新耐克鞋的马拉松运动员获得了第4至第7名，而穿阿迪达斯鞋的参赛者在那次比赛中占据了前三名。

1975年的“夹心饼干鞋底”方案让耐克获得了巨大突破。它的鞋底上的橡胶钉使之比市场上出售的其他鞋更富有弹性。夹心饼干鞋底的流行及旅游鞋市场的快速膨胀，使耐克公司1976年的销售额达到1400万美元，而在1972年仅为200万美元。自此，耐克公司的销售额飞速上升，如今，耐克公司的年销售额超过了35亿美元，并成为行业的领导者，占有运动鞋市场26%的份额。

耐克公司的成功源于它强调的两点：一是研究和技术改进；二是风格式样的多样化。公司有将近100名雇员从事研究和开发工作。研究和开发活动包括对300个运动员进行试穿测验的人体运动高速摄影分析，以及对新的和改进的鞋与材料的不断实验和研究。

在营销中，耐克公司为消费者提供了最大范围的选择。它吸引了各种各样的运动员，并向消费者传递出最完美的旅游鞋制造商形象。

20世纪80年代初，慢跑运动达到高峰时，阿迪达斯已成了市场中的“落伍者”。竞争对手耐克公司推出了更多的创新品，更多的品种，并且成功地扩展到了其他市场。例如，耐克公司的产品已经统治了篮球市场，以及使运动鞋进入了时装时代的年轻人市场。到20世纪90年代，阿迪达斯的市场份额降到了可怜的4%。

案例思考：

请评估阿迪达斯不良决策导致的市场份额极大的减少，以及阿迪达斯所能采用的纠正措施？

六、实训练习

假如你正准备开一家以在校大学生为目标消费者的网上购物商店，主营书籍、音像制品、便携式电子产品等。请你就这一网店的经营环境作出较全面的分析，并写出分析报告。

第三章 消费行为分析

【营销格言】 市场营销有如下令人吃惊的论断：使自己产品深入人心的最有效的方法，是先承认自己的不足，因为潜在用户会在你承认自己短处的同时发现你的长处。

【本章结构】

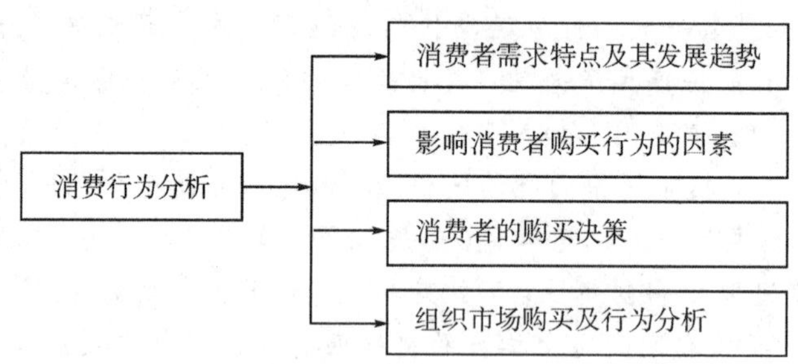

【案例导入】

“双 12”掀起线下狂欢 市民“扫货”忙

2015 年“双 12”前夕，支付宝宣布，将发动全国 200 多个城市和全球 12 个国家和地区 30 万家商店参加“五折活动”。消费者当天使用支付宝付款，就可以享受少则 10 元、多则 50 元的五折优惠。

据支付宝公布的数据显示，截至 12 月 12 日上午 10 时，全国市民通过支付宝口碑外卖，共买走了近 86 万份牛奶、61 万份面包。截至 14 时，各大超市共卖出 20.75 万份纸巾。截至 17 时 30，家乐福“双 12”的交易额已经突破 1 亿元，电商造市成功带动线下消费。

业内人士认为，和一个月前的“双 11”网购狂欢相比，消费者参与“双 12”这场线下盛宴时，消费更加理性。因为网购是在虚拟空间进行的，而在实体店购物时，货物都是现实可见的，消费者对于交易有更直观的感受，消费也会更加理性。同时，超市的产品结构多偏向生活必需品也是“双 12”退货率低的主要原因。

年轻人进店比例提升也是今年(2015 年)“双 12”的一大特点。家乐福中国的统计数据显示，“双 12”期间，通过支付宝进家乐福购物的年轻客群人流提升了 18%。支付宝提供的数据也显示，在“双 12”狂欢节的人群中，“80 后”、“90 后”占比超 79%。家乐福中国有关负责人表示，家乐福希望通过这种新型支付方式，吸引更多年轻消费者。

除了支付宝之外，其他移动支付商也在“双 12”期间相继发力，努力争夺线下入口。12 月 10 日至 12 月 23 日，用户使用微信支付时，“摇一摇”就能获得一张代金券。“双 12”当天，传统支付巨头中国银联也出手，宣布与 20 余家商业银行共同发布了移动支付方案“云闪付”。

资料来源：http://sh.people.com.cn/n/2015/1214/c134768—27308946.html

思考：

年轻消费者与年老消费者的消费行为有何区别？线上消费行为与线下消费行为有何区别？

研究目标市场的购买行为，是市场营销管理的一个重要任务。企业的市场营销所要考察的市场，可以归纳为消费者市场和组织市场两大类。从企业营销的需要出发研究市场，核心是要研究购买者行为。本章着重分析消费者市场和组织市场。

第一节　消费者需求特点及其发展趋势

【本节任务】

理解消费者市场含义，了解消费者市场的特点。

一、消费者市场的含义

消费者市场又称最终消费者市场、消费品市场或生活资料市场，是指所有个人和家庭为满足生活消费需要而购买产品和劳务的领域。一切企业，无论是否直接为消费者服务，都必须研究消费者市场，因为只有消费者市场才是最终市场；其他市场，如生产者市场、中间商市场等，虽然购买数量很大，但仍然要以最终消费者的需要和偏好为转移，因此，消费者市场是一切市场的基础，是最终起决定作用的市场。研究影响消费者购买行为的主要因素及其购买决策过程，对于开展有效的市场营销活动至关重要。

二、消费者市场的特点

与组织市场相比，消费者市场具有以下特点：

1. 需求的多样性

消费者人多面广，差异性大。不同年龄、性别、兴趣爱好、受教育程度、收入水平的消费者，在生活消费的各个方面都有不同的需求特点。不仅如此，就同一消费者而言，需求也有多样性特征，即不仅有生理的物质需求，还有心理的、精神方面的需求。

2. 需求的层次性

消费者的需求是多层次的，既包括生存、安全等低层次需求，也包括享受、发展等高层次需求。当低层次的物质生活需求得到满足后，消费者就会追求高层次的社会性、精神性需求的满足。也就是说由于消费者的收入水平、文化修养、信仰观念、生活习惯等方面存在着差异，会有各种各样的需求，但不可能同时得到满足，可根据需求的轻重缓急，有层次地逐步实现。即使是在同一类商品市场，消费者购买层次也是不同的。

3. 需求的发展性

消费者的需求不是一成不变的，随着社会经济的发展和生活水平的提高，消费者需求的内容、构成和总量都会不断变化和发展，即使同一层次的需求，其内涵也是可变的，原有的需求会被新的需求所取代，潜在的、未来的需求会不断转化为现实的需求。也就是说，人们的需求是无止境的，不会停留在一个水平上。消费者的一种需求满足了，又会产生出新的需求，循环往复，以至无穷。

4. 需求的可诱导性

消费者的需求，大部分可以通过环境的改变或外部诱因的刺激、诱导而发生变化和转移，也就是说，消费者需求是可诱导和调节的，具有较大的弹性。消费者需求的这一特征，为企业提供了巨大的市场潜力和市场机会。企业可以通过卓有成效的市场营销活动，如广告宣传、营销推广等，使无需求变为有需求，潜在需求变为现实需求，未来需求变为现实需求，从而使企业由被动地适应、迎合消费者需求，转化为积极主动地引导、激发和创造需求。

5. 需求的相关性

消费者的不同需求具有相互关联、补充、替代的关系。这些关系包括三种情况：第一，彼此独立不能互补或替代的需求；第二，彼此相联，相互补充的需求；第三，彼此可以替代的需求。

6. 需求的分散性

消费者人数众多，分布面广，购买流动性较大，每次购买数量较少，购买频率较高。多数消费者对大多数商品缺乏深入地了解，这就需要营销者担任起引导消费者的责任，争取灵活多样的售货方式，不断提高为消费者服务的质量。

7. 需求的周期性

从商品的消费情况来看，有些商品是常年均衡消费，需要定期购买，如柴米油盐等；有些商品属季节性或节日消费非定期购买商品，如时令服装等。

第二节　影响消费者购买行为的因素

【本节任务】

了解影响消费者购买行为的外在因素和内在因素以及这些因素对消费者行为造成的影响。

影响消费者购买行为的因素有许多，包括文化和社会等外在因素以及个人与心理等内在因素。影响消费者行为的文化和社会因素有：文化、亚文化、社会阶层、相关群体和角色因素等。影响消费者行为的个人与心理因素有：年龄和家庭、生活方式、自我概念与人格特征等。这些因素不仅在某种程度上决定消费者的决策行为，而且它们对外部环境与营销刺激的影响起放大或抑制作用。

一、影响消费者购买行为的外在因素

（一）文化因素

文化因素对消费者的行为具有最广泛和深远的影响，是造成不同区域、不同阶层消费者需求差异的重要因素。由于生存环境、生活水平以及所受文化教育程度的不同，造成不同民族、国家的风俗习惯，伦理道德，价值观念和思维方式等有很大不同，而且文化对购买行为有着举足轻重的影响，因此企业营销活动应该针对这些差异进行调整，才能达到理想的营销效果。

1. 文化及亚文化

文化有广义与狭义之分。广义文化是指人类创造的一切物质财富和精神财富的总和；狭义文化是指人类精神活动所创造的成果，如哲学、宗教、科学、艺术、道德等。在消费者行为研究中，由于研究者主要关心文化对消费者行为的影响，所以我们将文化定义为经过一定社会学习获得的，用以指导消费者行为的信念、价值观和习惯的总和。文化具有习得性、动态性、群体性、社会性和无形性的特点。

文化通过对个体行为进行规范和界定进而影响家庭等社会组织，这种影响在大多数情况下是间接的，即所谓的“潜移默化”。其往往首先影响人们的生活和工作环境，进而再影响人们的消费行为。

在每一种文化中，往往还存在着许多在一定范围内具有文化同一性的群体，他们被称为亚文化群。如国籍亚文化、种族亚文化、地域亚文化等。亚文化群体的成员不仅具有与主文化共同的价值观念，还具有自己独特的生活方式和行为规范。就消费者购买行为来讲，亚文化的影响更为重要，这种影响甚至是根深蒂固的。对企业市场营销来说，对亚文化现象的重视和研究有助于企业对市场更为深刻的认识，亚文化群体往往构成企业重要的细分市场。

【课堂讨论】

上海生产的牌名为“414”的毛巾，在内地销售很好，可在香港市场则无人问津.原因在于香港人很迷信。“414”在香港发音同“死一死”，谁还要买“死一死”毛巾呢？

欧洲一冻鸡出口商向阿拉伯国家出口冻鸡，尽管无论从质量还是包装上看，对其他地区的消费者来说都是无可挑剔的，但这批冷冻鸡却遭到了退货。原因何在？因为冷冻鸡的加工方法触犯了这些国家的文化禁忌，因此被退货。

讨论：联系上述两例谈谈社会文化因素对消费者购买行为的影响。

2. 社会阶层

社会阶层(Social Class)是指全体社会成员按照一定等级标准划分为彼此地位相互区别的社会集团。每一个个体都会在社会中占据一定的位置，使社会成员分成高低有序的层次或阶层。社会阶层是一种普遍存在的社会现象。导致社会阶层的终极原因是社会分工和财产的个人所有不均衡等因素。社会阶层是社会学家根据职业、收入来源、教育水平、价值观和居住区域对人们进行的一种社会分类，是按层次排列的、具有同质性和持久性的社会群体。同一阶层的人具有相类似的价值观、兴趣爱好和行为方式。社会阶层直接影响人们的生活方式，阶层差别较大的人群购买行为亦呈现较大差别。

(二) 社会因素

1. 参考群体

参考群体，是指能够直接或间接影响消费者的消费态度、价值观念和购买行为的个人或集体。一个人的消费习惯、生活方式以及对产品品牌的选择，都在不同程度上受参考群体的影响。参考群体对消费者购买行为的影响，主要表现在：一是示范性，即参考群体为消费者展示了新的消费行为和生活方式；二是仿效性，即参考群体影响着个人的自我观念和态度，参考群体的购买行为会引起人们的仿效欲望，产生仿效行为，从而导致人们产生新的购买行为；三是一致性，即参考群体能产生一种令人遵从的影响力，影响人们选择与其一致的产品和与其偏好相同的品牌，促使消费者个人的行为趋于与参考群体一致。

参考群体可分为主要群体和次要群体。主要群体是指与消费者有日常密切接触的群体，如家庭、朋友、邻居、同事、同学等。这类群体对消费者的认识和行为发生重要的影响。次要群体是指与消费者较少发生直接接触的群体，如商场购物时的人流、偶遇的行人、社团组织、专业协会等。与主要群体相比，次要群体对消费者的认识和行为的影响较小。

【课堂讨论】

小王是一个名牌大学的毕业生，在一个知名公司里工作不到一年就当上了总经理助理。她虽然工资不太高(月薪 2000 元左右)，可她经常出入专卖店购买名牌服装，使用高档化妆品，从来不到农贸市场或者地摊上买东西(她认为这样做有失身份)。

试根据小王对产品的选择偏好，分析群体意识与品牌选择之间的关系。

家庭是社会组织的一个基本单位，是社会中最重要的消费品购买单位，大部分的消费行为是以家庭为单位进行的。同时，家庭也是消费者的首要参照群体之一，对个人消费者来说，家庭是最具影响力的参照群体。家庭对消费者购买行为的影响主要体现在家庭权威中心、家庭规模、家庭生命周期等几个方面。企业的市场营销应研究特定目标市场的特定家庭模式，确定不同家庭成员在购买不同产品中的影响力，并采取相应的营销措施，来影响家庭成员的购买选择。

2. 角色因素

角色是个体在特定社会或群体中占有的位置和被社会或群体所规定的行为模式。对于特定的角色，无论是由谁来承担，人们对其行为都有相同或类似的期待。首先，每一种角色都有与之对应的角色产品需求，人们在购买产品时往往结合自己在社会中所处的地位和角色来考虑。例如：很多公司总经理们会坐奔驰车，戴劳力士手表。企业已经意识到产品、品牌成为地位标志的潜力。其次，角色的转换引起消费者行为上的改变，往往会引起对新产品的需求。

二、影响消费者购买行为的内在因素

(一) 个人因素

消费者购买决策也受个人特性的影响，特别是受其年龄与性别、职业与教育、生活方式、个性等因素的影响。

1. 年龄与性别

年龄与性别是消费者最为基本的个人因素，具有较大的共性特征。不同年龄层次和不同性别的消费者，客观上存在生理和心理上的差别。因此，所需的商品与服务也不尽相同，对同一商品或服务的评价、选择的角度及价值观念等也会存在很大差异。了解不同年龄层次和不同性别消费者的购买特征，才能对于不同的商品和消费者制定准确的营销方案。

2. 职业与教育

职业与教育实际上是社会阶层因素在个人身上的集中反映。人们所从事的职业与受教育程度的不同，影响着人们的思维方式、决策方式以及与他人交往的方式，从而极大地影响着人们的消费品位和消费偏好。

人们的价值观念、消费习惯和行为方式存在着较大的差异。这主要是由于一种角色观念的作用。例如，一个大学生，在学校期间喜欢穿运动衫、登旅游鞋、背登山背包、骑山地跑车，显得青春焕发，朝气蓬勃；而毕业以后，进大公司当了白领，立刻就换上了西装革履、夹起了公文包、坐上了出租车，从衣着打扮到言谈举止都发生了很大的变化。这就是因为运动衫、登山包是大学生的身份象征，而西装革履和公文包则是公司白领的角色标志。这些现象在消费者的购买行为中会有强烈的表现。

3. 生活方式与个性

生活方式是个体在成长过程中，与社会因素相互作用下表现出来的活动、兴趣和态度模式，反映了人们对怎样花费时间和金钱的态度及其所作的消费抉择的形式。

生活方式与个性既有联系又有区别。一方面，生活方式很大程度上受个性的影响，比如一个具有保守、拘谨性格的消费者，其生活方式不大可能太多地包容诸如攀岩、跳伞、蹦极之类的活动。另一方面，生活方式关心的是人们如何生活、如何花费、如何消磨时间等外在行为，而个性则侧重从内部来描述个体，它更多地反映个体思维、情感和知觉特征。可以说，两者是从不同的层面来刻画个体的。区分个性和生活方式在营销上具有重要的意义。

【知识拓展】

"懒人经济"催生 O2O 新模式：

上门做饭、上门美甲、上门按摩、上门洗车……伴随着移动支付场景的不断拓宽，家居 O2O 正在成为继团购、打车后的又一风口，不断渗透和改造各类细分生活服务市场的同时，也开始重新定义"宅生活"。

【课堂讨论】

以你为例，你认为 90 后的消费需求有何特点？为什么 O2O 模式得以盛行？你如何看待"懒人经济"？

(二) 心理因素

消费者的购买行为还受到动机、知觉、学习与记忆以及信念和态度等主要心理因素的影响。

1. 动机因素

动机是一种升华到足够强度的需要，它能够及时引导人们去探求满足需要的目标。美国心理学家马斯洛(A・H・Maslow)提出了需要层次论，将人类的需要分为由低到高的 5 个层次，即生理需要、安全需要、社交需要、尊重需要和自我实现需要，其中生理需要和安全需要属于生理的、物质的需要，社交需要、尊重需要和自我实现需要属于心理的、精神的需要，如图 3－1 所示。

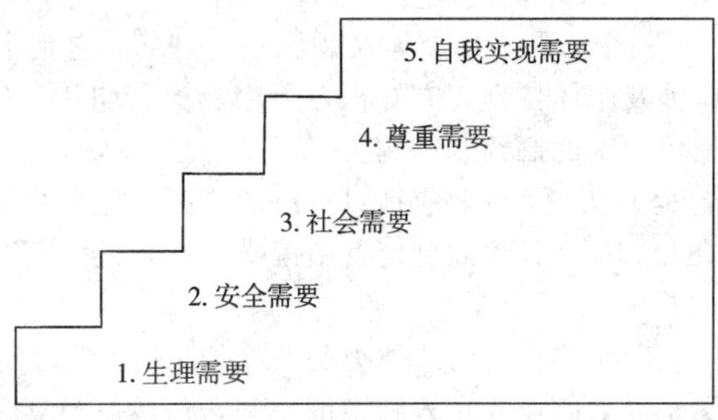

图 3－1　需要层次

购买动机是使消费者做出购买某种商品或服务决策的内在驱动力，是引起购买行为的前提。一般来说，消费者购买动机有两类，即生理性购买动机和心理性购买动机。生理性购买动机是基于消费者基本生理需要而产生的，它直接产生于本能需要，是基本的，也是低层次的本能动机；心理性购买动机是人们通过复杂的心理过程形成的动机，可塑性很大，它会因市场营销刺激而发生改变，我们这里所讲的就是心理性购买动机。

心理性购买动机可以分为四种，即感情动机、理智动机、信任动机和惠顾动机。

(1) 感情动机。感情动机就是由人的感情需要而引发的购买欲望。感情动机可以细分为两种情况，一种是情绪动机，另一种是情感动机。情绪动机是由于人们高兴、愉快、好胜、好奇所引起的购买欲望，常在购买过程中表现出注重新颖、追求时尚、注重造型、讲究格调、追求新奇、要与众不同等特点。

(2) 理智动机。理智动机就是消费者对所购买的商品或服务有了清醒的了解和认知，在对这个商品比较熟悉的基础上所进行的理性抉择和做出的购买行为。理智动机在购买时常表现为注重质量、讲究效用、注重价格，以及希望有可靠的品质保障等。

(3) 信任动机。信任动机就是基于对某个品牌、某个企业的信任所产生的惯性的购买动机。比如，家长在为孩子选择受教育的服务时，总是希望自己的孩子能够上重点中学，进名牌大学。这种信任可能来自于消费者自身的亲身经历，也可能来自于社会公众的客观评价。

(4) 惠顾动机。消费者由于经验和情感因素，对特定的商品或服务产生的特殊的情感和偏爱，从而作出反复购买的行为。

2. 知觉因素

所谓知觉，是人脑对刺激物各种属性和各个部分的整体反映，它是对感觉信息加工和解释的过程。产品、广告等营销刺激只有被消费者知觉才会对其行为产生影响。消费者形成何种知觉，既取决于知觉对象，又与知觉时的情境和消费者先前的知识与经验密切相关。消费者的知觉过程包括三个相互联系的阶段，即展露、注意和理解。

(1) 展露。对于消费者来说，展露并不完全是一种被动的行为，很多情况下是主动选择的结果。在众多信息中，通常人们会更多地注意他们所期待的，或者是与他们当前需要相关的，以及与正常情况相比有较大差别的刺激物。消费者往往根据刺激物所展露出来的各种物理因素而进行挑选商品。

(2) 注意。注意是指个体对展露于其感觉神经系统面前的刺激物进行进一步加工和处理的行为，它实际上是对刺激物分配某种处理能力。注意具有选择性的特点，这要求企业认真分析影响注意的各种因素，并在此基础上设计出能引起消费者注意的广告、包装、品牌等营销刺激物。

(3) 理解。知觉的最后一个阶段，是个体对刺激物的理解，它是个体赋予刺激物以某种含义或意义的过程。理解涉及个体依据现有知识对刺激物进行组织、分类和描述，它受到个体因素、刺激物因素和情境因素的制约和影响。

通过对消费者知觉过程的认识，企业应针对自己的产品或服务展开研究，以了解消费者主要依据哪些线索做出质量判断，并据此制定营销策略。

3. 学习与记忆

学习是因经验而生的，同时伴有行为或能力的改变。此外，学习所引起的行为或能力的变化是相对持久的。记忆是以前的经验在人脑中的反映，亦是一个复杂的心理过程，它包括识记、保持、回忆三个基本环节。从信息加工的观点看，记忆就是对输入信息的编码、贮存和提取的过程。消费者的学习与记忆是紧密联系在一起的，没有记忆，学习是无法进行的。

虽然从理论上讲，消费者的记忆容量很大，对信息保持的时间也可以很长，但在现代市场条件下，消费者接触的信息实在太多，能够进入其记忆并被长期保持的实际上只有很小的一部分。正因为如此，企业才需要对消费者的记忆予以特别的重视。

4. 信念和态度

信念是指人们对事物所持有的自己认为是可以确信的看法。这个看法的根源是消费者对某事物带给自己或自己所代表的群体的利益。因此，消费者对企业产品或服务的信念可以建立在科学的、经验的、偏见的、误传的基础上。一个客观存在的事实是：消费者对企业及其产品或服务所持有的信念，往往就构成了该企业及其产品或服务的形象，并成为消费者购买行为的依据。

态度是指个人对某些事物或观念长期持有的好与坏的认识评价、情感感受和行动倾向。态度导致人们对某一事物产生或好或坏、或亲或疏的感情。态度使人对相似的事物产生相当一致的行为，因为人们通常不会对每一事物都建立新的态度或做出新的解释和反应，按照已有的态度对所接触到的事物做出反应和解释能够节省时间和精力。

综上所述，消费者的购买行为是文化、社会、个人和心理因素之间相互影响和作用的结果。其中很多因素是企业及其市场营销活动无法改变的，但这些因素在识别诸如哪些消费者对产品有兴趣等方面颇有用处。其他因素则受到企业及其市场营销活动的影响，企业借助有效产品、价格、地点和促销管理，可以诱发消费者的强烈反应。

【营销故事】

“聚件成套”显奇功

日本日绵公司主要经营陶瓷器生意。在日本，他们经营的高级陶瓷器非常畅销，于是公司董事土桥久男就准备把业务拓展到美国去。

刚开始时，日绵公司陶瓷器在美国的销量并不乐观。经过仔细的调查研究后，土桥久男发现，过去专门销售陶瓷器的百货公司营销效率低、运转速度慢，导致产品销量不大，因此不如改用超级市场来销售。于是，他把陶瓷器摆到了纽约的各家超级市场里，占据了橱窗的醒目位置，销量上升很多。但他并不满足于眼前的成绩，他认为销量还可以扩大。通过对美国大众习惯心理和消费行为的分析，在他头脑中形成了一套完整的销售计划，这就是以超级市场为中心，开拓市场，扩大销量的“聚件成套”的计划。

“聚件成套”的具体做法是：第一步，在超级市场推出4个一组的陶瓷咖啡杯，同时赠送购买者四个咖啡碟子；第二步，当咖啡杯卖出相当数量的时候，以较高的价格开始出售糖罐，因为喝咖啡要加糖，所以买了咖啡杯，就要买糖罐；第三步，当糖罐卖出相当数量的时候，再以更高的价格开始出售陶瓷调羹、托盘和碟子。前后推出的这几种产品在花样、色泽、质地等方面完全一致，风格也完全一样，购置全了可配成一套喝咖啡的用具。

有了销售计划，土桥久男又凭借着卓越的口才，说服了超级市场的经营者，使自己“聚件成套”的计划得以实施，最后日绵公司终于获得了丰厚的利润。

美国是个咖啡消费大国，推出咖啡陶瓷用具是有的放矢，而且美国人对日常用具很讲究配套和特色。土桥久男运用“聚件成套”的销售法，先以低价和馈赠吸引美国顾客的购买，再以高价出售配套的糖罐、调羹等，利用美国人对日用品讲究配套的心理特点，分阶段的实施销售计划，使美国人欲罢不能，最终达到了扩大瓷器销售量的目的。

第三节　消费者的购买决策

【本节任务】

了解消费者购买行为的类型，理解消费者购买行为模式，掌握消费者购买决策过程。

一、消费者购买行为的类型

不同类型的消费者和不同类型商品的购买决策行为是有很大的差异的。如购买一台电脑和购买一支牙刷，购买决策行为就会有很大差异。前者可能要广泛搜集信息，经过反复比较后再进行选择；后者则可能不加思考，随时都可以购买。

消费者的购买行为有多种类型，可从不同角度划分。

(一) 根据消费者介入程度和品牌间差异程度进行分类

根据购买活动中消费者的介入程度和商品品牌间的差异程度，可将消费者的购买行为分为以下四种类型：复杂的购买行为、寻求多样化的购买行为、化解不协调的购买行为和习惯性的购买行为。这四种购买行为之间的比较如表 3-1 所示。

表 3-1　消费者购买行为类型

介入程度 品牌差异	高度介入	低度介入
大	复杂的购买行为	寻求多样化的购买行为
小	化解不协调的购买行为	习惯性购买行为

1. 复杂的购买行为

复杂的购买行为主要是指对于那些消费者认知度较低，价格昂贵，购买频率不高的大件耐用消费品的购买行为。由于价格昂贵，购买决策的风险就比较大，购买决策必然比较谨慎；由于消费者对产品不够熟悉，需要搜集的信息比较多，进行选择的时间也比较长。对于这种复杂的购买行为，企业应采取有效的措施帮助消费者了解产品性能及相对重要性，并介绍产品的优势及其给消费者带来的利益，从而影响消费者的最终选择。

2. 寻求多样化的购买行为

寻求多样化的购买行为是指消费者低度介入，且不同品牌的产品之间差异很大的购买行为。在这种情况下，消费者经常改变品牌选择，并且，改变品牌选择并非因为对产品不满意，而是由于市场上有大量可选择的品牌。消费者的好奇心在这种购买行为中起了很大作用。针对这种购买行为类型，企业可采用销售促进和占据有利货架位置等方法，保障供应，鼓励消费者购买。

3. 化解不协调的购买行为

化解不协调的购买行为是指不同品牌的产品之间差异不大，消费者不经常购买，而购买时又有一定的风险，所以消费者一般要比较、看货，只要价格公道、购买方便、机会合适，消费者就会购买的一种购买行为。购买之后，消费者也许会感到有些不协调或不够满意，在使用过程中，会了解更多的情况，并寻求种种理由来减轻、化解这种不协调，以证明自己的购买是正确的。经过由不协调到协调的过程，消费者会有一系列的心理变化。针对这种购买行为类型，企业应注重运用价格策略和人员推销策略，选择最佳销售地点，并向消费者提供有关产品评价的信息，使其在购买后相信自己做了正确的决策。

4. 习惯性购买行为

习惯性购买行为是指消费者低度介入，并且所购买的不同品牌的产品之间没有多大差别的购买行为。绝大多数食品和日用消费品都属于习惯性购买行为。消费者往往会因为习惯而长期购买某一品牌的产品，但是，它们对该品牌并不了解，也称不上是品牌忠诚者。他们对新品牌的好感或者习惯，会使他们很容易放弃原先习惯的品牌。这类产品的生产企业可以采用价格优惠、电视广告、独特的包装等方式，鼓励消费者试用、购买和连续购买其产品。

(二) 根据消费者性格因素进行分类

根据消费者性格因素，可将消费者的购买行为分为以下五种类型：重复型购买行为、慎重型购买行为、经济型购买行为、冲动型购买行为和不定型购买行为。

1. 重复型购买行为

重复型的购买行为是由信任动机产生的。信任可建立在知识的基础上，也可以建立在见解和信念的基础上。消费者对某种品牌或对某个企业产生良好的信任感促使其根据过去的购买经验和使用习惯采取重复购买行为。

2. 慎重型购买行为

慎重型购买行为是理智型消费者发生的购买行为。他们喜欢收集产品的有关信息，了解市场行情，在经过周密的分析和思考后，做到对服务产品心中有数。他们在做出购买决策时不容易被打动，不轻率做出决定，决定之后也不轻易反悔。

3. 经济型购买行为

特别重视价格，一心寻求经济合算的商品，并由此得到心理上的满足。这种消费者在购买时表现为犹豫不定，要货比三家，对价格信息非常敏感，容易受促销活动的影响。

4. 冲动型购买行为

冲动型消费者往往是由情绪引发的，其中年轻人居多。年轻人血气方刚，容易受产品外观、广告宣传或相关人员的影响，决定轻率，易于动摇和反悔。市场营销刺激对这种消费者的影响非常大，并且这种消费者在购买时容易受外界因素的干扰，常表现出购买时的从众心理。冲动型购买行为与慎重型购买行为恰恰相反。

5. 不定型购买行为

不定型购买行为表现为两方面：一是指那些没有明确购买目的的消费者；二是指对购买的对象的性能特点知之甚少，想购买又怕决策失误，犹豫不定的消费者。他们往往是一些年轻的、新近开始独立购物的消费者，他们易于接受新的东西，消费习惯和消费心理正在形成之中，但尚不稳定，缺乏主见，没有固定的偏好。

了解购买行为的不同类型，有助于企业根据不同的产品和不同消费者的情况去设计和安排其营销计划，知道哪些是应当重点予以推广和宣传的，哪些只需作一般的介绍，以使企业的营销资源得到合理的分配和使用。

【即问即答】

如果你是营销人员，面对冲动型购买者，你有什么针对性营销策略？

二、消费者购买行为模式

消费者购买行为研究要解决的根本问题是“消费者是如何进行购买决策的”。假如我们能够掌握消费者的决策过程及其影响因素，就可以设法通过影响和控制这些因素来影响消费者的购买行为，从而达到提高营销绩效的目的。

消费者市场涉及的内容千头万绪，从哪里入手分析消费者的购买行为呢？关于如何分析消费者的购买行为，市场营销学家归纳出以下7个主要问题：

消费者市场由谁构成？（Who）	购买者（Occupants）
消费者购买什么？（What）	购买对象（Objects）
消费者为什么购买？（Why）	购买目的（Objectives）
消费者市场的购买活动有谁参与？（Who）	购买组织（Organizations）
消费者什么时间购买？（When）	购买时间（Occasions）
消费者在何地购买？（Where）	购买地点（Outlets）
消费者怎样购买？（How）	购买方式（Operations）

上述7个问题都包括以英文字母O开头的关键词，所以称为“7O”研究法，也称“6W1H”研究法。企业在制定营销组合策略之前，必须先研究消费者的购买行为。

为研究消费者购买行为，专家们建立了一个“刺激-反应模式”来说明营销环境刺激与消费者反应之间的关系（见图3-2）。

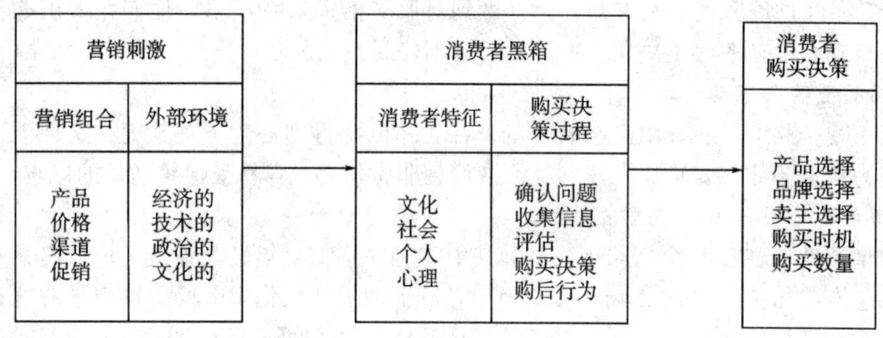

图3-2　营销刺激-消费反应模式

即消费者在一定的外界刺激下，会产生一定的反应。根据刺激-反应模式，消费者购买行为模式是由消费者的营销刺激、消费者黑箱和消费者购买决策三个部分构成的。

首先，消费者总是直接或间接地受到外界因素的刺激与影响。这些外界因素包括两类，一类是企业的市场营销组合，即企业所提供的产品、价格、分销和促销；另一类是消费者的外部环境，即消费者所处的经济、技术、政治、文化等外部环境。

其次，消费者在受到外部环境刺激后，便进入了消费者心理活动过程，就是人们常说的“黑箱”，由于消费者的心理活动过程对企业来说是一种看不见、摸不着的非透明的东西，故称之为“黑箱”。消费者“黑箱”体现在两个方面：一是消费者特征，主要是指影响消费者购买行为的各种因素，如经济因素、文化因素、个人因素、心理因素等；二是消费者的购买决策过程，即认识需要→收集信息→评价选择→购买决策→购后感受五个阶段。

最后，消费者通过一系列的心理活动就产生了一系列明显的反应，如决定购买什么产品、购买什么品牌、向谁购买、何时购买、购买数量等，即对产品、品牌、经销商、购买时机、购买地点和购买数量等方面的选择。通过这一系列的选择，消费者最终实现其购买行为。

可见，相同的外部环境刺激对不同的消费者会引起不同的反应，其原因是消费者从受到刺激到作出反应，其间还要经历一个过程，这个过程就是具有不同特征的消费者作出不同购买决策的过程。企业的营销任务就是研究这一过程，即研究影响消费者对外部环境刺激作出反应的因素，从而揭示出消费者购买行为规律，制定出有针对性的且行之有效的营销策略。

三、消费者购买决策过程

(一) 购买决策的参与者

购买决策参与者，是由参与和影响购买决策的有关人员构成的群体。有些消费品的购买决策参与者很少，通常只有一个人，如购买简单、价格较低的日常生活用品往往就是如此；而有些消费品，特别是价格昂贵的耐用消费品的购买决策参与者就比较多，往往包括一个家庭的所有成员，甚至还有家庭以外的人员参与进来。

在购买决策过程中，购买决策参与者的各个成员可能充当着以下某个或某些不同的角色，发挥着特定的作用：

(1) 发起者：即首先提出购买某种商品的人。

(2) 影响者：即对最后购买决定具有某种影响的人。

(3) 决定者：即最后做出部分或全部购买决策(包括买什么、是否买、如何买、何时买、何处买等)的人。

(4) 购买者：即实施购买决策从事实际购买的人。

(5) 使用者：即消费或使用将要购买的商品的人。

企业的市场营销人员应注意了解这方面的情况，以便对购买决策参与者中的有关人员施加有效的影响。

(二) 消费者购买决策过程

由于消费者所要购买的商品的种类、价格、个人的能力以及经济条件等因素不同，消费者的购买决策过程有时比较简单，有时较为复杂。但一般来说，消费者决策过程包括以下五个阶段：确认需求(Need Recognition)、信息搜索(Information Search)、评估选择(Evaluation of Alternatives)、购买决定(Purchase Decision)和购后行为(Postpurchase Behavior)，如图 3 - 3 所示。很明显，购买过程在开始购买前早就开始了，并且购买后还要延续很长时间。营销人员需要关注整个购买过程，而不是只注意购买决定。

图 3 - 3　消费者购买决策过程

1. 确认需求

确认需求是消费者购买决策过程的起点。当消费者在现实生活中感觉到或意识到实际与其企求之间有一定差距，并产生了要解决这一问题的要求时，购买的决策便开始了。市场营销人员应注意识别引起消费者某种需要和兴趣的环境，并充分注意到两方面的问题：一是注意了解那些与本企业的产品实际上或潜在的有关联的驱使力；二是消费者对某种产品的需求强度，会随着时间的推移而变动，并且被一些诱因所触发。在此基础上，企业还要善于安排诱因，促使消费者对企业产品产生强烈的需求，并立即采取购买行动。

2. 信息搜索

当消费者产生了购买动机之后，便会开始进行与购买动机相关联的活动，并注意收集与需求相关和密切联系的信息，以便进行决策。

消费者信息的来源主要有四个方面：

(1) 个人来源。从家庭、亲友、邻居、同事等个人交往中获得信息。

(2) 商业来源。这是消费者获取信息的主要来源，其中包括广告、推销人员的介绍、商品包装 、产品说明书等提供的信息。这一信息源是企业可以控制的。

(3) 公共来源。消费者从电视、广播、报刊杂志等大众传播媒体所获得的信息。

(4) 经验来源。消费者从自己亲自接触、使用商品的过程中得到的信息。

上述四种信息来源中，商业来源最为重要。从消费者角度看，商业信息不仅具有通知的作用，而且一般来说具有针对性、可靠性，个人和经验来源只能起验证作用；而对企业来说，商业信息是可以控制的。消费者可以通过商业信息的渠道了解本企业的产品，进而购买本企业的产品。

3. 评估选择

在这一阶段中，消费者将根据所掌握的信息对选择集合中的几种品牌的商品进行评价和比较，从中选择和确定他所偏好的品牌的商品形成购买意向。对企业来说，这里的主要问题是消费者如何评价选择集合中的各个品牌的商品，以及如何使消费者选择本企业生产经营的商品。

4. 购买决定

真正将购买意向转为购买行动，其间会受到两个方面的影响。

(1) 他人的态度。消费者的购买意图会因他人的态度而增强或减弱。他人态度对消费意图影响力的强度，取决于他人态度的强弱及他与消费者的关系。一般说来，他人的态度越强、他与消费者的关系越密切，其影响就越大。

(2) 意外的情况。消费者购买意向的形成，总是与预期收入、预期价格和期望从产品中得到的好处等因素密切相关的。但是当他欲采取购买行动时，发生了一些意外的情况，诸如因失业而减少收入，因产品涨价而无力购买，或者有其他更需要购买的东西等等，这一切都将会使他改变或放弃原有的购买意图。

5. 购后行为

产品在被购买之后，就进入了买后阶段，此时，市场营销人员的工作并没有结束。

消费者购买商品后，通过自己的使用和他人的评价，会对自己购买的商品产生某种程度的满意或不满意。消费者对其购买的产品是否满意，将影响到以后的购买行为。如果对产品满意，则在下一次购买中可能继续采购该产品，并向其他人宣传该产品的优点。如果对产品不满意，则会通过放弃或退货来减少不和谐感，也可以通过寻求证实产品价值比其更高的有关信息来减少不和谐感。市场营销人员应采取有效措施尽量减少购买者买后不满意的程度，并通过加强售后服务、保持与顾客联系等方式使消费者从积极的方面认识产品的特性，增加其满意感。

研究和了解消费者的需要及其购买过程，是市场营销成功的基础。市场营销人员通过了解购买者如何经历引起需要、寻找信息、评价行为、决定购买和买后行为的全过程，就可以获得许多有助于满足消费者需要的有用线索；通过了解购买过程的各种参与者及其对购买行为的影响，就可以为其目标市场设计有效的市场营销划。

【课堂讨论】

褚时健专注“励志橙”的同时，IT元老柳传志也相中“良心果”（猕猴桃）。他们有个黄金组合产品叫“褚橙柳桃”。2013年聚划算首次推出“褚橙柳桃”组合产品：褚时健的2.5公斤顶级“褚橙”和柳传志的2.5公斤顶级佳沃金艳果，售价在300元左右。高价反而带来高销售，两天内全部售罄，供不应求。组合产品总计销售达30626单，销售额接近430万元。“打包销售”叫好叫座，实现了名人“1＋1＞2”的效应。消费者从中吃出了创意。

请从消费者购买心理的角度讨论“褚橙柳桃”组合销售成功的因素。

“褚橙”在前面的案例中已有介绍，想了解“柳桃”的更多内容请扫描二维码登录百度百科。http://baike.baidu.com/link? url＝43uNV_dqgJ4gdiFUhHTpKWeWfgMFl4NzpCRwxtZ01NJM8Yu4qwVbFoEh204－lQYEsSFEOVzc－NcBpMnEbat3Y_

第四节　组织市场购买及行为分析

【本节任务】

理解组织市场的分类和组织市场的特征，了解影响采购决策的主要因素，掌握组织市场购买决策过程。

组织市场指工商企业为从事生产、销售等业务活动以及政府部门和非营利组织为履行职责而购买产品和服务所构成的市场。简言之，组织市场是以某种组织为购买单位的购买者所构成的市场，包括生产者市场、中间商市场、非营利组织市场和政府市场。

组织市场和消费者市场的主要区别在于：购买者主要是企业或社会团体而不是个人或家庭消费者；目的是为了用于生产或转卖以获取利润，以及其他非生活性消费，而不是为了满足个人或家庭的生活需要。组织市场的规模很大，往往是消费者市场规模的几倍。中国2013年仅生产资料市场的销售总额就达55万亿元，而同期社会消费品零售总额为23.78万亿元，所以组织市场一直是企业十分关注的市场。

一、组织市场的分类

组织市场一般包括生产者市场、中间商市场、非营利性组织市场和政府采购市场。如图3-4所示。

1. 生产者市场

生产者市场也称产业市场或企业市场，是指购买产品或服务用于生产其他产品或服务，以供销售、租赁或提供给其他人以获取利润的组织和个人。

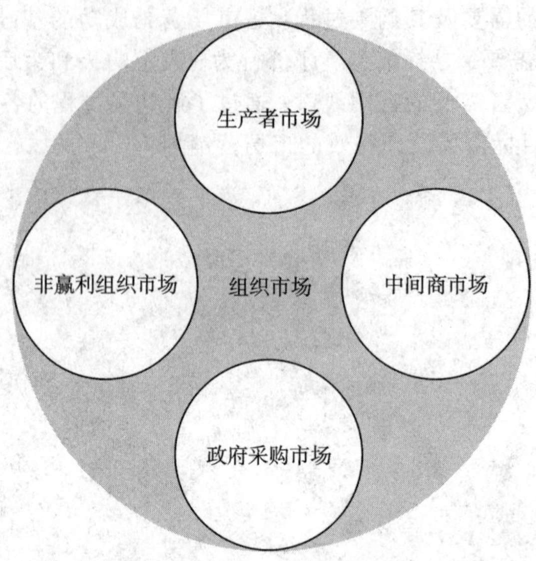

图 3-4　组织市场的主要构成

2．中间商市场

中间商市场也称转卖者市场，是指购买商品和劳务以转售或出租给他人获取利润为目的的个人和组织，包括批发商和零售商。

3．非营利性组织市场

非营利性组织泛指所有不以营利为目的、不从事营利性活动的组织。我国通常将非营利性组织称为“机关团体、事业单位”。比如：学校、医院、疗养院、监狱和其他为公众提供商品和服务的部门所组成的市场。非营利性组织往往是以低预算和受到一定的控制为特征的，而且一般都是非营利性的。

4．政府市场

政府市场是指为执行政府的主要职能而采购或租用产品的各级政府单位和下属各部门。由于政府的采购决策要受到公众的监督，因此它们经常会要求供应商准备大量的书面材料，此外政府市场还有一些如竞价投标，喜欢向国内供应商采购等特点。

二、组织市场的特征

组织市场与消费者市场相比，具有一些鲜明的特征。

（一）购买者少，购买规模大

生产企业及各类生产组织是生产者市场的基本购买单位，其数目比个人和家庭要少得多，由于生产集中和规模经济，要达到一定的生产批量，一次的购买额必须很大。特别在生产比较集中的行业里更为明显，通常少数几家大企业的采购量就占了该产品大部分的销售量。

（二）购买者在地域上相对集中

由于资源和区位条件等原因，各种产业在地理位置的分布上都有相对的集聚性，所以组织市场的购买者往往在地域上也是相对集中的，这种地理区域集中有助于降低产品的销售成本，也使得组织市场在地域上形成了相对的集中性。

（三）着重人员销售

由于仅存在少数大批量购买的客户，企业营销部门往往倾向于通过人员销售宣传其优惠政策，而不是通过广告。一个好的销售代理可以演示并说明不同产品的特性、用途以吸引买方的注意力。根据及时得到的反馈，立即调整原有的政策。当然这种快速反馈是不可能通过广告获得的。

（四）直接销售

消费品的销售通常都经过中间商，但组织材料的购买者大多直接向生产者购买。这是因为购买者数量有限，而且大多属于大规模购买，直接购买的成本显然低得多。其次，组织市场的购买活动在售前售后都需要由生产者提供技术服务。因此，直接销售是组织市场常见的销售方式。

（五）专业购买

各类经济组织对其购买的产品质量、规格、性能等各方面都有严格的计划和要求，对技术咨询、安装维修、零配件供应、交货期和信贷条件等要求较高，且不易受广告宣传及其他促销措施的影响，购买的理智性较强。因此，企业通常由专业知识丰富，训练有素的专职人员负责采购工作。

（六）衍生需求，需求波动大

组织市场上的购买需求最终来源于对消费品的需求，企业之所以需要购买生产资料，归根到底是用来作为劳动对象和劳动资料以生产出消费资料。因此，消费者市场需求的变化将直接影响组织市场的需求。

（七）需求缺乏弹性

生产资料的需求量主要取决于企业的产品结构、生产规模、工艺流程和技术水平等因素，受价格变化影响较小，其需求量不会因价格下降而大量增加，也不会因价格上涨而大量减少，短期需求尤其如此。

（八）互惠购买原则

另外一种在消费营销过程中不会发生但在组织营销过程中常见的现象是互惠现象。生产者市场上的买卖双方倾向于建立长期的业务联系，相互依存。

（九）租售现象

一些组织购买者乐于租借大型设备，并不愿意全盘购买。租借对于承租方和出租方有诸多好处。对于出租方，当客户不能支付购买其产品的费用时，他们的优惠出租制度为其产品找到了用武之地。对承租方，租借为他们省下了大量资金，又获得了最新型的设备，租期满后还可以购买折价的设备。

三、影响采购决策的主要因素

组织采购人员在作出购买决策时会受到许多因素影响。有些营销人员认为经济因素是最为重要的，而另一些人又认为采购者对偏好、注意力、避免风险等个人因素反应敏感。实际上在组织市场的购买决策中，经济因素同个人因素对采购人员的影响是同样重要的。一般来说，如果所采购的商品效用和价格差异较大，经济因素就会成为采购人员所考虑的主要因素；而如果效用和价格差异很小，个人因素的影响就可能增大。一些采购人员会根据个人所得利益的大小以及个人的偏好来选择供应商。

我们可以把影响组织购买者的因素归为四类：环境因素、组织因素、人际因素和个人因素(图 3－5)。

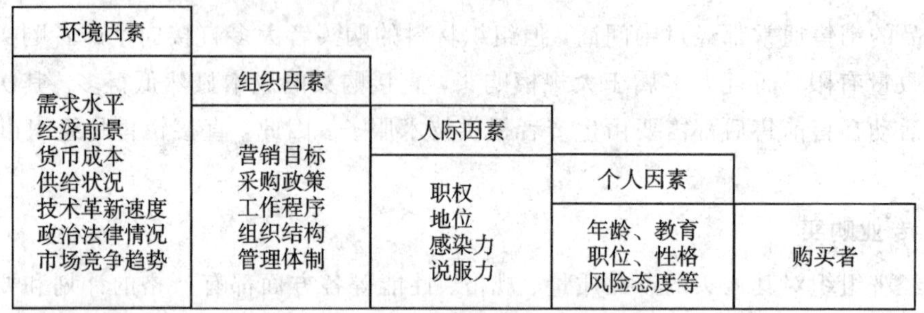

图 3－5　影响组织采购行为的主要因素

(一) 环境因素

环境因素指影响企业开展营销活动的一切外部因素，主要包括政治、法律、经济、文化、技术、竞争和自然环境等。生产者市场的购买者受当时和预期经济环境因素影响极大，如经济前景、市场需求、技术发展变化、市场竞争和政治法律等。

(二) 组织因素

组织因素指生产者企业内部的各种因素，主要包括企业的目标、政策、业务程序、组织结构和制度等。这些因素从组织内部的利益、营运和发展战略等方面影响生产者的购买决策。例如，有的地方规定只许采购本地区的原材料；有的国家规定只许买本国货，不许买进口货，或者相反；有的购买金额超过一定限度就需要上级主管部门审批等。

(三) 人际因素

采购中心通常包括一些具有不同地位、职权、兴趣和说服诱导力的参与者。一些决策行为会在这些参与者中产生不同的反应，意见是否容易取得一致，参与者之间的关系是否融洽，是否会在某些决策中形成对抗，这些人际因素会对组织市场的营销活动产生很大影响。营销人员若能掌握这些情况并有的放矢地施加影响，将有助于消除各种不利因素，获得订单。

【营销故事】

某发电厂是李宾所在公司的长期客户，需购仪表时就直接发传真通知送货。该电厂原先由别的推销员负责销售业务，后来转由李宾负责。李宾接手后采用许多办法与该公司的采购人员和技术人员建立了密切关系。一次，发电厂的技术人员反映有一台新购的仪表有质量问题，要求给予调换。李宾当时正在忙于同另一个重要的客户洽谈业务，拖了几天才处理这件事情，认为凭着双方的密切关系，发电厂的技术人员不会介意。可是那家发电厂之后购买仪表时，选择了其他供应商。

由此可见，人际关系是影响组织采购行为的主要因素但不是决定因素。

(四) 个人因素

购买决策过程中的每一个参与者都带有个人动机、直觉和偏好，这些因素受参与者的年龄、收入、教育、专业文化、个性以及对风险意识的态度的影响。因此，供应商应了解客户采购决策人的个人特点，并处理好个人之间的关系，这将有利于营销业务的开展。

四、购买决策过程

组织购买者作出采购决策的过程与消费者有相似之处，但又有其特殊性。当然，不是所有的组织会作出一模一样的选择，正如没有两个消费者作出无差别的选择一样。一般认为，组织购买者的采购决策过程可分为八个购买阶段(图 3-6)。

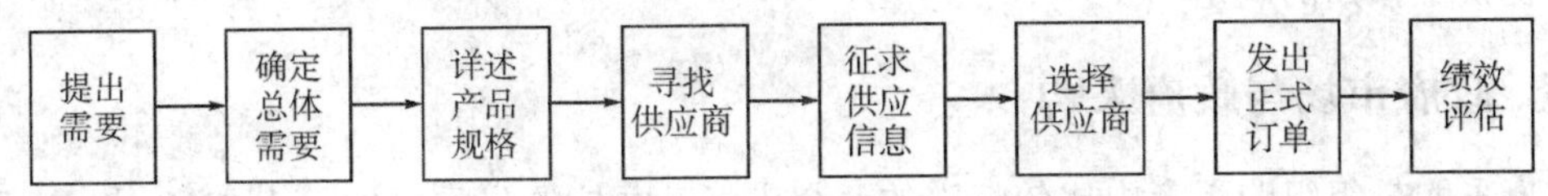

图 3-6　组织购买者采购决策过程

1. 提出需要

当公司中有人认识到了某个问题或某种需要可以通过得到某一产品或服务得到解决时，便开始了采购过程。

2. 确定总体需要

提出了某种需要之后，采购者便着手确定所需项目的总特征和需要的数量。如果是简单的采购任务，可由采购人员直接决定。而对复杂的任务而言，采购者要会同其他部门如工程师、使用者等人员共同来决定所需项目的总特征，并按照产品的可靠性、耐用性、价格及其他属性的重要程度来加以排列。在此阶段，组织营销者可通过向购买者描述产品特征的方式向他们提供某种帮助，协助他们确定其所属公司的需求。

3. 详述产品规格

它是上一阶段的延伸，就是对所需产品更详细、更精确的描述，结合所需产品的品种、性能、特征、数量和服务，写出详细的技术说明书，作为采购人员的采购依据。为此，采购组织按着确定产品的技术规格，可能要专门组建一个产品价值分析技术组来完成这一工作。

4. 寻找供应商

采购者现在要开始寻找最佳供应商。为此，他们可从多处着手，如咨询商业指导机构、查询网络信息、咨询其他公司、观看商业广告或参加展览会等。对中意的供应商，可登门拜访，察看他们的生产设备，了解其人员配置。最后，采购者会归纳出一份合格供应商的名单。

5. 征求供应信息

此时采购者会邀请合格的供应商提交申请书。有些供应商只寄送一份价目表或只派一名销售代表。但是，当所需产品复杂而昂贵时，采购者应要求待选供应商提交内容详尽的申请书。之后再进行一轮筛选比较，选中其中最佳者，要求其提交正式的协议书。

6. 选择供应商

指生产者用户对供应商提供的产品质量、数量、价格、信誉、交货期限和技术服务等加以分析评价，以选择符合企业自身要求的最终供应商。

此外，采购中心还必须确定供应商的数目。许多采购者喜欢多种渠道进货，这样一方面可以避免自己过分地依赖于一个供应商，另一方面也使自己可以对各供应商的价格和业绩进行比较。

7. 发出正式订单

采购者选定供应商之后，就会发出正式订货单，写明所需产品的规格、数目、预期交货时间、退货政策、保修条件等项目。通常情况下，如果双方都有着良好信誉的话，一份长期有效的合同将建立一种长期的关系，从而避免重复签约的麻烦。

8. 绩效评估

在此阶段，采购者对各供应商的绩效进行评估。通过绩效评价，采购者将决定延续、修正或停止向该供应商采购。供应商则应该密切关注采购者评估时使用的相同变量，以便确信为买主提供了预期的满足。

五、政府市场与政府采购

政府采购是组织购买者中比较特殊的一个市场，也是十分重要的一个市场。政府采购制度在西方已有200年左右的历史，其特点就是对政府的采购行为进行法制化的管理。

（一）政府采购的含义和特点

对于政府采购的涵义曾经有过许多解释。中国政府2002年6月份正式颁布的《中华人民共和国政府采购法》对政府采购的涵义进行了定义："政府采购是指各级国家机关、事业单位和团体组织，使用财政性资金采购依法制定的集中采购目录以内的或者采购标准以上的货物、工程和服务的行为"。

政府市场是为满足各级政府部门的日常工作及公共消费需要而销售产品和服务的市场。其购买行为具有如下一些特点：

（1）需求受到较强的政策制约。一国的经济政策对政府集团的消费影响较大，财政开支紧缩时，需求减少；反之，则相应增加。

（2）需求计划性较强。一国政府开支要列入财政预算，各级政府部门购买什么、购买多少都要受到财政预算的限制，且要制订购买计划，还要经过预算、审批等过程。

（3）购买方式多样。政府市场购买方式明显区别于消费者市场或中间商市场，较为复杂。对日用办公品购买，往往先选定供应商，然后采取连续再购买的形式定期购买；对价格昂贵的大宗商品，如飞机、汽车等，采用公开招标的方式竞购；对公共福利品，则容易受到推销商的影响；等等。

（4）购买需求受到公众社会的监督。各级政府机构的开支来自财政拨款，财政拨款则来自于社会公众的税收。因此社会公众有权以各种形式对政府机构的购买活动加以监督，要求政府公正、廉洁、有效，能以最低标准的购物数量实现政府的各项职能。

（5）购买目标的多重性。由其社会职能决定，政府在购买时除了考虑价格较低等经济性因素外，还要追求其他政治性、军事性、社会性目标。如国防用品、军火的采购；关系到两国或多国之间政治与外交关系的购买行为；对某些地区、某些产业的产品的扶持性购买；等等。

（二）政府采购的方式

根据《中华人民共和国政府采购法》规定，政府采购基本上采用公开招标、邀请招标、竞争性谈判、单一来源采购、询价等方式。其中公开招标是政府采购的主要方式。

1. 公开招标

公开招标采购就是不限定投标企业，按照一般的招标程序所进行的采购方式。这种采购方式对所有的投标者是一视同仁的，主要看谁能更加符合招标项目的规定要求。但由于整个招标、评标过程会耗费大量的费用，所以公开招标一般要求采购项目的价值比较大。

2. 邀请招标

邀请招标采购是指将投标企业限定在一定的范围内(一般必须三家以上)，主动邀请他们进行投标。邀请招标的原因一方面是由于所采购货物、工程或报务具有一定的特殊性，只能向有限范围内的供应商进行采购；另一方面是由于进行公开招标所需要费用占采购项目总价值的比例过大，即招标成本过高。所以对于采购规模较小的政府采购项目一般会采用邀请招标的方式；

3. 竞争性谈判

竞争性谈判是指采购单位采用同多家供应商同时进行谈判，并从中确定最优供应商的采购方式。一般适用于在需求紧急情况之下，不可能有充裕的时间进行常规性的招标采购，或招标后没有合适的投标者，以及项目技术复杂、性质特殊无法明确招标规格等情况下，就可不采用招标方式而采用竞争性谈判的采购方式。

4. 单一来源采购

单一来源采购即定向采购，虽然所采购的项目金额已达到必须进行政府采购的标准，但由于供应来源因资源专利、合同追加或后续维修扩充等原因只能是唯一的，就适用于采取单一来源的采购方式。

5. 询价采购

询价采购主要是指采购单位向国内外的供应商(通常不少于三家)发出询价单，让其报价，然后进行比较选择，确定供应商的采购方式。询价采购一般适应于货物规格标准统一，现货货源充足且价格变化幅度较小的政府采购项目。对于某些急需采购项目，或招标谈判成本过高的项目也可采用询价采购的方式。

本章小结

了解消费者需求，掌握消费者的消费心理和购买决策过程，是一切营销活动的基础。

消费者需求形成消费者市场，消费者市场具有多样性、层次性、发展性、可诱导性、相关性、分散性、周期性等特点。

消费者在购买产品或服务的过程中，其购买行为受多种因素的影响，包括文化、社会等外在因素和个人、心理等内在因素。

消费者的购买决策过程是一个比较复杂的过程，作为营销人员，了解消费者的购买行为、购买行为模式以及消费者的购买决策过程，对提高营销活动效率是很有必要的。

组织市场购买行为与消费者购买行为是有很大差别的。主要应该掌握组织市场的特征、影响组织购买决策的因素以及组织市场购买决策过程。

测试练习

一、名词解释

1. 消费者市场 2. 购买动机 3. 组织市场

二、填空题

1. 影响消费者行为的文化和社会因素有：文化、(　　)、(　　)、(　　)和角色因素。

2. 影响消费者行为的个人与心理因素是：(　　)、(　　)、知觉因素、(　　)、动机、信念和态度等

3. 美国心理学家马斯洛提出了需要层次论，将人类的需要分为由低到高的5个层次，即(　　)、(　　)、(　　)、(　　)、和(　　)。

4. 心理性购买动机可以分为四种，即感情动机、(　　)、(　　)和(　　)。

5. 根据消费者性格因素，可将消费者的购买行为分为以下五种类型：(　　)、(　　)、(　　)、(　　)、和不定型购买行为。

三、选择题

1. 小王看到同事小张买了一台游戏机，觉得很好，于是准备星期天也去选购一台，这时，小王处于购买决策的(　　)阶段。

A. 引起需要　　B. 搜寻信息
C. 购买决策　　D. 评估比较

2. 消费者的购买单位是个人或(　　)。

A. 集体　　B. 家庭
C. 社会　　D. 单位

3. 个人为了人身安全和财产安全而对防盗设备、保安用品、保险产生的需要是(　　)。

A. 生理需要　　B. 社会需要
C. 尊敬需要　　D. 安全需要

4. 消费者的购后评价主要取决于__________。

A. 心理因素　　B. 产品质量和性能发挥状况
C. 付款方式　　D. 他人态度

5. 国外一些厂商常花高价请明星们穿用他们的产品，可收到显著的示范效应。这是利用了(　　)对消费者的影响。

A. 生活方式　　B. 动机
C. 信念　　D. 相关群体

6. 一个消费者的完整购买过程是从(　　)开始的。

A. 引起需要　　B. 筹集经费
C. 收集信息　　D. 决定购买

四、思考题

1. 与组织市场相比，消费者市场具有哪些特点？

2. 简答消费者购买行为的主要类型。

3. 影响消费者购买决策的主要因素有哪些？

4. 简述非营利组织的购买特点。

五、案例分析题

东方魔镜，东方不败

有“东方魔镜”之称的仿古铜镜，被浙江衢州东方魔镜厂独家开发成功。然而，这一被国人誉为“华夏一绝”的独家产品，名声虽大，却购者寥寥。

何为魔镜？当阳光照在铜镜正面时，其背面图案会穿过镜体，折射映照到对面墙壁上。

厂长项水祥经过摸底、思考，终于悟出其中道理：东方魔镜与一般实用性商品不同，它集观赏性、收藏性和艺术性于一体，具有浓厚的文化色彩。要开拓“东方魔镜”市场，必须在产品的文化特色上下工夫，以迎合不同文化层次，不同地域背景的消费者。

于是，他们一面聘请设计师，搞好新图案设计；一面派人四处搜集各地的文化时尚，捕捉文化信息；还直接与国外联系，索取有关图案。如今，按不同地域风情、不同宗教信仰、不同民族风俗，这家工厂已设计生产出万里长城、大小熊猫、圣母玛丽亚以及西湖风光等22种魔镜背面图案。

新的产品定位和新的形象设计加重了产品文化色彩，适应了消费者的需求，很快打开了销路。山东曲阜将举办“中国国际孔子文化节”，该厂闻讯后，即生产出300面背后刻有孔子半身像的东方魔镜，并及时发货曲阜。当与会者将摩镜面对太阳光时，其背面孔子半身像穿透镜体，清晰地反射到墙壁上。目睹此景的在场海内外嘉宾无不叫绝，皆争购魔镜。

案例思考：

从消费者需求的特征和影响消费者购买行为的因素分析“东方魔镜”营销成功的原因。

六、实训练习

（接第二章实训练习）假如你正准备开一家以在校大学生为目标消费者的网上购物商店，主营书籍、音像制品、便携式电子产品等。请你分析作为目标顾客的大学生群体有哪些共同的消费特点，其消费行为受哪些因素的影响？并写出分析报告。

第四章　营销信息系统

【营销格言】 在制订市场营销计划时，要注意一点，就是没有人能够对未来做出准确的预测，调查研究可以最有效地评价过去，而新思想和新概念几乎是不可能被评价的。

【本章结构】

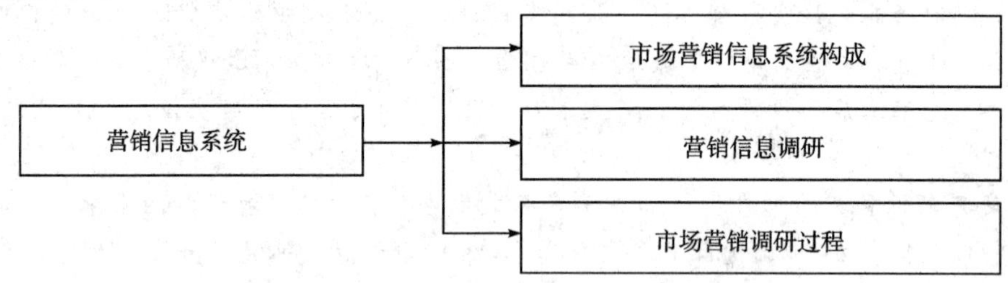

【案例导入】

大数据，大变革

据专业机构预测，未来几年全球数据量每隔两年翻一番，2020将达到40ZB。对此有人说，大数据不单单是“数据的工业革命”，更是一场深远的营销服务思维和构架的转变，是未来营销浪潮的大趋势。

大数据产生大影响，随着大数据时代的到来，营销人员开始发现巨量数据资源背后的营销价值，制定个性化的营销策略，进而提升品牌形象，提高品牌忠诚度。目前，精准营销和发现新市场两个方面的应用最为明显。

其一，在精准营销方面，企业通过积累海量的用户数据，分析出用户的喜好与购物习惯，甚至做到比用户更了解用户自己。每当用户上网浏览信息时，企业针对每个用户的兴趣爱好，推送个性化的广告内容或者产品信息。

别克君威与淘宝合作推出的营销活动“为一再心动买单”就是利用大数据营销的经典例子。活动通过淘宝用户的收藏夹向用户展示最受关注的产品，并选出自己心动的产品，分享心动故事；由系统罗列君威的核心卖点，选出精准需求，心动宝贝就由君威买单。通过这一活动，君威根据分析参与活动用户的消费行为，了解到哪些用户是动力追求者、哪些用户重视安全等等，从而定向地向他们推送不同创意内容的广告。

其二是发现新市场，基于人们工资收入以及生活水平的变化，大数据筛选出哪些客户的购物兴趣发生了转变，购买周期如何等因素，为营销经理洞察市场与把握经济走向提供了新的营销方向。同时也为企业更换新产品，更新产品生命周期提供了即时的信息反馈，确保企业成本减至最低。

大数据带来的营销空间巨大，我国大数据发展较欧美国家晚了四五年，可以说目前还处于启蒙认知阶段，且国内不少企业家皆认为大数据只是阿里巴巴、京东商城、百度、腾讯等大型网络巨头才能玩得起的技术。由此可见，我国对大数据时代的营销服务还处于探索前进状态，亟需营销人员不断地创新、变革。

思考：

在大数据时代企业为什么要重视营销信息？这可以给企业什么营销启示？你认为一个企业应该如何加强营销信息收集？

第一节　市场营销信息系统构成

【本节任务】

理解市场营销信息系统的构成，掌握市场营销信息系统的四个子系统之间的关系。

信息是企业所处的宏观环境和微观环境的各种要素的特征及发展变化的客观反映，是反映市场各种要素的实际状况、特性、相关关系的资料、数据、情报等的统称。市场营销信息是企业的一种重要资源，与人、财、物等企业资源一样，可以转化为财富。信息是市场营销决策的基础，离开了市场营销信息，企业就会失去许多重要的市场机会，或者无法做出各种正确的营销决策。市场营销信息具有以下的特征：时效性、分散性、大量性、可压缩性、可存贮性、系统性。其中最为突出的特征是时效性，因为一条市场营销信息可以价值千金，但错过了时机则是一文不值。

【营销故事】

福特汽车公司开办了一个市场调研所，对自己的车型设计进行检测。该所邀请客户在预定的路线上驾驶新汽车的原型，同时，派一位经过训练的调查人员坐在驾驶人员的旁边，记录驾驶人员对汽车的全部反应。驾驶结束以后，给每一位参与者一份长达六页的调查问卷，询问参与者对汽车每一部分优缺点的评价。通过参与者提供的信息，福特汽车公司了解了消费者对新车型的反应，然后作适当的改进，使之更受目标消费者的欢迎。

市场营销信息系统是一个由人员、机器设备和计算机程序所组成的相互作用的复合系统，它连续有序地收集、挑选、分析、评估和分配恰当的、及时的和准确的市场营销信息，为企业营销管理人员制定、改进、执行和控制营销计划提供依据。

市场营销信息系统的构成如图 4－1 所示。它由内部报告系统、营销情报系统、营销调研系统和营销分析系统组成。

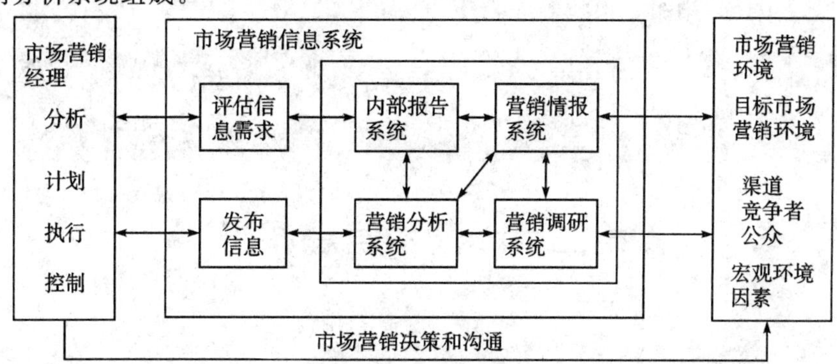

图 4－1　市场营销信息系统

一、内部报告系统

内部报告系统亦称内部会计系统，它是企业营销管理者经常要使用的最基本的信息系统。内部报告系统的主要功能是向营销管理人员及时提供有关订货数量、销售额、产品成本、存货水平、现金余额、应收账款、应付账款等各种反映企业经营状况的信息。通过对这些信息的分析，营销管理人员能够发现市场机会、找出管理中的问题，同时可以比较实际状况与预期水准之间的差异。其中订货—发货—开出收款账单这一流程是内部报告系统的核心，销售报告是营销管理人员最迫切需要的信息。

二、营销情报系统

营销情报系统是指市场营销管理人员用以获得日常的有关企业外部营销环境发展趋势等有关信息的一整套程序和来源。它的任务是利用各种方法侦察、收集和提供企业营销环境最新的发展信息。营销情报系统与内部报告系统的主要区别在于后者为营销管理人员提供事件发生以后的结果数据，而前者为营销管理人员提供正在发生和变化中的数据。

三、营销调研系统

上述两个子系统的功能都是收集、传递和报告有关日常的和经常性的情报信息，但是企业有时候还需要经常对营销活动中出现的某些特定的问题进行研究，比如企业希望测定某一产品广告的效果。市场营销调研系统的任务就是系统地、客观地识别、收集、分析和传递有关市场营销活动等各方面的信息，提出与企业所面临的特定的营销问题的研究报告，以帮助营销管理者制定有效的营销决策。营销调研系统不同于营销信息系统，它主要侧重于企业营销活动中某些特定问题的解决。

四、营销分析系统

营销分析系统也称营销管理科学系统，它通过对复杂现象的统计分析，建立数学模型，进而帮助营销管理人员分析复杂的市场营销问题，作出最佳的市场营销决策。营销分析系统由两个部分组成，一个是统计库，另一个是模型库。其中统计库的功能是采用各种统计分析技术从大量数据中提取有意义的信息。模型库包含了由管理科学家建立的解决各种营销决策问题的数学模型，如新产品销售预测模型、广告预算模型、厂址选择模型、竞争策略模型、产品定价模型以及最佳营销组合模型等等。

【即问即答】

就企业内部来说，营销信息的使用者一般包括哪些？为什么？

第二节　营销信息调研

【本节任务】

理解市场调研的概念及特点；了解市场调研的类型、市场调研内容；掌握市场调研活动的原则。

一、市场调研的概念及特点

市场调研是通过有目的地对一系列资料、情报、信息的收集、筛选、分类和分析，来了解现有的和潜在的市场，并以此为依据做出经营决策，从而达到进入市场、占有市场并取得预期效果的目的。它是企业开展经营活动的前提，为企业经营决策提供依据。它有助于企业开拓市场，开发新产品；有助于企业在竞争中占据有利地位；并且能促进经营管理的改善，增强销售，增加盈利。

市场调研从本质上看是一种研究市场行为的科学工作，现代市场调研的基本特点有3个。

1. 目的性

现代市场调研以提供有关部门和企业进行市场预测和决策的信息为目的，在市场信息的收集、整理和分析各个阶段都具有严密的计划性。

2. 系统性

现代市场调研过程是一项系统工程，它有规范的运作程序。市场调研人员应全面系统地收集有关市场信息的活动，要求做到对影响市场运行的经济、社会、政治、文化等因素进行理论与实践分析相结合、分门别类研究与综合分析相结合、定性分析与定量分析相结合、现状分析与趋势分析相结合的系统性综合研究。

3. 真实性

现代市场调研的真实性，具体表现为两方面的要求：第一，调查资料数据必须真实地来源于客观实际，而非主观臆造；第二，调查结果应该具有时效性，即调研所得结论能够反映市场运行的现实状况，否则，不仅会增加费用开支，而且会使有关部门和企业的决策滞后，导致决策失败。总之，现代市场调研的真实性要求从业人员提高职业道德和专业素质，充分利用现代科技手段与方法收集和分析市场信息，做到准确、高效地反映现代市场运行的状况。

【阅读资料】

市场调研对企业来讲是十分重要的，只有准确地了解消费者才能做出科学的营销决策，一些企业是如何搞好市场调研的，请看《宝洁：搞定消费者的秘密武器》一文。

http://www.ceconline.com/sales_marketing/ma/8800058403/02/

二、市场调研的类型

市场营销调研，按其要完成的任务以及调研目的的不同，一般分为以下三种类型：

1. 探索性市场调研

探索性调研是为了界定问题的性质以及更好地了解问题发生的环境而进行的小规模的调研活动。探索性调研特别有助于把一个大而模糊的问题表达为一个小而精确的子问题以使问题更明确，并识别出需要进一步调研的信息。探索性调研在研究方法上比较灵活，事先不需要进行周密的策划，在研究过程中可根据情况随时进行调整。探索性调查一般通过搜集第二手资料，或请教一些内行、专家，让他们发表自己的意见，谈谈自己的看法，或参照过去类似的实例来进行，多以定性研究为主。

2. 结论性市场调研

结论性市场调研就是正式进行调查，并通过资料分析提出结论。结论性调研与探测性调研不同的是，结论性调研属于正规市场调研活动，而探测性调研是非正规的。现代化的正规市场调研计划往往把重点放在消费者的态度、行为和其最终会对企业产生什么影响上。

结论性市场调研通常可分为描述性市场调研和因果性市场调研。

(1) 描述性市场调研。描述性市场调研客观反映市场各个要素及其相互关系的现状。它是通过详细的调查和分析，对市场营销活动的某个方面进行客观的描述，对已经找出的问题作如实的反映和具体回答。多数的市场营销调研都为描述性调研，例如消费者购买力、竞争对手状况、产品市场占有率等调研。

【营销故事】

当美国绝大多数医院都在积极削减经营成本的时候，位于洛杉矶的世纪城市医院却开办了它的“豪华世纪病房”来提供高档次的私人膳宿服务。这个举动是建立在广泛市场调研的基础上的，调研的方法包括分析公开出版的数据资料和举行大规模的调查活动。调研结果表明，50%的高收入的当地居民习惯于享受好的膳宿条件，而且非常看重隐私和个人空间，因此，世纪城市医院的这项决策使它获得了一个高收益的市场份额。

(2) 因果性市场调研。因果性市场调研是指为了查明项目不同要素之间的关系，以及查明导致产生一定现象所有原因所进行的调研。因果性市场调研通常是在描述性市场调查的基础上，对影响市场现象的各种影响因素搜集资料，研究市场现象间的相互关系和影响程度，以及项目决策变动与反应的灵敏性，进而研究这种联系的规律性。

因果关系调研的目的是找出关联现象或变量之间的因果关系。描述性调研可以说明某些现象或变量之间相互关联，但要说明某个变量是否引起或决定着其他变量的变化，就用到因果关系调研。因果性市场调研的目的是就是寻找足够的证据来验证这一假设。

3. 预测性市场调研

预测性市场调研是指对市场的发展趋势及变动幅度做出科学地估计。它的特征是，在科学理论的指导下，通过运用科学方法对过去、当前市场信息的综合分析研究，预测未来市场的走势。预测性市场调研是企业制定市场营销决策和方案的重要依据和基础，它对企业制定有效的营销计划和避免较大的风险和损失有着特殊的意义。

上述三类市场调研是相互联系的。尽管在特定时期，为解决某个特定问题，会强调或突出某一种市场调研类型，但是从市场调研的基本目的看，回答市场现状“是什么”、“为什么”和“将来是什么”，是现代市场调研的基本职能和任务。

【课堂讨论】

二手资料在预测性市场调研中的作用是什么？

三、市场调研内容

市场调研的内容比较广泛，企业所面对的问题不同，调查的内容也有所不同，一般来说，市场调研的内容主要涉及以下几个方面：

1. 市场基本环境调研

企业的任何活动都离不开其所处的外部环境，这些外部环境是客观存在的，不以人的意志为转移，并对企业营销活动提供机遇，或者产生威胁，因此企业要对其进行深入细致的了解，抓住市场机遇，避开威胁。市场基本环境的调研主要包括政治法律环境调研、经济环境调研、社会文化环境调研、自然环境调研等。

2. 市场需求调研

满足市场需求是企业营销活动的出发点和归宿点，市场需求调研是市场调研中最基本的内容，它包括购买力、消费需求量、消费结构、消费动机等内容的调研。

【营销故事】

经理何以专拣废纸条

日本九洲地区的大分县有一家大百货公司——常馨百货公司。每天来这里购物的顾客络绎不绝，营业大厅内总是熙熙攘攘。但在大厅中间，人们常常能看到一位职员模样的人一张张拣起被顾客丢弃的废纸条，他就是这家百货公司的经理。人们不禁要问：他拣废纸条做什么？

原来，这里的顾客大都来自大分县内各地，许多远道而来的家庭主妇为了防止忘事，一般都要把购买的商品名单先写在纸条上，买完便将纸条扔掉。这家百货公司的经理就专门拣这类废纸条。他把这些废纸条集中起来通过分析研究，很快便知道了顾客需要什么商品；对某类商品的需要集中在什么季节；顾客在挑选商品时是如何相互搭配的。此外，这位经理还经常乘顾客专用的电梯，通过听顾客的谈话来了解他们对商品的评价与对商品的意见。

在这位经理的带动下，常馨百货公司的其他职员也很注意了解顾客的需要，并编制合理的订货计划，因而生意越做越兴隆。

3. 市场供给调研

企业在生产过程中除了要掌握市场需求情况外，还必须了解整个市场的货源状况。比如：商品供应来源调研、商品的供应能力调研、商品供应范围等。

4. 行业竞争力调研

任何产品在市场上都会遭遇到竞争对手，这种竞争来自于同行业的竞争者、潜在的竞争者、替代品的竞争者、卖者讨价还价的竞争和买者讨价还价的竞争，因此要调查分析竞争对手的优势和劣势、市场份额、竞争程度、营销战略与策略等。

四、市场调研活动的原则

(一) 实事求是原则

市场调研工作要把收集到的资料、情报和信息进行筛选、整理，再经过调查人员的分析得出调查结论，供企业经营决策之用，因此要求我们在调查时必须实事求是，尊重客观事实，切忌主观臆断。

(二) 时效性原则

市场调研的时效性表现为及时捕捉和抓住市场上任何有价值的情报、信息，及时分析和反馈，为企业在营销过程中适时地制定和调整策略创造条件。

(三) 系统性原则

市场调研的系统性表现为应全面收集有关企业生产和经营方针方面的信息资料。在调查时，不仅要了解企业的生产和经营实际，还要了解竞争对手的有关情况；既要认识到企业内部机构设置、人员配备、管理素质和方式等对经营的影响，也要调查社会环境的各方面对企业和消费者的影响。

(四) 经济性原则

市场调研是一项费时、费力、费财的活动。在调查内容不变的情况下，采用的调查方法不同，费用支出也会有所不同；在费用支出相同的情况下，不同的调查方案也会产生不同的效果，因此，调查也要讲求经济效益，力争以较少的投入取得最好的效果。

(五) 科学性原则

市场调研不是简单地收集信息的活动，如果想在时间和经费允许的情况下获得更多更准确的情报和信息，就必须对调查的过程进行科学的安排。

第三节　市场营销调研过程

【本节任务】

了解市场调研的程序；掌握市场调研方法；了解调研资料的处理与分析过程。

一、市场调研的程序

企业实施市场调研将花费大量的人力、财力、物力及时间，调查的结论及建议要能针对企业实际需要，充分发挥其作用，因此在调查中要建立一套系统科学的程序。一般来说，市场调研程序分为三个阶段，即市场调研的企划阶段、市场调研的资料收集阶段和市场调研的资料整理、分析阶段。

1. 市场调研企划阶段

市场调研的企划阶段是市场调研的准备开始工作，这一阶段的内容主要包括确定调查目标、调查项目、选择调查方法、估算调查费用、编写调查建议书等。

2. 市场调研的资料收集阶段

拟定的调查企划建议书经企业主管审查批准后，就进入到调查资料的收集实施阶段，这个阶段的主要任务是组织调查人员按照调查方案的要求和工作计划的安排，通过案头调查和实地调查系统地收集各种资料数据。

3. 市场调研的资料整理、分析阶段

市场调研的资料整理、分析阶段是调查全过程的最后一个环节，也是市场调研能否充分发挥作用的关键。它包括资料的整理、分析研究以及市场调研报告的撰写。

二、市场调研方法

市场调研方法有间接资料调研方法和直接资料调研方法两大类。

（一）间接资料调研法

间接资料调研法又叫文案调研法，是对已经存在并已为某种目的而收集起来的内部资料信息和外部资料信息进行的调研活动，也就是对二手资料进行搜集、筛选，并据以判断问题是否已局部或全部地解决，为进一步调研先行收集已经存在的市场数据。

与直接资料调研方法相比，间接资料调研法主要有如下优点：(1) 收集快捷，使用方便；(2) 数据量大、覆盖面广，易于通过调研掌握市场全局；(3) 这些数据资料多由专业机构归类发布，较为系统，便于比较；(4) 成本较低(与自己调研相比)。

间接资料调研法的局限性是：(1) 信息筛选工作量大；(2) 资料缺乏相关性和准确性；(3) 要求调查人员有较广的理论知识、较深的专业知识及技能；(4) 时效性和可得性较差。

（二）直接资料调研法

直接资料调研法是指通过实地调研收集资料，也称第一手资料。实地调研的方法有多种，归纳起来，可分为以下四类：

1. 询问调查法

询问调查法是指按事先拟好的调查问卷，通过询问的方式向被调查者了解并收集市场情况和信息资料的一种调查方法。利用这种方法不仅可以了解消费者的消费需求、消费心理、消费习惯等情况，而且还可以对产品质量、价格、性能、技术服务等方面进行了解，以此为基础对市场进行分析。

询问调查法根据调查人员同被调查者接触方式的不同可分为：面谈调查、电话调查、邮寄调查、留置调查等。

(1) 面谈调查法。面谈调查法是指调查人员通过面对面地询问和观察被调查者以获取信息资料的方法，它通常采用个人面谈、小组面谈和集体面谈等多种形式。

面谈调查法的优点：方便、灵活，调查问卷回收率高，有利于沟通、能控制问题的次序、获得较多的资料。面谈调查法的缺点：成本高、时间长，拒访率高，调查的范围有限，被调查者容易受调查人员的影响。

【即问即答】

面谈访问法对访问人员素质有哪些要求？面谈访问前，访问人员应该做好哪些方面的准备工作？

(2) 电话调查法。电话调查法是指通过电话向被调查者询问有关问题以获取信息资料的方法。

电话调查法的优点：获取信息资料的速度最快且费用低、容易控制、调查范围较广，被调查者不易受调查者在场的心理压力，可更加自由地回答问题。电话调查法的缺点：无法展示产品、了解问题不够深入、访问时间不能过长、不能调查较复杂的问题、被调查者只限于能通电话的地方。

(3) 邮寄调查法。邮寄调查法是用邮寄的方法将设计好的调查问卷寄给事先已选好的被调查者，要求被调查者根据调查问卷填写后再寄回来，从而收集信息资料的一种调查方法。

邮寄调查法的优点：调查成本低，调查的范围广泛，被调查者可以充分地回答问题。邮寄调查法的缺点：回收率偏低，且花费时间较长；由于没有调查人员的指导，被调查者在回答问卷问题时容易出现偏题。

(4) 留置调查法。留置调查法是指将事先设计好的调查问卷当面交给被调查者，说明填写的要求并留下调查问卷，请被调查者自行填写，再由调查人员定期收回的一种获取信息资料的调查方法。

留置调查法的优点：由于是由调查人员当面送交调查问卷，并说明填写要求和方法，能减少误差，提高回收率，被调查者有充分时间回答问题，能较准确回答问题。留置调查法的缺点：调查范围有限；调查费用较高；不利于调查人员的管理监督。

2. 观察调查法

观察调查法是由调查人员直接或通过仪器在现场观察被调查者的行为痕迹并记录其行为来取得第一手资料的调查方法。利用这种方法进行调查，调查人员和被调查者没有直接的接触，调查人员只是通过观察被调查者的行为态度和表现来了解情况。观察法的运用方法有人工观察法和机器观察法。

观察调查法的优点：简便易行、比较灵活；被调查者行为表现自然，可以比较客观地、真实地收集第一手资料。观察调查法的缺点：费用支出较大；不能了解被调查者的内在因素；受时间、空间的限制，只适用于小范围的调查。

【营销故事】

在西方国家中，顾客观察法已成为企业提供的一种特殊服务，而且收费很高。美国《读者文摘》曾经报道："专门从事观察业务的商业密探在美国大行其道。"帕科·安德希尔(Paco Underhill)成立了一家名为伊维德罗森希尔(Environsell)的公司，该公司 20 年来一直追踪观察购物者。其客户包括麦当劳、星巴克、雅诗兰黛和百视达。他们研究不同的零售点，并且利用独特的方法记录下购物者的行为。他们还应用剪报板、跟踪单、视像设备以及敏锐的眼睛来描述购物者行为的每个细微差别。

他们的调查结果给很多商店提出了许多实际的改进措施。例如，他们用一卷胶片拍摄了一家主要是青少年光顾的音像商店，发现这家商店把磁带放在孩子们拿不着的很高的货架上。安德希尔指出应把商品放低 18 英寸，结果销售量大大增加。

又如一家叫伍尔沃思的公司的商店的后半部分的销售额远远低于其他部分，安德希尔通过观察和拍摄现场解开了这个谜。在销售高峰期，现金出纳机前顾客排着长长的队伍，一直延伸到商店的另一端，这实际上妨碍了顾客从商店的前面走到后面，后来商店专门安排了结账区，结果商店后半部分的销售额增加得很快。

【知识拓展】

"神秘顾客"(Mystery Customer)是由经过严格培训的调查员，在规定或指定的时间里扮演成顾客，对事先设计的一系列问题逐一进行评估或评定的一种商业调查方式。由于被检查或需要被评定的对象，事先无法识别或确认"神秘顾客"的身份，故该调查方式能真实、准确地反映客观存在的实际问题。

读者进一步了解"神秘顾客"的相关内容可参考百度百科：

http://baike.baidu.com/link?url=CS2NW6W0Z4czOhqNnJCCdSgGjZqJiRL53jb-yD4DR-gKAkGRCS3Hdk68B02P-6ahyz543NYR12etxZvDpOe-6a

3. 实验调查法

实验调查法是指在调查中，通过在一定条件下改变某些变量而保持其他变量不变，以此来衡量这些变量的影响效果，从而取得第一手资料的调查方法。它常用于研究某种商品在改变包装、价格、广告等因素时会产生的效果。

实验调查法的优点：获得的资料客观、具体，能直接、真实地反映情况。

实验调查法的缺点：花费的时间比较长，且用高；容易出现可变动因素，难以准确分析。

【课堂讨论】

预先查阅相关资料，讨论实验调查法的具体操作方式以及注意事项。

4. 网络调查法

网络调查法是通过互联网、计算机通讯和数字交互式媒体，按照事先已知的被调查者的E-mail地址发出问卷收集信息的调查方法。网络调查的大规模发展源于20世纪90年代。网络调查具有自愿性、定向性、及时性、互动性、经济性与匿名性。

网络调查的优点：组织简单、费用低廉、客观性好、不受时空与地域限制、速度快。

网络调查的缺点：网民的代表性存在不准确性、网络的安全性不容忽视、受访对象难以限制。

网络调查法是一种新的调查方法，它的出现是对传统调查方法的一个补充，随着我国互联网事业的进一步发展，网络调查将会被更广泛地应用。

【阅读资料】

普查、重点调查、典型调查与抽样调查

普查是指一个国家或一个地区为详细地了解某项重要的国情、国力而专门组织的一次性、大规模的全面调查。其主要用来收集某些不能够或不适宜用定期的全面调查报表收集的信息资料，以搞清重要的国情、国力。普查的主要特点有以下两个：普查比任何其他调查方式、方法所取得的资料更全面、更系统；普查主要调查在特定时点上的社会经济现象总体的数量，有时，也可以是反映一定时期的现象。

重点调查是一种非全面调查，它是在调查对象中，选择一部分重点单位作为样本进行调查。重点调查主要适用于那些反映主要情况或基本趋势的调查。重点调查的重点单位，通常是指在调查总体中具有举足轻重的，能够代表总体的情况、特征和主要发展变化趋势的那些样本单位。这些单位可能数目不多，但有代表性，能够反映调查对象总体的基本情况。

典型调查也是一种非全面调查，它是从众多的调查研究对象中有意识地选择若干个具有代表性的典型单位进行深入、周密、系统地调查研究。典型调查的优点在于调查范围小、调查单位少、灵活机动、具体深入、节省人力、财力和物力等。其不足是在实际操作中选择真正有代表性的典型单位比较困难，而且还容易受人为因素的干扰，从而可能会导致调查的结论有一定的倾向性，且典型调查的结果一般情况下不易用以推算全面数字。

抽样调查是一种非全面调查，它是从全部调查研究对象中，抽选一部分单位进行调查，并据以对全部调查研究对象作出估计和推断的一种调查方法。抽样调查可以分为概率抽样和非概率抽样两类。概率抽样是按照概率论和数理统计的原理从调查研究的总体中根据随机原则来抽选样本，并从数量上对总体的某些特征作出估计推断，对推断出可能出现的误差可以从概率意义上加以控制。

三、调研资料的处理与分析

通过调研活动收集到的原始资料，只有经过进一步的处理和分析，才能从中获得有益的信息，从而最终为调研者的决策提供有力的依据。在资料进行处理分析的过程中主要步骤有资料处理、资料的简单分析和资料的统计分析。

（一）调研资料处理

资料的处理是将原始的调查资料转换为可供人们进行分析的资料的过程。大量的原始资料来源于被调查者，这些资料中会出现这样或那样的错误和疏漏，所以必须对原始调研资料进行验收检查和编辑，以便统计分析。一般来说，将调研资料的处理过程分为资料的验收、资料的编辑、资料的编码、资料的转换等四个基本步骤。

1. 资料的验收

资料的验收是对资料进行总体的检查，探究资料中是否出现重大问题，以决定是否采纳此份资料的过程。如检查被调查者是否属于规定的抽样范围，所收集的资料是否真实、可信。

2. 资料的编辑

经过资料的验收，可确定资料中没有重大缺陷，且在总体上真实可信后，还需对资料进行编辑，详细地检查资料中是否出现错误或疏漏。如检查被调查者是否存在错误的回答、疏漏的回答、回答不充分的现象，若有，则需要进行相应的技术处理，以保证资料正确性和完整性的过程。

3. 资料的编码

资料编码就是给每个问题的每个可能的答案分配一个代码，通常是一个数字。编码可以在设计问卷时进行，也可以在数据收集结束后进行，分别叫事前编码和事后编码。事前编码的问卷通常是将每个答案的对应值印在问卷上；事后编码指的是给某个没有事先编码的答案分配一个代码，通常需要事后编码的有：封闭式问题的“其他”项、开放式问题。

4. 资料的转换

资料的转换则是将经过编码的资料输入并存储在计算机中，建立起相应的数据库文件，以便利用计算机来处理数据。当前，企业在处理市场调研所收集来的数据时，都广泛地采用计算机，因为它可大幅度地提高资料分析处理的质量和效率，并且通过运用统计分析软件，能使调查人员不必掌握复杂的计算机知识就可以进行资料的分析工作。

（二）调研资料的统计分析

1. 定性分析法

定性分析法是对不能量化的市场现象进行系统化理性认识的分析，其依据是科学的哲学观点、逻辑判断及推理，其结论是对市场本质、趋势及规律方面的认识。

（1）归纳分析法。它是对收集到的资料进行归纳，概括出一些理论观点。归纳法分为完全归纳法和不完全归纳法，后者又分为简单枚举法和科学归纳法。

完全归纳法是根据某类市场中每一个对象都具有或不具有某种属性，从而概括出该类市场的全部对象都具有或不具有这种属性的归纳方法。

简单枚举法是根据某类市场中部分对象具有或不具有某种属性，从而概括出该类市场的全部对象都具有或不具有这种属性的归纳方法。这种方法是建立在直接经验基础上的一种归纳法，结论具有一定的可靠性，并且简便易行。

科学归纳法是根据某类市场中部分对象与某种属性之间的必然联系，推论出该类市场的所有对象都具有某种属性的归纳方法。与简单枚举法相比，科学归纳法更复杂，但是也更科学，认识作用也更大。

(2) 演绎分析法。市场调研中的演绎分析，就是把调研资料的整体分解为各个部分、方面、因素，形成分类资料，并通过对这些分类资料的研究分别把握其本质和特征，然后将这些分类研究所得的认识联结起来，形成对调研资料的整体认识。

(3) 比较分析法。它是把两个或两类市场的调查资料相对比，从而确定它们之间的相同点和不同点的逻辑方法。不能孤立地认识一个市场，只有与其他市场联系起来加以考察，通过比较分析，才能在众多的属性中找出其本质属性和非本质属性。比较分析法是调研中经常运用的一种方法。

(4) 结构分析法。它是指根据调查资料，分析某个市场现象的结构及其组成部分的属性，进而认识这一市场现象的本质。结构与属性是各类现象的普遍特征，因而结构分析法也是定性分析中常用的方法之一。

2. 定量分析法

定量分析法是指从市场的数量特征方面入手，运用一定的数据处理技术进行数量分析，从而挖掘出数量中所包含的市场本身的特性及规律性的分析方法。常用的分析法有相关分析法、判别分析法、因子分析法、聚类分析法、回归分析法等，此处仅简单介绍前四种方法。

(1) 相关分析法。相关分析法是通过计算变量之间的相关系数，分析现象之间的相关关系和相关程度，并用适当的数学表达式表示的统计分析方法。在相关分析法中，还要分析相关关系中哪些是主要因素，哪些是次要因素，这些因素间的关系如何。

当一种市场现象的数量随另一种市场现象的数量的变动而变动，并且它们之间有确定的关系，则这两个变量之间是函数关系，如 $Y=3X+2$。当这两个变量的关系不能够完全确定，但可能在一定程度上相关时，称它们之间存在相关关系。如商品的销售额与商品价格的关系，影响商品的销售额除了商品价格这个因素以外，还受商品的质量、包装、销售地点、收入水平等其他因素的影响。

(2) 判别分析法。判别分析法是判别样本所属类型的一种多变量统计分析方法。通常是在已知被研究对象已经被分为若干组的情况下，确定新的被研究对象属于已知类型的哪一类。如判别某个顾客是可能购买者还是可能非购买者，是某产品的可能使用者还是可能非使用者。

(3) 因子分析法。因子分析法是将大量的变量和样本进行归类，并寻找变量之间的数据结构，构造少量的因子去解释大量的统计变量。通过研究众多变量之间的内部依赖关系，探求观测数据中的基本结构，且用少数一个“类别”变量来表示基本的数据结构。分析影响变量或支配变量的共同因子有几个、各因素的本质如何，由表及里地探索市场之间的本质联系。在市场研究中，因子分析法常用来分析消费者对各种消费品的态度，研究消费者选择消费品的因素，从而为制定营销策略和拟定广告宣传主题提供参考依据。

(4) 聚类分析法。聚类分析法是根据研究对象的特征而对研究对象进行分类的一种多元分析技术，把性质相近的个体归为一类，使得同一类中的个体都具有高度的同质性，不同类之间的个体具有高度的异质性。在市场研究中涉及市场细分问题时，常使用聚类分析法。

本章小结

建立市场营销信息系统是企业在竞争激烈的市场环境中求得生存与发展的重要手段。市场营销信息系统由内部报告系统、营销情报系统、营销调研系统和营销分析系统组成。

市场调研是通过有目的地对一系列资料、情报、信息的收集、筛选、分类和分析，来了解现有的和潜在的市场，并以此为依据做出经营决策，从而达到进入市场、占有市场并取得预期效果的目的。现代市场调研具有目的性、系统性、真实性等特点。

市场营销调研，按其要完成的任务一般分为以下三种类型：(1) 探索性市场调研；(2) 结论性市场调研；(3) 预测性市场调研。

市场调研的内容主要涉及以下几个方面：(1) 市场基本环境的调研；(2) 市场需求的调研；(3) 市场供给调研；(4) 行业竞争力调研。

市场调研方法有间接资料调研方法和直接资料调研方法，间接资料调研方法是通过内部资料和外部资料收集来了解有关市场信息，这种方法相对简单。直接资料是指通过实地调研收集资料。实地调研的方法有多种，归纳起来，可分为以下四类：询问调查法、观察调查法、实验调查法、网络调查法。

【思考与练习】

一、名词解释

1. 市场营销信息系统； 2. 描述性调研； 3. 间接资料调研。

二、填空题

1. 市场营销信息系统由（　　）、（　　）、（　　）和（　　）组成。

2. 现代市场调研具有（　　）、（　　）和（　　）的特点。

3. 按照市场调研所要完成的任务，市场调研可分为（　　）、（　　）和（　　）。

4. 询问调查法根据调查人员同被调查者接触方式的不同可分为：（　　）、（　　）、（　　）和（　　）等。

5. 常用的定量分析法有（　　）、（　　）、（　　）、（　　）和（　　）等方法。

三、选择题

1. 由人、设备和程序组成，它为营销决策者收集、挑选、分析、评估和分配所需要的、适时的和准确的信息，这被定义为（　　）。

A. 营销信息系统　　B. 营销分析系统

C. 内部报告系统　　D. 营销调研系统

2. 运用科学的方法，有目的有计划地收集、整理和分析研究有关市场营销方面的信息，提出解决问题的建议，供营销管理人员了解营销环境，发现机会与问题，作为市场预测和营销决策的依据，我们把它称之为（　　）。

A. 营销情报系统　　B. 市场调研系统

C. 内部报告系统　　D. 决策支持系统

3. 在已明确所要研究问题的内容与重点后，拟定调研计划，进行实地调查，收集第一手资料，如实地反映情况和问题，这是属于（　　）。

A. 探测性调研　　　　　　　　　　B. 描述性调研

C. 因果关系调研　　　　　　　　　D. 定期性调研

四、思考题

1. 市场调研的基本程序包括哪些阶段？

2. 比较描述性调研、探索性调研、预测性调研这三种市场调研类型有何差别？

3. 分析留置调查法的特点及其操作要点。

4. 简述调研资料的处理步骤。

五、案例分析题

新可口可乐跌入调研陷阱

有这样一个美国式的幽默，假若你在酒吧向服务生要杯可乐，不用猜，十次他会有九次给你端出可口可乐，还有一次呢？对不起，可口可乐卖完了。可口可乐的魅力由此可见一斑。在美国人眼里，可口可乐就是传统美国精神的象征。但就是这样一个大品牌，20 世纪 80 年代中期却出现了一次几乎致命的失误。

20 世纪 70 年代中期以前，可口可乐一直是美国饮料市场的霸主，市场占有率一度达到 80%。然而，70 年代中后期，它的老对手百事可乐迅速崛起，1975 年，可口可乐的市场份额仅比百事可乐多 7%；9 年后，这个差距更缩小到 3%，微乎其微。

面对竞争对手的步步紧逼，可口可乐感到了极大的威胁，它试图尽快摆脱这种尴尬的境地。1982 年，为找出可口可乐衰退的真正原因，可口可乐决定在全国 10 个主要城市进行一次深入的消费者调查，并耗资数百万美元进行口味测试。

可口可乐设计了“你认为可口可乐的口味如何？”“你想试一试新饮料吗？”“可口可乐的口味变得更柔和一些，您是否满意？”等问题，希望了解消费者对可口可乐口味的评价并征询对新可乐口味的意见。调查结果显示，大多数消费者愿意尝试新口味可乐。

可口可乐的决策层以此为依据，决定结束可口可乐传统配方的历史使命，同时开发新口味可乐。没过多久，比老可乐口感更柔和、口味更甜的新可口可乐样品便出现在世人面前。

为确保万无一失，在新可口可乐正式推向市场之前，可口可乐公司又花费数百万美元在多个城市中进行了口味测试，邀请了近 20 万人品尝无标签的新/老可口可乐。结果让决策者们更加放心，六成的消费者回答说新可口可乐味道比老可口可乐要好，认为新可口可乐味道胜过百事可乐的也超过半数。至此，推出新可乐似乎是顺理成章的事了。

于是，可口可乐不惜血本协助瓶装商改造了生产线，而且，为配合新可乐上市，还进行了大量的广告宣传。1985 年 4 月，可口可乐在纽约举办了一次盛大的新闻发布会，邀请 200 多家新闻媒体参加，依靠传媒的巨大影响力，新可乐一举成名。

看起来一切顺利，刚上市一段时间，有一半以上的美国人品尝了新可乐。但让可口可乐的决策者们始料未及的是，噩梦正向他们逼近——很快，越来越多的老可口可乐的忠实消费者开始抵制新可乐。对于这些消费者来说，传统配方的可口可乐意味着一种传统的美国精神，放弃传统配方就等于背叛美国精神，“只有老可口可乐才是真正的可乐”。有的顾客甚至扬言将再也不买可口可乐。

每天，可口可乐公司都会收到来自愤怒的消费者的成袋信件和上千个批评电话。尽管可口可乐竭尽全力平息消费者的不满，但消费者的愤怒情绪犹如火山爆发般难以控制。

迫于巨大的压力，决策者们不得不做出让步，在保留新可乐生产线的同时，再次启用近

100年历史的传统配方，生产让美国人视为骄傲的“老可口可乐”。

仅仅3个月的时间，可口可乐的新可乐计划就以失败告终。尽管公司前期花费了2年时间、数百万美元进行市场调研，但可口可乐忽略了最重要的一点——对于可口可乐的消费者而言，口味并不是最主要的购买动机。

案例思考：

1. 案例的题目是“新可口可乐跌入了调研陷阱”，是否说明不应该进行市场调研？你的意见呢？

2. 在可口可乐公司推出“新可口可乐”之前的一连串市场动作中，他们做了哪些调研和准备工作？你认为他们还应该做哪些工作？

六、实训练习

为学校附近的一家电影院设计一份调查问卷，目的是为了调研电影观众的需求取向，提高电影院的服务质量。

第五章　目标市场营销战略

【营销格言】 成功的市场营销必须懂得有所牺牲。这包括三方面的牺牲：产品系列、目标市场以及不断的变化。成功的公司不用成为涵盖所有产品系列和目标市场的全才，因为全才是软弱的。

【本章结构】

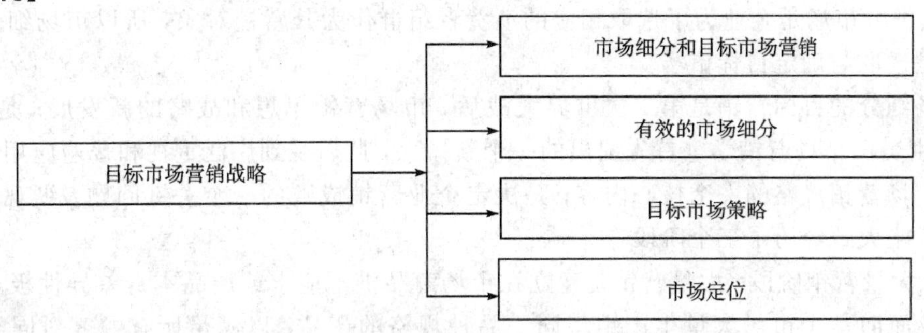

【案例导入】

妙在细分经营

案例一

跨国经营的美国吉列公司以生产刮胡刀享誉全球。在一般人看来，使用刮胡刀是男性的“专利”，而“吉列”人却不这样看。他们通过市场调研，发现全美有6000万女性为“美容”需定期刮除腿毛和腋毛，此项支出竟高出染发染眉20%至30%。于是，吉列公司生产了一种显示女性特点的“刮胡刀”，产品很快畅销美国。

案例二

亨利福特在本世纪初关于汽车的销售原则是：“人们要什么样的汽车都可以，只要是黑色的。”

当时，通用汽车公司开始生产各种不同价格、不同式样、不同品种、不同颜色的汽车，他们深信汽车市场已进入一个更大的、更加丰富的、分类更细的时代。而亨利福特却看不到这一点，结果在竞争中失败。

思考：

三个公司成败的事例告诉我们市场细分有何重要意义？三个公司各用了什么目标市场策略？

第一节　市场细分和目标市场营销

【本节任务】

理解市场细分概念，了解目标市场营销的产生历程，理解市场细分和目标市场营销的作用。

一、市场细分和目标市场营销的产生

所谓市场细分，是指企业在市场调研的基础上，根据市场需求的多样性和购买者行为的差异性，把整个市场划分为若干具有某种相似特征的顾客群(称为细分市场或子市场)，以便选择确定自己的目标市场的过程。

市场细分是现代市场营销学中一个非常重要的概念，它具有以下含义：

(1) 细分的市场代表不同的消费者组群，他们的需求是有差别的。现代市场营销学中，市场细分概念的核心是区分消费者需求的差别。

(2) 不同的消费者组群是按相应的细分因素被区别的，所以进行市场细分的关键在于确定适当的细分因素。这样，才能使被细分后的市场具有营销意义。

(3) 细分市场是企业为了选取相应的消费者组群作为其营销对象，所以市场细分最重要的意义是选取与确定目标市场。

市场细分的目标营销是第二次世界大战后，市场营销思想和战略的新发展；是 20 世纪 50 年代由美国市场营销学家首先提出的一个新概念，此后受到广泛重视和普遍应用，现在成为企业市场营销战略的一个核心内容；是决定企业营销成败的一个关键问题。纵观历史，市场营销战略大致经历了三个阶段：

(1) 大量营销阶段。大量营销是建立在市场商品供不应求或产品本身差异性极少的基础上，企业面向整个市场大量生产销售同一品种规格的产品，以满足所有顾客对同类产品的需求。

(2) 产品多样化营销。企业生产经营多种不同规格、质量、特色和风格的同类产品，以适应各类顾客的需要。但是，这种多样化营销并不是建立在市场细分基础上的，不是以目标市场的需要出发来组织生产经营的。

(3) 目标市场营销。企业通过市场细分，选择一个或几个细分部分(子市场)作为自己的目标市场，专门研究其需求特点并针对其特点设计适当产品，确定适当价格，选用适当的分销渠道和促销手段，开展市场营销活动。

二、市场细分和目标市场营销的作用

市场细分和目标营销对企业改善经营、提高效益、更好地为顾客服务，具有重要作用。

(一) 有利于提高企业的经济效益

市场细分对提高企业经济效益的作用主要有两方面：一方面是在市场细分的基础上，企业可集中人力、物力、财力，投入目标市场，通过集中企业本身的优势，取得理想的经济效益。另一方面是在市场细分以后，企业可以针对自己的市场，生产出适销对路的产品，既能满足消费者的需求，又可增加企业的收入。

(二) 有利于企业发现新的市场机会，形成新的目标市场

市场机会是指市场上客观存在的未被满足或未被充分满足的消费需求。企业在市场营销中，要使自己的产品在市场上站稳脚跟，必须首先根据市场的现状和已经上市的产品在满足社会需要方面不足的情况，以及竞争者的市场占有情况来分析市场被满足的程度，发展那些未得到满足或未被充分满足的需求，以发现新的市场机会，形成新的目标市场。

（三）有利于企业及时调整营销策略，适应消费者的要求

市场细分后，每个市场都变得小而具体，企业比较容易了解营销策略。同时，在细分市场上，信息反馈快，一旦消费者需求发生了变化，企业可以迅速改变原来的营销策略，制定出相应的对策，以适应消费者变化了的需求。这样，可以更好地提高企业的经营管理水平。

（四）有利于开发新市场，满足消费者的潜在需求

企业的产品取得一定的市场占有率以后，要想继续在原有市场上扩大营销，需要付出很大的努力，并且会加剧竞争的激烈程度。而通过市场细分，企业就可以在原有市场的基础上去开拓新的市场，通过满足那些尚未被满足的消费需求去提高市场占有率，并且通过市场细分，还可以预测企业产品的潜在需求量，为发展企业营销提供方向。

【营销故事】

1989 年 4 月以后，市场向买方市场转化的趋势已十分明显。而面对“疲软”的市场，许多经营者一筹莫展。湖南长沙市晓园百货大楼总经理胡志却成竹在胸。他主动避开长沙市强硬的竞争对手与渐趋饱和的市场，先后组织了 10 多支流动经商小分队，分别南下北上，转入外线作战。

他制定了“南进北出，北进南出”的原则，把南方滞销的冰箱、电扇等家用电器输入到较有市场的西北、华北、华中等地；而把北方的毛毯、铝制品、针棉织品等工艺品运至南方地区。与此同时，他瞄准了湖南市场的空隙，把长沙滞销的冰箱、彩电、自行车及生活日用品输入到偏僻的湘西、湘南、湘北等地，在那里打开了销路。这些经商小分队于 1989 年 7 至 9 月，在长沙市附近的五县六镇举行秋季商品大联展，一次就销售了 120 多万元的滞销商品。

第二节　有效的市场细分

【本节任务】

理解市场细分的依据；理解有效的市场细分原则；掌握市场细分的方法。

一、市场细分的依据

消费者市场上的需求是千差万别的，影响因素也是错综复杂的。消费者市场的细分没有一个固定的模式，各企业可根据自己的特点和需要，采用适宜的方法进行细分，以求得最佳的营销机会。一般来说，这些影响因素（即细分变量）归纳起来主要有以下几个方面：地理环境因素、人口统计因素、消费心理因素、消费行为因素、消费受益因素等。

（一）地理细分

按地理因素细分，就是按消费者所在的地理位置、地理环境等因素来细分市场。具体变量包括国家、地区、城市、乡村、城市规模、人口密度、所处气候带、所处地形地貌等。处在不同地理环境下的消费者对于同一类产品往往会有不同的需要与偏好，例如，对自行车的选购，城市居民喜欢式样新颖的轻便车，而农村的居民注重坚固耐用的加重车，因此，对消费品市场进行地理细分是非常必要的。

1. 地理位置

可以按照行政区划来进行细分，如在我国，可以划分为东北、华北、西北、西南、华东和华南几个地区；也可以按照地理区域来进行细分，如划分为省、自治区，市、县等，或内地、沿海、城市、农村等。在不同地区，消费者的需求显然存在较大差异。

2. 城镇大小

可划分为大城市、中等城市、小城市和乡镇。处在不同规模城镇的消费者，在消费结构方面存在较大差异。

3. 地形和气候

按地形可划分为平原、丘陵、山区、沙漠地带等；按气候可分为热带、亚热带、温带、寒带等。防暑降温、御寒保暖之类的消费品就可按不同气候带来划分。如在我国北方，冬天气候寒冷干燥，加湿器很有市场；但在江南，由于空气中湿度大，基本上不存在对加湿器的需求。

（二）人口细分

按照人口统计因素来细分市场叫做人口细分。这方面的具体变量很多，包括年龄、性别、职业、收入、教育、家庭人口、家庭生命周期、国籍、民族、宗教、社会阶层等。由于人口变数比其他变数更容易测量，且适用范围比较广，因而人口变数一直是细分消费者市场的重要依据。

（三）心理细分

按照消费者的心理特征来细分市场叫做心理细分。心理因素十分复杂，包括生活方式、性格、购买动机、价值取向、购买态度等变量。

生活方式是人们对工作、消费、娱乐的特定习惯和模式，不同的生活方式会产生不同的需求偏好，如“传统型”、“新潮型”、“节俭型”、“奢侈型”等。消费者的性格与对产品的偏好有很大的关系，性格可以用外向与内向、乐观与悲观、自信、顺从、保守、急进、热情、老成等词句来描述。消费者对所购产品追求的利益主要有求实、求廉、求新、求美、求名、求安等，这些都可作为细分的变量。

【课堂讨论】

杭州牙膏厂拥有两种王牌产品——小白兔儿童牙膏和黄芩药物牙膏。另外还有杭州、西湖、洁齿灵、白浪等普通牙膏，但杭州牙膏厂没有固步自封。他们在努力寻找新的市场机会，通过化整为零进行市场细分，他们发现，牙膏产品的整体市场的顾客可细分为：儿童、一般顾客、追求医疗保健的顾客、追求名牌的顾客和新婚夫妇。前四类顾客目前用小白兔、黄芩以及其他厂家生产的中华、白玉等名牌和普通品牌的牙膏可以分别予以满足；但新婚夫妇对牙膏的特殊要求则没有得到满足，这里存在着极好的市场机会。杭州牙膏厂迅速开发出一种配对成双，芳香扑鼻的婚礼牙膏，包装上充满了喜庆色彩，金龙、金凤的图案象征着吉祥如意，深得新婚夫妇的喜爱，成为当时最热销的结婚用品之一。

请讨论：1. 杭州牙膏厂经营婚礼牙膏成功的事例对你有何启示？2. 该厂细分市场的标准是什么？

(四) 行为细分

根据消费者不同的消费(购买)行为来细分市场叫做行为细分。消费行为的变量也很多，包括消费者进入市场的程度、购买或使用产品的动机、消费的数量规模、对品牌的忠诚程度等。

(1) 按消费者进入市场的程度。据此可将一种产品的消费者分为经常购买使用者、初次购买使用者、潜在购买使用者等不同群体。

(2) 按消费购买数量来细分。据此可细分为大量用户、中量用户、少量用户这样几个消费者群。

(3) 按消费者对品牌的偏好可将一种产品的消费者划分为单一品牌忠诚者、几种品牌忠诚者和无品牌偏好者。

(4) 按消费者购买时间。许多产品的消费具有时间性，烟花爆竹的消费主要在春节期间，月饼的消费主要在中秋节以前，旅游点在旅游旺季生意最兴隆，因此，企业可以根据消费者产生需要、购买或使用产品的时间进行市场细分。

(5) 按消费者购买频率。据此可分为经常购买、一般购买、不常购买(潜在购买者)。如铅笔，小学生经常购买，高年级学生按正常方式购买，而工人、农民则不常买。

(五) 受益细分

根据消费者期望的利益不同来细分市场做叫受益细分。这是指由于消费者们各自追求的具体利益不同，可能会被某种具有不同特性或特征的变异产品所吸引，因而可以细分为不同的消费者群。进行受益细分，关键在于洞悉消费者对一种产品的多种多样的预期利益。为此，细分活动要从调查一种产品的用户和潜在用户开始，然后，就要使自已生产的产品相应地突出紧密联系着某种(组)益处的某一特性，或者生产不同型号的同一产品，各自突出一种特性，并且借助于适当的广告宣传手段，反复宣传这种特性，最大限度地吸引某一消费者群，或几个不同的消费者群。经验表明，买主寻求的利益要比前面人口统计等因素更能准确地决定顾客行为。正因为如此，近些年来，在西方国家受到人们广泛关注的细分形式是受益细分。

上面分述了市场细分的五种基本形式，但这并不意味着企业应当一一单独地加以应用。在实际的营销活动中，用做细分市场的依据往往是上述各类因素中一连串具体变量的组合。一个企业究竟选用哪些变量作为细分市场的依据，应当仔细分析，匠心独运，视其具体情况而定，切忌生搬硬套，人云亦云。用做市场细分的变量也要适时调整，不能一成不变，以便寻求新的、能够提供更好机会的细分市场。

【营销故事】

奇瑞 QQ 的营销策略解析

如今，轿车已越来越多地进入大众家庭，但由于地区经济发展的不平衡及人们收入水平的差距，企业对汽车的营销走向了进一步的细分。奇瑞 QQ 把目标客户锁定在收入并不高但有知识有品位的年轻人，同时也兼顾了有一定事业基础，心态年轻、追求时尚的中年人。一般大学毕业两三年的白领都是奇瑞 QQ 的潜在的客户，人均月收入 2 000 元即可轻松拥有这款轿车。

许多时尚男女都因为欣赏QQ的靓丽、高配置和优性价比，把这个可爱的小精灵领回了家，从此与QQ成了快乐的伙伴。

奇瑞公司的有关负责人介绍说，为了吸引年轻人，奇瑞QQ除了具备轿车应有的配置以外，还装载了独有的“I-say”数码听系统，成为了“会说话的QQ”，堪称目前小型车时尚配置之最。据介绍，“I-say”数码听系统是奇瑞公司为用户专门开发的一款车载数码装备，集文本朗读、MP3播放、U盘存储等多种时尚数码功能于一身，让QQ与电脑和互联网紧密相连，完全迎合了年轻一代“离开网络就像鱼儿离开水”的观念。

【阅读资料】

在营销快速发展的今天，如何有效地进行用户分类，可以阅读“你的用户分类方式过时了吗”一文，或许会给你有许多启发。

http://www.ceconline.com/sales_marketing/ma/8800080394/01/

二、有效的市场细分原则

对不同行业、不同类型的企业来说，实行市场细分必须具备一定条件。否则，不一定能形成有效的细分市场，甚至最后徒劳无益，得不偿失。市场细分原则有下列几项。

(1) 差异性——对营销策略反应的不同。指在某种产品整体市场中确实存在着购买与消费上明显的差异，足以成为细分依据。例如，食品、糕点等有必要按汉民和回民细分，而大米、食盐就不必要按民族细分。

(2) 可衡量性——目标市场容量定量化。指细分市场的规模及购买可衡量程度的高低。有的细分变数令人捉摸不定，难以衡量和测算，不能作为细分的依据。

(3) 可进入性——企业资源吻合。指细分出来的市场应是企业营销活动能够抵达的，亦即是企业通过努力能够使产品进入并对顾客施加影响的市场。一方面，有关产品的信息能够通过一定媒体顺利传递给该市场的大多数消费者；另一方面，企业在一定时期内有可能将产品通过一定的分销渠道运送到该市场。否则，该细分市场的价值就不大。

(4) 效益性——经营有利可图。指细分市场的容量要能保证企业获得足够的盈利，如果容量太小，销量有限，则不足以成为细分依据。因此，市场细分并不是分得越细越好，而应科学归类，保持足够容量，使企业有利可图。

(5) 稳定性——确保投资收回。有效的市场细分所划分的子市场还必须具有相对稳定性。如果市场变化太快，变动幅度又很大，企业还没来得及实施其营销方案，目标市场就已面目全非，这样的细分也毫无意义。

三、市场细分的方法

市场细分的方法主要有单一变量法、综合因素细分法、系列因素细分法等。

（一）单一变量法

所谓单一变量法，是指根据市场营销调研结果，把选择影响消费者或用户需求最主要的一个因素作为细分变量，从而达到市场细分的目的。

（二）综合因素细分法

综合因素细分法即用影响消费需求的两种或两种以上的因素进行综合细分，例如用生活方式、收入水平、年龄三个因素可将妇女服装市场划分为 27 个不同的细分市场，如图 5-1 所示。

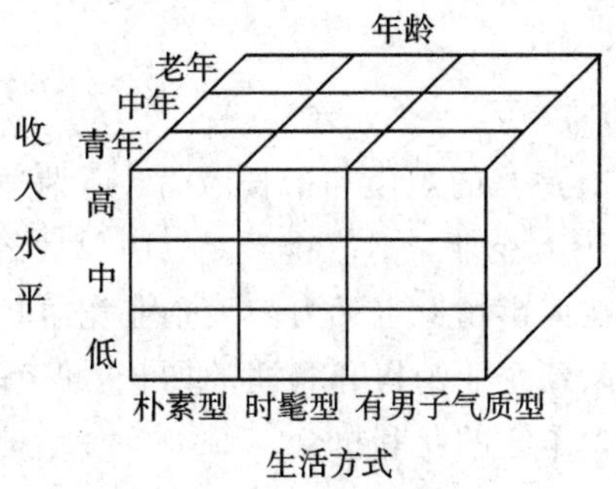

图 5-1　综合因素细分法示例

（三）系列因素细分法

当细分市场所涉及的因素是多项的，并且各因素是按一定的顺序逐步进行，可由粗到细、由浅入深，逐步进行细分，这种方法称为系列因素细分法。其能使目标市场将会变得越来越具体。例如某地的皮鞋市场就可以用系列因素细分法做如下细分，如图 5-2 所示。

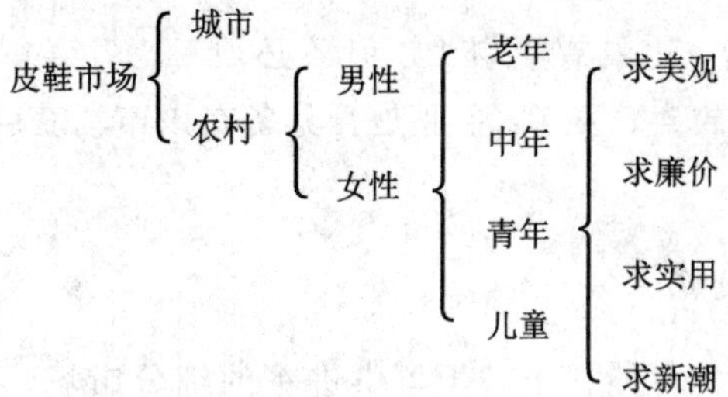

图 5-2　皮鞋市场细分

【课堂讨论】

某电脑公司将推出一款新型电脑一体机，其特点是速度快、显卡功能强大、显示屏幕超大并具有 3D 功能。请用麦卡锡细分市场程序来细分该电脑的潜在消费市场。

第三节　目标市场策略

【本节任务】

能够有效评估细分市场，理解并掌握目标市场选择策略和目标市场营销策略。

市场细分的目的是为了选择目标市场。要选择目标市场，企业首先要认真评估各个细分市场部分，然后根据自己的营销目标和资源条件选择适当的目标市场，决定自己在目标市场上的营销策略，从而实现市场细分和目标市场营销的目的。

一、评估细分市场

企业为了选择恰当的目标市场，必须对各个细分市场进行评估。企业评估细分市场主要从三方面考虑：一是各细分市场的规模和增长潜力；二是各细分市场的吸引力；三是企业本身的目标和资源。

（一）细分市场的规模和增长潜力

首先要评估细分市场是否有适当的规模和增长潜力。所谓适当规模是相对于企业的规模与实力而言的。较小的市场对于大企业，不值得涉足；而较大的市场对于小企业，又缺乏足够的资源来进入，并且小企业在大市场上也无力与大企业竞争。

市场增长潜力的大小，关系到企业销售和利润的增长，但有发展潜力的市场也常常是竞争者激烈争夺的目标，这又减少了它的获利机会。

（二）细分市场的吸引力

所谓吸引力主要指长期获利率的大小，一个市场可能具有适当规模和增长潜力，但从获利观点来看不一定具有吸引力。决定整体市场或细分市场是否具有长期吸引力的因素有五种：现实的竞争者、潜在的竞争者、替代产品、购买者和供应者。企业必须充分估计这五种力量对长期获利所带来的机会或威胁。

（三）企业本身的目标和资源

有些市场虽然规模适合，也具有吸引力，但还必须考虑：第一，是否符合企业的长远目标，如果不符合，就不得不放弃；第二，企业是否具备在该市场获胜所必要的能力和资源，如果不具备，也只能放弃。

二、目标市场选择策略

市场经过细分、评价后，可能得出若干可供进军的细分市场，企业是向某一个市场进军还是向多个市场进军呢？这就需要确定目标市场的范围。企业可以在五种目标市场类型中进行选择，如图 5-3 所示，其中 M 代表市场，P 代表产品。

（一）产品/市场集中

企业选择一个细分市场做为目标市场，企业只生产一种产品来满足这一市场消费者的需求。

这种策略的优点主要是能集中企业的有限资源，通过生产、销售和促销等专业化分工，能提高经济效益。一般适合实力较弱的小企业，与其在大（多）市场里平庸无奇，倒不如在小（少）市场里占有一席之地。但存在着较大的潜在风险，如消费者的爱好突然发生变化，或有强大的竞争对手进入这个细分市场，企业很容易受到损害。

（二）产品专业化

企业选择几个细分市场做为目标市场，企业只生产一种产品来分别满足不同目标市场消

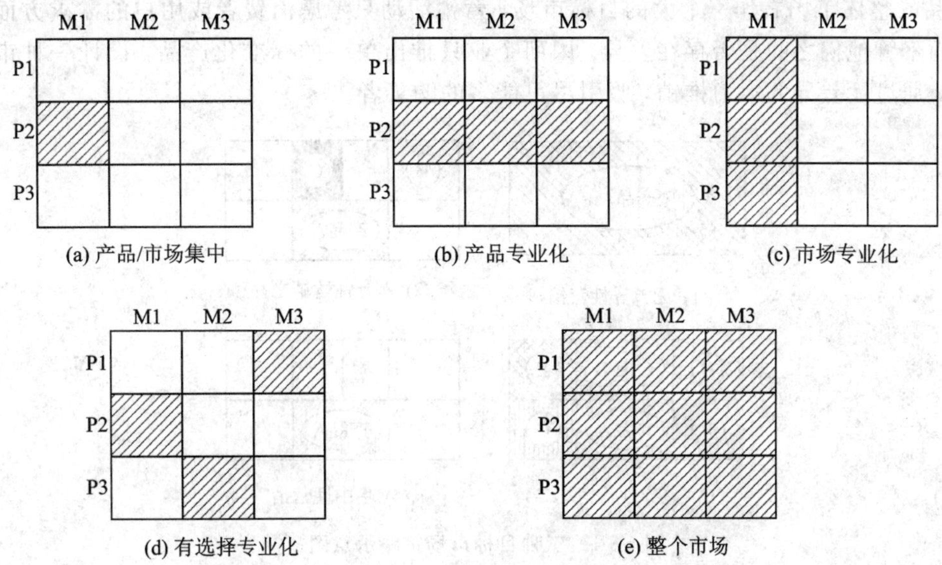

图 5-3　五种目标市场选择类型

费者的需求。这种策略可使企业在某个产品树立起很高的声誉，扩大产品的销售，但如果这种产品被全新技术产品所取代，其销量就会大幅下降。

(三) 市场专业化

企业选择一个细分市场做为目标市场，并生产多种产品来满足这一市场消费者的需求。企业提供一系列产品专门为这个目标市场服务，容易获得这些消费者的信赖，产生良好的声誉，打开产品的销路，但如果这个消费群体的购买力下降，就会减少购买产品的数量，企业就会产生滑坡的危险。

(四) 有选择专业化

企业选择若干个互不相关的细分市场做为目标市场，并根据每个目标市场消费者的需求，向其提供相应的产品。这种策略的前提就是每个市场必须是最有前景、最具经济效益的市场。

(五) 整体市场

企业把所有细分市场都作为目标市场，并生产不同的产品满足各种不同的目标市场消费者的需求。只有大企业才能选用这种策略。

三、目标市场营销策略

企业确定目标市场的方式不同，选择的目标市场范围不同，营销策略也就不一样。归纳起来，有不同的目标市场营销策略，可供企业选择，如图 5-4 所示。

(一) 无差异性营销

如果企业面对的市场是同质市场，或是企业推断(常是正确的)：即消费者们是有差别的，但他们有足够的相似之处而可以作为一个同质的目标市场加以对等，在这种情况下，企业采用的就是无差异市场策略，开展的就是无差异营销活动。该策略的具体内容是：企业把一种产品的整体市场看作一个大的目标市场，营销活动只考虑消费者或用户的需求方面的共同点，而不管他们之间是否存在差异。因而企业只推出单一的标准化产品，设计一种市场营销组合，通过无差异的大力推销，吸引尽可能多的购买者。

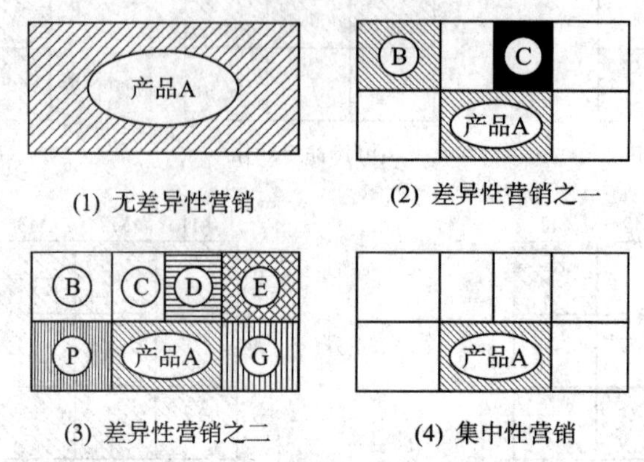

(1) 无差异性营销　(2) 差异性营销之一

(3) 差异性营销之二　(4) 集中性营销

图 5-4　三种目标市场策略示意图

一般来说，这种目标市场策略除适用于市场是同质的产品外，还主要用于广泛需求的，能够大量生产、大量销售的产品。采用这种策略的企业一般具有大规模的单一的生产线，拥有广泛的或大众化的销售渠道，并能开展强有力的促销活动，能进行大量的广告和统一的宣传，因而往往能在消费者或用户心目中建立起"超级产品"的印象。美国可口可乐公司常被引做奉行这种目标市场策略的典型案例：这家世界著名的大公司，由于拥有世界性专利，在20世纪60年代曾经以单一口味的品种，单一标准的瓶装和统一的广告宣传，长期占领了世界软饮料市场。实行这种目标市场策略的企业不搞差异化，但产品实体并没有什么不同。

无差异性营销的最大优点是成本的经济性：① 大批量的生产和储运，必然会降低单位产品的成本。② 无差异的广告宣传等推销活动可以节省促销费用。③ 不搞市场细分，也相应减少了市场调研、产品研制、制订多种市场营销组合方案等所要消耗的人力、财力与物力。因此，不但在同质市场上运用这种策略是合理的，而且即使市场异质，但只要产品能够大量生产、大量销售，实行这种策略也具有一定的合理性。这就表明，不能因为这种策略属于产品导向就认为企业不宜采用，弃而不用的观点非但不切合我国许多产品至今仍然是供不应求的具体国情，也不符合发达国家市场营销的实践。

(二) 差异性营销

这是一种以市场细分为基础的目标市场策略。采用这种策略的企业，把产品的整体市场划分为若干细分市场，从中选择两个以上乃至全部细分市场作为自己的目标市场，并为每个选定的细分市场制订不同的市场营销组合方案，同时多方位或全方位地分别开展针对性的营销活动。例如，某皮鞋厂为不同性别、不同年龄组、不同收入水平、不同偏好的消费者生产不同质料、不同规格、不同款式、不同颜色、不同档次的皮鞋，该厂在皮鞋市场上实行的就是差异性营销。

采用这种目标市场策略，具有很大的优越性。其一，针对性的营销活动能够分别满足不同顾客群的需要，提高产品的竞争能力，有利于企业扩大销售。其二，如果一个企业在数个细分市场上都能取得较好的营销效果(连带取得优势通常较为容易)，就能树立起良好的市场形象，大大提高消费者或用户对该企业产品的信赖程度和购买频率。不过，随着产品品种增加，销售渠道多样化，以及市场调研和广告宣传等营销活动的扩大与复杂化，生产成本、管理费用、销售费用必然会大幅度增加。这就要求企业既不能选错细分市场，也不宜卷入过多的细分市场。

（三）集中性营销策略

企业不是面向整体市场，也不是把力量分散使用于若干个细分市场，而是集中力量进入一个细分市场(或是对该细分市场进一步细分为几个更小的市场部分)，为该市场开发一种理想的产品，实行高度专业化的生产和销售，这就是集中性营销。采用这种策略通常是为了在一个较小或很小的细分市场上取得较高的，甚至是支配地位的市场占有率，而不是追求在整体市场或较大的细分市场上占有较小的份额。

集中性营销主要适用于资源力量有限的小企业，小企业无力在整体市场或多个细分市场上与大企业抗衡，而在大企业未予注意或不愿顾及、自己又力所能及的某个细分市场上全力以赴，则往往易于取得经营中的成功。

这一策略的不足之处是潜伏着较大的风险，一旦目标市场突然不景气，如消费者的需求偏好突然发生变化或者市场上出现了比自己强大的竞争对手，企业就会因为没有回旋余地而立即陷入困境。因此，采用这一策略的企业必须密切注意目标市场的动向，并制定适当的应急措施，以求进可攻、退可守，进退自如。

【课堂讨论】

聚美优品和唯品会互掐，其实是为了“抢女人”。请扫描二维码阅读相关资料(http://tech.qq.com/a/20150418/011435.htm)

讨论：从目标市场的角度讨论分析聚美优品和唯品会为什么要互掐。

上述三种市场营销策略各有利弊，它们各自适用于不同的情况。企业在选择营销战略时，必须结合企业的实力、产品差异性的大小、市场差异性的大小、产品生命周期的阶段、竞争者的战略、竞争者数量的多少等因素进行综合考虑。

【课堂讨论】

近几年，单身T恤受到无数单身一族的追捧。有个女生曾这样说：“自从穿了光棍T恤后，情书多了，晚上不愁没有骚扰电话了，不知不觉中玫瑰花也送来了，这‘光棍T恤’太有意思了。”

“单身派”是主打光棍T恤的大学生创业团队，目前已经在开发衣服、鞋子、裤子、手表、项链等单身文化用品，提倡“单身快乐、自由、个性”的生活方式。将“单身派”打造为中国单身文化领域的第一品牌是他们努力的方向。

http://www.xiaogushi.com/diy/daxueshengchuangye/2012122815851.html

第四节 市场定位

【本节任务】

理解市场定位的概念；了解市场定位的步骤；掌握市场定位策略。

企业在市场细分的基础上选择了自己的目标市场，并确定了目标市场营销战略，这就明确了企业的服务对象和经营范围，接下来将面临的课题是市场定位。

一、市场定位的概念

竞争是无时、无处不有的，任何一个企业都不可能独霸一个市场，因此，企业如何在目标市场上为自己的产品确定一个位置，树立起一个鲜明的形象，就是市场定位的核心问题。

所谓市场定位，就是勾画企业产品在目标市场中目标顾客心目中的形象，使企业所提供的产品具有一定特色，适应一定顾客的需要和偏好，并与竞争者的产品有所区别。

许多同类产品在市场上品牌繁多，各有特色，广大顾客有着各自的价值取向和认同标准。企业要想在目标市场上取得优势以及更大的效益，就必须在了解购买者和竞争者情况的基础上，确定本企业的市场位置，即为企业树立形象，为产品赋予特色，从而以独到之处取胜。例如，北京“燕莎”友谊商城以购物环境好、货品齐全、优质高档而闻名京城；同仁堂中成药以货真价实品质优秀驰名全国乃至世界各地。

二、市场定位的步骤

企业的市场定位工作一般应包括三个步骤：(1) 调查研究影响市场定位的因素，确认目标市场的竞争优势所在；(2) 选择竞争优势和定位战略；(3) 准确地传播企业的定位观念。

(一) 调查研究影响定位的因素

适当的市场定位必须建立在市场营销调研的基础上，必须先了解有关影响市场定位的各种因素。这些因素主要有：

(1) 竞争者的定位状况。要了解竞争者正在提供何种产品，在顾客心目中的形象如何，并估测其产品成本和经营情况。在市场上，顾客最关心的是产品本身的属性(质量、性质、花色、规格等)和价格，因此，企业一方面要确认竞争者在目标市场上的定位；另一方面要正确衡量竞争者的潜力，判断其有无潜在竞争优势，据此进行自己的市场定位。

(2) 目标顾客对产品的评价标准。要了解购买者对其所要购买产品的最大偏好和愿望，以及他们对产品优劣的评价标准是什么。例如，对服装，目标顾客关心的是式样、颜色，还是质地、价格；对饮料，是重视口味、价格，还是营养疗效。企业应努力搞清楚顾客最关心的问题，以作为定位决策的依据。

(3) 目标市场潜在的竞争优势。企业要确认目标市场的潜在竞争优势是什么，然后才能准确地选择竞争优势。竞争优势有两种基本类型：一是在同样条件下比竞争者定价低；二是提供更多的特色产品以满足顾客的特定需要，从而抵消价格高的不利影响。在前一种情况下，应千方百计地寻求降低单位成本的途径；在后一种情况下，则应努力发展特色产品，提供有特色的服务项目。

（二）选择竞争优势和定位战略

企业通过与竞争者在产品、促销、成本、服务等方面的对比分析，了解自己的长处和短处，从而认定自己的竞争优势，进行恰当的市场定位。例如，以生产中低档手表为主的丹东手表工业公司，认识到自己无力与大企业的名牌手表相抗衡，因而避开城市，选择乡镇市场为目标市场，提出“走下铁路上公路，离开城市到农村”的营销战略，树立起符合农村消费者偏好的产品形象，确立了自己的产品定位，因而获得连续三年利润有较大幅度增长的好成绩。这就是正确地选择定位战略的结果。

（三）准确地传播企业的定位观念

企业在做出市场定位决策后，还必须大力开展广告宣传，把企业的定位观念准确地传播给潜在购买者。企业要避免因宣传不当在公众心目中造成三种误解：一是档次过低，不能显示出自己的特色；二是档次过高，不符合企业实际情况，使公众误认为企业只经营高档高价产品；三是混淆不清，在顾客心目中没有统一明确的认识，比如对同一产品或同一服务项目，有人认为是高档的，有人认为是低档的。上述种种误解，都是由于定位宣传失误所致，将会给企业形象或经营效果造成不利影响，营销者应注意防止。

三、市场定位策略

市场定位策略是一种竞争策略，这显示了一种产品或一个企业同类似的产品或企业之间的竞争关系。定位方式不同，竞争态势也不同，下面介绍四种主要定位方式。

（一）避强定位

所谓避强定位策略是指企业力图避免与实力最强的或较强的其他企业直接竞争，而将自己的产品定位于另一个市场区域内，使自己的产品在某些特征或属性方面与最强或较强的对手有比较显著的区别。美国七喜汽水的定位策略就是一个避强定位策略的典型案例。因为可口可乐和百事可乐是市场的领导品牌，占有率极高，在消费者心中的地位不可动摇。所以，将产品定位于“非可乐型饮料”就避免了与两大巨头的正面竞争。成功的市场定位使七喜在龙争虎斗的饮料市场上占据了老三的位置。

这种定位的优点是：能够迅速地在市场上站稳脚跟，并能在消费者或用户心目中迅速树立起一种形象。由于这种定位方式市场风险较小，成功率较高，被多数企业所采用。当然，避强定位策略也有明显的缺点：“避实击虚”往往就意味着企业放弃某个最佳的市场位置。

【营销故事】

“空中客车”的市场定位

20世纪80年代，欧洲空中客车飞机公司仅占10%的世界飞机市场。既然不能够取代美国波音飞机公司而成为世界商用飞机的霸主，那就只能采用“深挖洞，广积粮，缓称王”定位策略。“空中客车”发现在世界航空客运业竞争日趋激烈导致利润下降的情况下，欧美各大航空公司不愿购买新机种，但亚洲对飞机需求的增长仍然很强劲，而“波音”恰恰忽视了亚洲市场。“空中客车”认为抓住亚洲这一市场就等于保住了自己的未来，于是其率先与国泰航空公司和新加坡航空公司签订了销售飞机的合同，主打300座位的中型客机，结果订单纷至沓来。

（二）迎头定位

这是一种与市场上占据支配地位的，亦即最强的竞争对手"对着干"的定位方式。虽然迎头定位有时会是一种危险的战术，但不少企业认为这是一种更能激励自己奋发上进和可行的定位尝试，一旦成功就会取得巨大的市场优势。在发达国家，这类事例屡见不鲜。如美国的可口可乐和百事可乐都是世界著名的饮料公司，互相争斗了半个多世纪，可口可乐虽然占上风，但谁也未能打败对手。相反，这场世界瞩目的、旷日持久的饮料大战，日益引起消费者的关注，喝可乐的人越来越多。毫无疑问，其中最大的受益者就是可口可乐和百事可乐。这种竞争真可谓"一荣俱荣，一损俱损"。同样的例子还有"汉堡王"与麦当劳等。

从中可以看出实行这种定位战略的企业，必须具备以下条件：① 能比竞争者生产出更好的产品；② 该市场容量足够吸纳这两个竞争者的产品；③ 比竞争者有更多的资源和实力。

（三）重新定位

通常是指对销路少、市场反应差的产品进行二次定量。很明显，这种重新定位旨在摆脱困境，重新获得增长与活力。这种困境可能是企业决策失误引起的，也可能是对手有力反击或出现新的强有力的竞争对手而造成的。不过，也有的重新定位并非因为已经陷入困境，相反，却是产品意外地扩大了销售范围而引起的。例如，专为青年人设计的某种款式的服饰在中老年消费者中也流行开来，该服饰就会因此而重新定位。

【营销故事】

重新定位得来的柳暗花明——万宝路香烟

美国菲利普·莫利斯公司成立于1924年，当时生产的万宝路香烟，根据其配方和口味特点，被作为女士专用香烟推向市场。但费了不少工夫，市场也未被打开，至20世纪40年代初，曾一度被迫停产。第二次世界大战后，美国经济出现繁荣，吸烟人数不断上升，该公司认为良机已到，把万宝路香烟装上刚刚面世的过滤嘴，重新向女子市场推出，结局仍不佳。眼看"年芳30"的万宝路香烟依然"养在深闺人不识"，一筹莫展的菲利普·莫利斯公司只得向芝加哥的利奥·伯内特广告公司求助，希望能找到解救良策。利奥·伯内特公司经过周密的市场调研，提出彻底改变万宝路形象，洗尽脂粉，赋予男子汉气概，使之成为男人所喜爱的香烟的对策。菲利普·莫利斯公司接受建议，积极实施。1954年，新的万宝路诞生了。其配方依旧，包装采用当时首创的平开盒式盖，并使用象征力量的红色作烟盒的主色调，在广告宣传上改由马车夫、潜水员、农夫、牛仔等人物来强调香烟的男子汉气概。在以牛仔形象宣传的万宝路香烟投放市场后，一年销量提高了3倍。因此，万宝路从一个默默无闻的牌号一跃成为美国销量最高的10种香烟之一，1968年成为美国第二大烟，1975年，销量跃居世界第一。

（四）特色定位

它是指企业通过分析市场中现有产品的定位状况，发掘新的具有鲜明特色的产品，并在市场上找到自己合适的位置，来为企业的产品定位。企业根据市场需求情况与本身条件，尽量突出其产品的特色，这本身就是差异性营销。实施这种战略，对企业是否具有差异性营销的条件要求较高，利用特色产品来占领市场最有利的位置是高明的竞争者。实践证明，特色定位策略很容易成功，一旦成功将给企业带来丰厚的收益。高质量、高价格，突出高品质，从而给消费者仰望的感觉，应该是企业市场定位的最高追求。而一些专卖店突出平民化、大众化的格调，2 元店或 8 元店，价钱非常便宜，东西也大都实用，从市场定位的角度来说，虽然非常平淡，但也可以说是成功的。

【课堂讨论】

弗洛斯特法则："在筑墙之前应该知道把什么圈出去，把什么圈进来"。提出者：美国思想家 W. P. 弗洛斯特。请扫描二维码阅读 MBA 智库百科的相关资料(http://wiki. mbalib. com/zh－tw/弗洛斯特法则)

讨论：从目标市场营销战略的角度讨论分析弗洛斯特法则带给你的启示。

本章小结

市场细分，就是企业根据市场需求的多样性和购买者行为的差异性，把整个市场即全部顾客和潜在顾客划分为若干具有某种相似特征的顾客群(称为细分市场或子市场)，以便选择和确定自己的目标市场。

市场营销战略大致经历了大量营销、产品多样化、目标市场营销三个阶段。

消费者市场细分包括地理环境因素、人口统计因素、消费心理因素、消费行为因素、消费受益因素。

有效细分应满足差异性、可衡量性、可进入性、效益性、稳定性等原则。

企业评估细分市场主要从三方面考虑：一是各细分市场的规模和增长潜力；二是各细分市场的吸引力；三是企业本身的目标和资源。

目标市场营销策略包括无差异性营销、差异性营销、集中性营销三种。

市场定位，就是勾画企业产品在目标市场中目标顾客心目中的形象，使企业所提供的产品具有一定特色，适应一定顾客的需要和偏好，并与竞争者的产品有所区别。

测试练习

一、名词解释

1. 市场细分　2. 目标市场　3. 定位

二、填空题

1. 纵观历史，市场营销战略大致经历了三个阶段：(　　)、(　　)和(　　)。

2. 目标市场营销的步骤包括(　　)、(　　)和(　　)。

3. 有效市场细分的原则有(　　)、(　　)、(　　)、(　　)和(　　)。

4. 请列举出四种市场定位策略：(　　)、(　　)、(　　)、(　　)。

三、选择题

1. (　　)差异的存在是市场细分的客观依据。

A. 产品　　　　B. 价格

C. 需求偏好　　　　D. 细分

2. 采用无差异性营销战略的最大优点是(　　)。

A. 市场占有率高　　　　B. 成本的经济性

C. 市场适应性强　　　　D. 需求满足程度高

3. 同质性较高的产品，宜采用(　　)。

A. 产品专业化　　　　B. 市场专业化

C. 无差异营销　　　　D. 差异性营销

4. 重新定位，是对销路少、市场反应差的产品进行(　　)定位。

A. 避强　　　　B. 对抗性

C. 竞争性　　　　D. 二次

5. 市场细分就是(　　)。

A. 试图区分出各种具有相同需求和特征的顾客群

B. 市场营销战略计划

C. 某一市场营销组合策略满足多种细分市场

D. 假设市场是由亚市场组成的

四、思考题

1. 什么是市场细分？如何衡量市场细分的有效性？

2. 目标市场营销策略有哪几种？如何选择？

3. 简述市场细分和目标市场营销的作用。

4. 企业如何进行市场定位？

5. 企业评估细分市场主要考虑哪些方面的因素？

五、案例分析题

“蓝猫”抢滩儿童饮料市场

提到儿童饮料人们很自然想起“酷儿”，一个蓝色的大头娃娃以独特的姿态吸引着小朋友们的目光，意料之中“酷儿”成了2001年果汁市场当之无愧的黑马。然而事隔一年，一只蓝猫横空出世，扬言要改写中国儿童饮料市场。

虽然“酷儿”早于2001年捷足先登抢去儿童饮料市场的第一块蛋糕，但是“酷儿”并没有直接对着饮料市场说是儿童饮料，不知是因为说了会减少目标消费群还是另有企图，但是一个大型投资公司却看到了这一市场的空白点，随之与蓝猫淘气卡通中国公司合资开发了专门针对儿童市场的饮料——蓝猫淘气咕噜噜多维饮品。这个主要针对中国4～12岁年龄段儿童。上市之初公司便把目光盯在了3.8亿儿童身上，无论是该公司的架构组成，还是广告时间段的选择以及创新市场的运作，与大众饮料都有着天壤之别。

(一) 聪明猫借力使力

蓝猫淘气饮品有限公司成立之前，并不是像中国几个大饮料企业一样有着实体运营的经验，而是在资本经济与卡通文化联手的情况下诞生的，是由中国最大的卡通生产基地——中国蓝猫产业机构与中国颇具实力的产业控股投资集团中国(北京)华融投资公司联合创建，这就意味着他们具有强大的经济实力作支撑，但是雄厚的资金实力背后最让人担心的也是他们的运作，是稳步发展还是跳跃式发展？在采访中，西南大区经理刘涛表示，“蓝猫”的发展速度太快了，从糖酒会订货到现在全国已经突破1个亿的销售量，这个结果不仅是刘本人，就是蓝猫高层都始料未及。

在卡通片上蓝猫以聪明博得小朋友的喜爱，在饮料上他们再度把蓝猫的聪明嫁接过来，让业内人士不得不惊叹于他们的灵活。蓝猫淘气饮品公司并没有自己的生产科研人员，也没有自己的生产线，但这并不能说明他们做事就真的没了“底气”。据了解，在技术方面，蓝猫淘气“咕噜噜”的口味和配方是由中国营养学会妇幼分会专家研制的，而这个分会融合了亚洲顶尖科技研发实力；在生产方面，蓝猫用的是“借鸡生蛋”的方法，也许人们会理解为OEM生产，但蓝猫的做法比单纯的贴牌委托生产更进一步，这种进步表现在产品的生产配方上、生产技术上均是按蓝猫的要求进行的，除了生产工人之外，品控、质检人员都是蓝猫自己的特派员，而物流也由蓝猫自己控制，他们称这种生产方式为“ODM”。据蓝猫内部有关负责人透露，与蓝猫合作的几个生产厂家都是中国知名的饮料生产厂家，例如北京汇源、上海均瑶、北京希杰。这种合作方式最大限度地节约了资源并保证了产品的生产质量，更重要的是节省了时间成本。

（二）营销模式“特”出创意

产品的定位直接决定营销模式，蓝猫针对细分市场所采用的方式是区域总代理制，但他们对代理商有着较高的选择标准。在2002年春季糖酒会上，蓝猫第一次亮相就向代理商(后称品牌管理商)提出了经济实力和经营条件的要求，代理商在省会市场启动资金不能少于150万，在地级市场启动资金不能少于60万，县级市场则不能少于30万，凡是达不到这一条件的一切都免谈，这里所讲的启动资金就是第一次打款额。第二个条件是选择非行业代理商。如果说启动资金是选择代理商不可缺少的条件，那么优先选择非行业代理商的行为让人感到费解，蓝猫的解释详尽地说明了他们的出发点：饮料行业内的大实力的代理商一般对新产品重视程度低，不会将其作为重点产品推广；另外一方面，蓝猫饮料的目标消费群是儿童，这就决定了与大众饮料在销售渠道方面的差异性，所以选择行业代理商会出现弊大于利的现象。令人意想不到的是，即使提出如此高的条件，蓝猫依然在全国签了300多个大客户，网络遍布全国。

代理商选定后就成为蓝猫的一级经销商，也叫品牌管理商。品牌管理商主要负责供货、价格管理、促销政策的执行等具体工作，而市场开发则由网络营销员(所长)进行承包销售。网络营销员的选择条件比较苛刻，优先录用没有做过饮料销售，并且在当地有稳定居住场所的自然人(下岗职工、想成为老板的生意人等)。双方商定后，该自然人交付一定的押金(数额视具体情况而定)，就正式成为蓝猫的网络营销员，然后向品牌管理商报批注册所辖区域和网点数，一般一个人负责300～400个网点，但有些地方也会视具体情况而定。

分支机构建好后，“蓝猫”开始实行动态管理，网络营销员只需按蓝猫的报表系统规定的表格填写每天的工作情况即可，当然他们也会对ABC类店进行固定拜访。A类店一般一周拜访两次，B类店一周一次，C类店两周一次。网络营销员工作的好坏由市场督导进行监督，一个督导员监督的目标是800～1000家，对没有按要求进入的零售店进行分类统计，将指导意见反馈给网络营销员，没有特殊情况下限期完成，如果达不到要求督导员就会把该区域内的售点划给其他网络营销员。对于问题的处理，督导员会将已处理的问题在品牌管理商处作登记，而没有处理的问题会以处理卡的形式通知网络营销员处理的时间和具体的措施。

蓝猫的市场运作最大限度地减少了人员费用和管理成本，使营销链条扁平化，蓝猫淘气饮品公司的负责人幽默地称这种方式是“后终端时代的营销”。不过，独特的市场运作模式并不能说明他们就万事俱备了，随着销售量的增长，蓝猫将面临着更为严峻的管理问题。

（三）猛烈的广告攻势

据了解，“蓝猫”系列动画片由于在全国1019家电台连续播映数年，其贴片广告家喻户晓。“咕噜噜”产品借“蓝猫”卡通热播之势，在以幼儿为主流消费群的市场中拥有了极高的品牌优势。“咕噜噜”产品一上市，就紧紧抓住位于学校附近的多家“蓝猫”连锁专卖店为主销渠道，连同大卖场渠道进行覆盖，辅以店头POP、卖场堆头设置等促销手段，迅速抢占销售终端。一个刚刚2岁的孩子竟然指名要蓝猫咕噜噜，可见蓝猫在儿童当中的影响力。

准确的产品定位、势不可挡的媒体宣传、独特的营销模式只是蓝猫发展的硬件条件，而决定他们能否成为儿童市场的主流产品，更重要的是对大人进行宣传，因为儿童的饮食多是由父母选择。另外，在营销方面发展的速度与企业成长的速度不成正比就势必出现管理的漏洞，所以还没走稳的蓝猫不要急于快跑。

案例思考：

1. 蓝猫的目标顾客群是谁？酷儿饮料市场定位有无问题？

2. 蓝猫饮料产品为何会成功，采取了哪些措施？

六、实训练习

在大都市，星级酒店一直以其豪华装修、完整的配套设施、优质的服务、优美的环境而备受消费者的青睐。然而，近几年中小型商务酒店却发展迅速，此类型商务酒店一般有以下特点：经济、交通便捷、规模较小、配套设施以商务为主、房间能上网、装修以实用为主。

实训要求：请同学们在当地选择一家商务酒店，对他们的目标市场、市场定位等进行调查分析，并在此基础上作出目标市场策划方案。

第六章　市场竞争分析

【营销格言】 市场营销中最重要的一点是创造一类能使你成为市场“第一”产品，这比努力使人们相信你能比“产品首创者”提供更好的质量或服务要容易得多。总之，“第一”要胜过“更好”。

【本章结构】

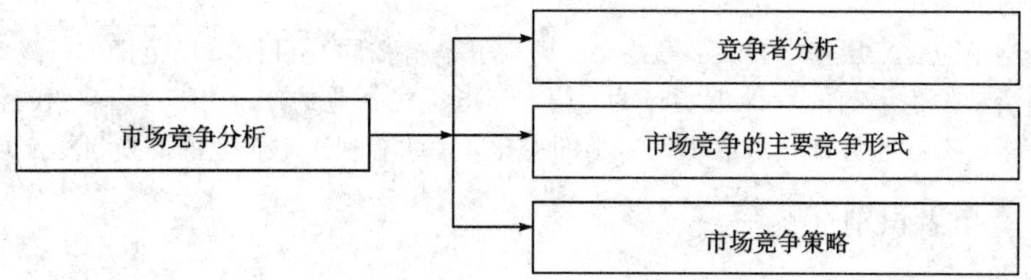

【案例导入】

竞争失利的窘境

上海蜜饯厂是一家创建于清朝道光年间的百年老厂，在20世纪90年代中后期却走入了困境，它生产的各类蜜饯的年生产量从高峰时的3000多吨，下降到400多吨，亏损额达到68万元。

20世纪90年代初期，广东蜜饯迅速进入上海百姓家；随后，浙江、江苏、福建等地的一些蜜饯名品在上海商店也开始纷纷露脸。上海蜜饯厂已处于市场竞争中，却没有竞争的意识。百年老厂看不起外地乡镇小厂的“原始”工艺，对他们对商家的种种“攻心”、“公关”技巧，更是嗤之以鼻。外地小厂很善于翻出蜜饯新“花样”，百年老厂的评价却是“花头花脑”；外地小厂生产的蜜饯外包装很漂亮，百年老厂却认为“有啥稀奇”。但就在“不以为意”中，王中王话梅、佳宝酒制陈皮等外省市蜜饯品牌在上海市场上占据越来越多的份额，有些还挂起了泰国、菲律宾等国的“洋牌子”，唯独上海的“土产”蜜饯踪影难觅。上海蜜饯厂产品的市场覆盖率连连下降，企业效率频频滑坡，尽管后来该厂也生产起了小包装的蜜饯，但“后发效应”总要大打折扣，难于从根本上摆脱竞争失利的窘境。

思考：

为什么上海蜜饯厂会陷入如此境地？你认为作为一家百年老厂应该在竞争中采取哪些措施以应对市场竞争？

不管你愿不愿意，任何企业都将被卷入市场竞争中。竞争者的类型及其竞争策略直接或间接影响着企业营销目标的实现，因此，如何制定正确的竞争战略，如何根据竞争对手的营销战略来调整企业营销对策以达到企业预期的战略目标，是营销管理的最重要的内容之一。

第一节　竞争者分析

【本节任务】

理解市场竞争的含义，能够从不同角度识别竞争者，掌握竞争者分析方法。

一、市场竞争

在同一市场上如果存在两个以上的企业生产同一性的或可替代的产品，就会存在市场竞争。在有多个厂家生产同一性质产品的时候，购买者在市场上就可以有多种选择，这就迫使企业为了自己的生存和发展进行竞争以争夺顾客，市场由此进入不断“优化”的过程，这是市场经济活力的来源。

市场竞争包含三层基本含义：第一，市场竞争是指在同一目标市场范围内，能对其他企业的营销活动发生影响的一种市场行为；第二，指这些企业的产品相互具有替代性；第三，市场竞争指所有参与方都在争取市场需求的变化，是朝有利于本企业的交换目标实现转化。

二、竞争者识别

竞争观念就是指企业需要从顾客观点来看待竞争，因此，应该将所有能够满足顾客某种真正需要的企业都看成是竞争对手。

(一) 行业竞争与竞争者识别

1. 现有厂商

现有厂商指本行业内现有的与企业生产同样产品的其他厂家，这些厂家是企业的直接竞争者。

2. 潜在进入者

当某一行业前景乐观、有利可图时，会引来新的竞争企业，使该行业增加新的生产能力，并要求重新瓜分市场份额和主要资源。另外，某些多元化经营的大型企业还经常利用其资源优势从一个行业侵入另一个行业。新企业的加入，将可能导致产品价格下降，利润减少。

3. 替代品厂商

与某一产品具有相同功能，能满足同一需求的不同性质的其他产品，属于替代品。随着科学技术的发展，替代品将越来越多，某一行业的所有企业都将面临与生产替代品的其他行业的企业进行竞争。

【即问即答】

行业内现有厂商应如何防止潜在进入者的入侵？

【知识拓展】

“五力模型”：美国战略家迈克尔·波特从竞争的角度，指出市场中存在五种竞争力量，他们共同决定了一个市场或细分市场的长期内在吸引力。这五种力量具体表现在：同行业内企业竞争的威胁、新进入竞争者的威胁、替代者的威胁、供应商的讨价还价能力、购买者的讨价还价能力。

读者进一步了解“五力模型”的相关内容可参考互动百科：

http://www.baike.com/wiki/五力模型

(二) 市场竞争与竞争者识别

1. 品牌竞争者

企业把同一行业中以相似的价格向相同的顾客提供类似产品或服务的其他企业称为品牌竞争者，如家用空调市场中，生产格力空调、海尔空调、三菱空调等厂家之间的关系。品牌竞争者之间的产品相互替代性较高，因而竞争非常激烈，各企业均以培养顾客品牌忠诚度作为争夺顾客的重要手段。

2. 行业竞争者

企业把提供同种或同类产品，但规格、型号、款式不同的企业称为行业竞争者。所有同行业的企业之间存在彼此争夺市场的竞争关系，如家用空调与中央空调厂家、高档汽车与中档汽车厂家之间的关系。

3. 需要竞争者

企业把提供不同种类的产品，但满足和实现消费者同种需要的企业称为需要竞争者。如航空公司、铁路客运、长途客运汽车公司都可以满足消费者外出旅行的需要，当火车票价上涨时，乘飞机、坐汽车的旅客就可能增加，相互之间争夺满足消费者的同一需要。

4. 消费竞争者

企业把提供不同产品，满足消费者的不同愿望，但目标消费者相同的企业称为消费竞争者。如很多消费者收入水平提高后，可以把钱用于旅游，也可用于购买汽车或购置房产，因而这些企业间存在相互争夺消费者购买力的竞争关系，消费支出结构的变化对企业的竞争有很大影响。

(三) 竞争地位与竞争者识别

1. 市场领导者(Leader)

市场领导者指在某一行业的产品市场上占有最大市场份额的企业。例如柯达公司是摄影市场的领导者，宝洁公司是日化用品市场的领导者，可口可乐公司是软饮料市场的领导者等。市场领导者通常在产品开发、价格变动、分销渠道、促销力量等方面处于主宰地位。市场领导者的地位是在竞争中形成的，但其不是固定不变的。

2. 市场挑战者(Challenger)

市场挑战者指在行业中处于次要地位(第二、三甚至更低地位)的企业。如富士是摄影市场的挑战者，高露洁是日化用品市场的挑战者，百事可乐是软饮料市场的挑战者等。市场挑战者往往试图通过主动竞争扩大市场份额，提高市场地位。

3. 市场追随者(Follower)

市场追随者指在行业中居于次要地位，并安于次要地位，在战略上追随市场领导者的企业。在现实市场中存在大量的追随者。市场追随者的最主要特点是跟随。在技术方面，他们不做新技术的开拓者和率先使用者，而是做学习者和改进者。在营销方面，他们不做市场培育的开路者，而是搭便车，以减少风险和降低成本。市场追随者通过观察、学习、借鉴、模仿市场领导者的行为，不断提高自身技能，不断发展壮大。

4. 市场补缺者(Nichers)

市场补缺者多是行业中相对较弱小的一些中、小企业，它们专注于市场上被大企业忽略的某些细小部分，在这些小市场上通过专业化经营来获取最大限度的收益，在大企业的夹缝中求得生存和发展。市场补缺者通过生产和提供某种具有特色的产品和服务，赢得发展的空间，甚至可能发展成为“小市场中的巨人”。

三、分析竞争者

(一) 分析竞争者战略与目标

企业确定了谁是自己的竞争者以后，下一步需搞清每个竞争者在市场上追求的目标是什么以及每个竞争者的行为动力是什么。也就是说，每个竞争者都有自己侧重点和不同的目标组合，如盈利能力、市场占有率、销售增长率、技术领先地位和服务领先地位等。营销管理者要知道主要竞争者的目标组合侧重的是什么，从而才能正确估计竞争者可能采取的应变对策。

1. 分析竞争者的营销目标

竞争战略目标是企业对市场竞争所规定的一个任务体系，是在服从总体营销战略目标的要求下，对营销中各个环节为取得竞争胜利或消除竞争对手的威胁而制定的一系列目标。

市场竞争者营销目标一般包括：(1) 竞争者的经营理念；(2) 竞争者的组织结构；(3) 竞争者的财务目标；(4) 竞争者的控制系统等。

2. 分析竞争者的战略

根据竞争者所采取的主要战略不同，可以把竞争者划分成不同的战略群体。在多数行业，竞争者可以区分为几个实施不同战略的群体。这些群体之间的战略差别通常表现在目标市场、产品档次、性能、技术水平、价格以及销售范围等方面。

企业要想进入某个战略群体，必须注意以下问题：(1) 不同战略群体进入的难易程度不同；(2) 同一战略群体内竞争最为激烈；(3) 不同战略群体之间同样存在着竞争。

(二) 分析竞争者的优劣势

在市场竞争中，企业需要分析竞争者的优势与劣势，做到知己知彼，才能有针对性地制定正确的市场竞争战略，以避其锋芒、攻其弱点、出其不意，利用竞争者的劣势来争取市场竞争的优势，从而实行企业营销目标。

1. 对竞争者资源的分析

竞争者资源条件的好坏只有在与本企业的比较中才能确认。竞争者资源包括产品、销售渠道、市场营销、生产与经营、研发能力、资金实力、组织、管理能力等。企业通过将竞争者的每一项资源要素与自身一一对比，分析出竞争对手的强项和弱项。

2. 对竞争对手假设的分析

每一个企业都有一套关于自己的市场假设。例如，他可能把自己看做行业的领导者，或者有最强的销售能力，或者认为竞争对手是从容型竞争者或凶狠型竞争者，等等。竞争者的这些假设可能是准确的，也可能是不准确的。对竞争者假设的分析也就是识别其在认识环境时的偏见与盲点，以便捕捉到市场机会。

【即问即答】

企业对竞争对手的假设是基于什么因素作出的？是靠企业的主观想象吗？

（三）竞争者评估

评估竞争者可分为三步：

第一步，收集信息。收集竞争者业务上最新的关键数据，主要有：销售量、市场份额、心理份额、情感份额、毛利、投资报酬率、现金流量、新投资、设备能力利用等。收集信息的方法是查找二手资料和向顾客、供应商及中间商调研得到第一手资料。

第二步，分析评价。根据所得资料综合分析竞争者的优势与劣势，如表6－1所示。表中，5、4、3、2、1分别表示优秀、良好、中等、较差和差。

表6－1　竞争者优势与劣势分析

品牌	顾客对竞争者的评价				
	顾客知晓度	产品质量	情感份额	技术服务	企业形象
A	5	5	4	2	3
B	4	4	5	5	5
C	2	3	2	1	2

表6－1中，公司要求顾客在五个属性上对三家主要竞争者作出评价。评价结果是：竞争者A的产品知名度和质量都是最好的，但是在技术服务和企业形象方面逊色一些，导致情感份额下降。竞争者B的产品知名度和质量都不及A，但是在技术服务和企业形象方面优于A，使情感份额达到最大。公司在技术服务和企业形象方面可以攻击品牌A，在许多方面都可以进攻品牌C。

第三步，定点超越。找出竞争者在管理和营销方面的最好做法作为基准，然后加以模仿、组合和改进，力争超过竞争者。

定点超越的步骤为：（1）确定定点超越项目；（2）确定衡量关键绩效的变量；（3）确定最佳级别的竞争者；（4）衡量最佳级别竞争者的绩效；（5）衡量公司绩效；（6）制订缩小差距的计划和行动；（7）执行和监测结果。

【知识拓展】

标杆分析法：又称为基准化分析法(benchmarking)，就是将本企业各项活动与从事该项活动最佳者进行比较，从而提出行动方法，以弥补自身的不足。benchmarking是将本企业经营的各方面状况和环节与竞争对手或行业内外一流的企业进行对照分析的过程，是一种评价自身企业和研究其他组织的手段，是将外部企业的持久业绩作为自身企业的内部发展目标并将外界的最佳做法移植到本企业的经营环节中的一种方法。实施benchmarking的公司必须不断对竞争对手或一流企业的产品、服务、经营业绩等进行评价来发现优势和不足。

读者要进一步了解标杆分析法的相关内容可参考MBA智库百科：

http://wiki.mbalib.com/wiki/标杆分析法

第二节 市场竞争的主要竞争形式

【本节任务】

理解价格竞争与非价格竞争的概念以及两种竞争形式的区别。

市场主要竞争形式有价格竞争和非价格竞争。

一、价格竞争

价格竞争是指企业运用价格手段，通过价格的提高、维持或降低，以及对竞争者定价或变价的灵活反应等，来与竞争者争夺市场份额的一种竞争方式。长期以来，价格竞争一直深受商品生产者、经营者重视。甚至一谈到竞争，就会想到削价。

在一定条件下，价格竞争是必要的。但是，把价格看成决定交易成败的唯一因素，难免会造成价格竞争的泛滥。

(1) 价格竞争是竞争对于易于仿效的一种方式，很容易招致竞争对手以牙还牙的报复，以致两败俱伤，最终不能提高经济效益；

(2) 以削价为手段，虽然可以吸引顾客于一时，但一旦恢复正常价格，销售额也将随之大大减少；

(3) 定价太低，往往迫使产品或服务质量下降，以致失去买主，损害企业形象；

(4) 价格竞争往往使资金力量雄厚的大企业能继续生存，而资金短缺、竞争能力脆弱的小企业将蒙受更多不利。因此，在现代市场经济条件下，非价格竞争已逐渐成为市场营销的主流。

二、非价格竞争

非价格竞争即价值竞争，就是为顾客提供更好、更有特色，或者更能适合各自需求的产品和服务的一种竞争。价格竞争主要是生产成本的竞争，即在尽可能减少生产成本条件下的竞争。而非价格竞争所涉及的方面更为广泛，层次更为深入，对生产者的技术、知识、信息及其管理水平方面都提出了更高的要求。

(1) 产品创新化：社会发展飞速前进，在今天知识经济时代的前提下，消费者对产品的要求越来越高，标准化产品、统一的营销方式和水准已经远远不能满足他们的需要。单一的产品品种无法满足消费者，价格因素在竞争中的影响降低，消费者开始关注产品的差异化以及其更新换代的速度。

(2) 产品品牌化：现代生活水平在不断提高，高技术含量及高档次的产品在不断增加，产品的差异化、品牌的个性化倾向越来越显著。除了质量、价格、外观等理性方面，消费者越来越强调的是产品的文化内涵、个性等感性方面的影响因素，这种情感因素的增加也加深了消费者对产品及品牌的理解和依赖。

(3) 服务个性化：美国著名市场营销学家莱维特曾说过："未来企业竞争的焦点不再是企业能为消费者生产出具有什么使用价值的产品，而是企业能为消费者提供什么样的附加价值——服务。"服务营销是提高顾客满意度的有效手段和策略。

(4) 战略联盟：战略联盟就是指两家或两家以上公司为了达到某些共同的战略目标而结

成的一种合作形态。联盟成员在研究开发、生产领域、营销领域等经营活动中各自发挥自己的竞争优势，共同合作，相互利用对方资源，相互合作、共担风险。战略联盟是一种适应市场环境变化的新型竞争观念，它以一种合作的态度来对待竞争者，形成商业联盟，通过建立双方的信任关系，在合作中竞争，优势互补，达到共赢的目的。

【营销故事】

养生堂刚刚涉足果汁行业，推出农夫果园，广告语是我们熟知的“三种水果在里边”、“喝前摇一摇”，这极大吸引了青年消费者的注意力和好奇心。但马上，娃哈哈公司推出了一个新产品高钙果C，广告语是“三种水果怎么够?”“我有四种水果还加了钙”，它的针对性是非常明显的。娃哈哈高钙果C的研制与上市似乎并不是出于市场真正需求的考虑，而是出于竞争的需要。娃哈哈和养生堂在水饮市场竞争多年，一直难分高下，现在又延续到了果汁市场。所以高钙果C是娃哈哈的战术产品，目的明确，就是要压制、钳制对手，进而在战略上赢得时间，打垮对手。

第三节 市场竞争策略

【本节任务】

理解和掌握三种基本的市场竞争策略；理解和掌握处于不同竞争地位企业的竞争策略。

了解竞争环境、摸清市场竞争者的情况，分析企业自身的竞争能力等，目的是争取竞争优势。根据企业的营销目标、营销环境、营销资源及企业在目标市场中的地位所确定的竞争策略，能恰当地促进企业制造和保持竞争优势，争取有利的市场地位，从而最终帮助企业实现营销目标。

一、基本的市场竞争策略

每个企业在市场竞争中都会有自己相对的优势和劣势，要获得竞争胜利，当然必须以一定的竞争优势为基础。企业的竞争优势是由企业应付潜力竞争者、现有竞争者、替代品竞争者、买方竞争者、供方竞争者的能力所决定的，从市场竞争的普遍规律而言，企业为增强竞争能力，争取竞争优势的基本市场竞争策略有三种：总成本领先策略、差异竞争策略和目标聚焦策略。

(一) 总成本领先策略

总成本领先策略指企业尽可能降低自己的生产和经营成本，在同行业中取得最低的成本生产和营销的做法。要想实现总成本领先，一般要求取得一个比较大的市场占有份额，因此低成本和低价策略需要结合使用。

总成本领先策略具有一定的风险：经过多年积累得到的降低成本的投资与方法、制度、技术等可能因为新技术的出现而变得毫无用处；后来的加入者或竞争追随者可能通过模仿或其他廉价的学习途径掌握降低成本的方法；过于注重成本的结果往往导致对市场需求变化反应迟钝；往往因为定价是处于成本的最低界限边缘，因此当竞争对手发动进攻时，缺少回旋余地。

(二) 差异竞争策略

差异竞争策略是指从产品定位因素、价格因素、渠道因素、促销因素及其他营销因素上造就差异，形成企业对于整个产业或主要的竞争对手的“独特性”。它是最符合“营销观念”的做法。

差异性竞争策略的竞争特点：构筑企业在市场竞争中的特定的进入障碍，有效地抵御其他的竞争对手的攻击；减弱顾客和供应商议价能力；企业希望获取到超额利润。

差异竞争策略具有一定的风险：与低成本的竞争对手比较，甚至与普通的竞争对手比较，可能成本太高，以至于差异对顾客的吸引力丧失；顾客偏好变化，导致差异不能对顾客再有吸引力；竞争对手对于顾客特别喜欢的差异的模仿。

(三) 目标聚焦策略

目标聚焦竞争策略是指主攻某个特定顾客群、产品系列的一个细分区段或某个地区市场。也就是说，集中竞争策略是针对一组特定顾客，集中企业力量，以更好的效果、更高的效率为某一狭窄的服务对象提供产品或服务。

目标聚焦竞争策略主要风险是：当覆盖整个市场的那些竞争对手因为规模经济的好处大幅度降低成本，或者积极细分市场增加产品组合或产品线长度，可能导致采用集中竞争战略的企业经营缺少特色或成本优势不再存在；集中目标指向的特定细分市场的需求变得太小，转移产品到其他细分市场相当困难；在过度细分的市场上，因为市场容量很小，所以目标集中企业是没有明显的好处的。

二、处于不同竞争地位企业的竞争策略

企业在进行竞争因素分析之后，还必须明确自己在同行业竞争中所处的位置，进而结合自己的目标、资源和环境，以及在目标市场上的地位等来制定市场竞争策略。现代市场营销理论根据企业在市场上的竞争地位，把企业竞争策略分为四种类型：市场领先者策略、市场挑战者策略、市场跟随者策略和市场补缺者策略。

(一) 市场领先者策略

所谓市场领先者，是指在相关产品的市场上市场占有率最高的企业。一般来说，大多数行业都有一家企业被公认为市场领先者，它在价格调整、新产品开发、分销渠道建设和促销力量方面对本行业和其他企业起着主导作用。

市场主导者为了维护自己的优势，保住自己的领先地位，通常可采取三种战略：扩大市场总规模、保持现有市场份额、扩大市场份额。

(1) 扩大市场总规模的战略。一般地，在同行业产品结构基本不变时，当市场总规模扩大，市场领先者得到的好处会大于同行业中其他企业，因此，市场领先者总是首先考虑扩大现有市场规模。

市场领先者可以通过以下途径扩大市场的总规模：第一，寻找新用户。其主要策略有寻求新的细分市场战略、市场渗透战略、新市场开发战略。第二，开辟产品的新用途。第三，引导扩大消费。比如旅游企业通过多种途径宣传和推广汽车自驾游活动，让消费者逐渐了解、接受和喜欢上这一新兴的旅游项目，从而扩大了这一旅游项目的市场总规模。

(2) 保持现有市场份额的战略。该战略属于维持性或防御性战略。市场领先企业应采取较好的防御措施和有针对性的进攻，来保持自己的市场地位。尤其需强调的是，市场领先者绝不能一味地采取"防御"，或说是单纯消极的防御。市场领先者也应该使自己具有竞争的主动性和应变能力。

保持现有市场份额的战略一般有阵地防御、侧翼防御、先发制人的防御、反击式防御、运动防御、收缩防御等几种。

【营销故事】

在面对中国联通和中国电信咄咄逼人的攻势下，中国移动再也无法保持沉默，推出其历史以来最大胆的一系列以"便宜有什么用"为主题的广告战。在广告表现中，其针对对手的低话费策略很明确地提出"一用户手持手机到处找信号的旁白：找什么，找信号；掉什么，掉钱；打一个电话掉五六次线，一点不省钱"。通过强化其核心竞争力"网络好"，极为有力地回应对手的进攻。而在上海市场，中国移动甚至启用中国联通广告的原班人物，让父亲教训在中国联通广告片要换手机的年轻人："换什么换?! 即使在环保标准最为严格的欧洲，GSM 仍然是绝大多数人的选择，咱就不换！"

(3) 扩大市场份额的战略：市场占有率与投资报酬率密切相关，一般说企业的市场占有率越高，其投资收益率相应就越大。许多企业把市场占有率作为自己的营销目标，领导企业根据经济规模的优势，降低成本，扩大市场占有率。扩大市场份额战略主要有：产品创新策略、高质量策略、多品牌策略、增加大量广告策略、有效或较强力度销售促进。

【课堂讨论】

2015 年"双 12"前夕，支付宝宣布，将发动全国 200 多个城市和全球 12 个国家及地区 30 万家商店参加"五折活动"。消费者当天使用支付宝付款，就可以享受少则 10 元、多则 50 元的五折优惠。

第三方支付平台支付宝在行业中的领先地位不容置疑，请扫描二维码阅读相关资料：http://www.ikanchai.com/2015/0727/31130.shtml，讨论支付宝的市场领先者策略。

(二) 市场挑战者策略

市场挑战者如果要向市场领先者和其他竞争者挑战，首先必须确定自己的战略目标和挑战对象，然后再选择适当的进攻策略。战略目标同进攻对象密切相关，对不同的对象有不同的目标和策略。一般来说，挑战者有三种对象可以选择。第一，攻击市场主导者。这种进攻风险很大，然而吸引力也很大，挑战者进攻战略若能奏效，则其市场地位能迅速提升，潜在的收益可能很高。第二，攻击与自己实力相当者。挑战者对一些与自己势均力敌的企业，可选择其中经营不善而发生危机者作为攻击对象，以夺取它们的市场。挑战者企业在采取这一策略时应认真研究竞争对手的抵御能力，如消费者满意度以及该企业的创新能力等。第三，进攻区域性小型企业。对一些小型企业中经营不善、财务困难者，可夺取它们的顾客，甚至兼并或收购这些企业。

在确定了战略目标和进攻对象之后，挑战者要考虑进攻的策略问题。其原则是集中优势兵力于关键的时刻和地方，争取在局部市场上取得优势。总的来说，挑战者可选择以下五种策略：

（1）正面进攻。正面进攻就是挑战者集中兵力向对手的主要市场发动攻击，打击的目标是敌人的强项而不是弱点。进攻的结果，取决于谁的实力更强或更有持久力，即正面进攻采取的是实力原则。

（2）侧翼进攻。挑战者在采取正面进攻风险太大时，往往会考虑采用侧翼进攻。侧翼进攻就是集中优势力量攻击对手的弱点。一般可寻找对手相对薄弱的地区发动攻击，也可冲击对手薄弱的细分市场。侧翼进攻也是一种最有效和最经济的策略，较正面进攻有更多的成功机会。

【营销故事】

1945 年，沃尔玛在阿肯色州纽波特开了间杂货铺。30 年后，它变成全球最大的零售商。20 世纪 70 年代初，大型零售商如西尔斯、凯玛特把他们的商店设在大城市和中心镇里。沃尔玛反其道而行之：瞄准小镇。沃尔玛把好的折扣店搬到别人忽视的偏僻小镇上。那时候，凯玛特不在人口少于 5 万的小镇设店，而沃尔玛却能在人口少于 5 000 的镇里布点。

（3）包围进攻。包围进攻，是指看准敌方一块阵地后，从前后左右几条战线上同时进攻，迫其全面防守。如产品包围战，就是针对竞争者的产品，推出质量、风格、特点各异的数十种同类产品，以此淹没对手的产品，最后夺取市场。

（4）迂回进攻。迂回进攻是一种间接进攻策略。它不是进攻竞争者现有的市场或地盘，相反，对这些产品和市场采取回避态度，绕过竞争者，或是开发新产品去满足未被任何竞争者满足的市场；或是开展多角化经营，进入与竞争者不相关的行业；或是寻找新的、未被竞争者列入经营区域的地区市场。

【营销故事】

朝日意在取代日本啤酒业的领头羊麒麟(Kirin)。但是，想在货架上占一席之地非常之难，因为麒麟在酒店里的影响力异常强大，大多数日本人都在那里购买啤酒。幸运的是，朝日窥见消费者的购买习惯在改变。买啤酒的女人越来越多，她们更倾向于在超市，而不是在酒店里购买。超市啤酒销量猛增。朝日深信，并且押注超市最终会胜过酒店，成为最重要的啤酒销售渠道。它停止猛撞酒店大门的做法，而是同主要食品杂货商建立了强力推销关系。

（5）游击进攻。游击进攻主要适用于规模较小、力量较弱的企业，目的在于通过向对方不同地区发动小规模的、间断性的攻击来骚扰对方，使之疲于奔命，最终巩固永久性据点。游击进攻可采取多种方法，包括有选择的降价、突袭式的促销行动等。

从以上可以看出，市场挑战者的进攻策略是多样的。一个挑战者不可能同时运用所有这些策略，但也很难单靠某一种策略取得成功，通常是设计出一套策略组合，通过整体策略来改善自己的市场地位。

【课堂讨论】

1995年，在中国的药品行业，康泰克、三九、丽珠、神奇等，各自凭借实力和铺天盖地的广告，抢占分割着市场份额，大有其他药品企业难以攻进之势。但就在这个几乎没有空隙的市场上，盖天力在短短的一年时间里，从一个初次开发感冒药的新企业一跃成为仅次于康泰克的市场挑战者。

过去，感冒药因含有“扑尔敏”，服用后很容易瞌睡，这一副作用给许多坚持白天活动的患者带来不便，但长期以来，这一产品同质化现象并没有引起众多制药厂商的注意，他们更注重产品营销中的手段，因此导致市场上的竞争者表现得非常激烈，但是由于产品本身得同质化，在市场中无论哪一家感冒药都很难取得完全的胜利。

盖天力在开发感冒药时，注意到了感冒药容易引起瞌睡这一副作用，并同时发现，这是一个未被任何竞争对手服务过的“领域”，它就是进入的缺口。于是，盖天力制定了一个大的战略目标——针对消费者的生活形态需要和治疗需求，开发出白天不瞌睡的感冒药——白片；晚上睡得香的感冒药——黑片。就这样，一个新的感冒药——“白加黑”诞生了。1995年，盖天力就是靠“白加黑”，投放市场仅仅半年时间，就以全新的产品概念，创造出品牌差异优势，夺得了全国15%的市场份额，实现营业收入1.6亿元。

请问：1995年盖天力在感冒药市场的市场地位如何？其竞争策略有何特点？

（三）市场追随者策略

市场上有大量企业在行业中产品线与竞争者重合，实力又相对较弱没有能力发起挑战，另外，并非所有在行业中处于第二或第三位的企业都可以或愿意充当挑战者。实践证明，成功地采取追随者战略的企业也能获得高额利润。相反，挑战者策略很容易引起领先企业的愤怒，发生对抗。因此，相当多的企业都宁愿当追随者。

市场追随者策略的核心是寻找一条避免触动竞争者利益的发展道路。但追随并不等于被动挨打，况且，追随者通常又是挑战者攻击的目标，因此，追随者还要学会在不刺激强大竞争对手的同时保护好自己。以下是三种可供选择的追随策略：

(1) 紧密追随。这种策略是在各个子市场和营销组合方面，尽可能仿效主导者。这种追随者有时好像是挑战者，但只要它不从根本上侵犯到主导者的地位，就不会发生直接冲突，有些甚至被看成是靠拾取主导者的残余谋生的寄生者。

(2) 有距离的追随。这种追随者是在主要方面，如目标市场、产品创新、价格水平和分销渠道等方面都追随主导者，但在包装、广告和价格方面又与主导者保持若干差异。

(3) 有选择的追随。市场追随者企业根据自身的具体条件，部分地仿效市场领导者企业，择优追随。同时在其他方面自行其是，坚持独创。比如主动地细分和集中市场、有效地研究和开发等，尽量在别的企业想不到或者做不到的地方去争取一席之地。

（四）市场补缺者策略

市场补缺者(又称市场利基者)是指专门为规模较小或较大企业不感兴趣的细分市场提供产品和服务的企业。由于这些企业对市场的补缺，可使许多大企业集中精力生产主要产品，也使这些小企业获得很好的生存空间，比如：一个很小的日本家族企业，是做口哨的，世界上一流品质的口哨乃至全球各种盛大的赛事都用他们的口哨。

作为市场补缺者，在竞争中最关键的是应该寻找到一个或多个安全的和有利可图的补缺基点。每个行业几乎都这样的小企业，它们精心服务于市场的某些细小部分，而不与主要的企业竞争，只是通过专业化经营来占据有利的市场位置。

补缺策略的关键其实是“专业化”，即利用分工原理，专门生产和经营具有特色的或是拾遗补缺的、为市场需要的产品或服务。一般而言，在下列几方面可以找到专业化的竞争发展方向：

(1) 最终使用者的专业化。企业专门为最终使用用户提供服务或配套产品。如计算机行业有些小企业专门针对某一类用户(如诊疗所、银行等)进行市场营销。

(2) 纵向专业化。企业专门在营销链的某个环节上提供产品或服务。

(3) 顾客类型专业化。市场补缺者可以集中力量专为某类顾客服务。如在产业用品的市场上，存在许多为大企业所忽视的小客户，市场补缺企业专为这些小客户服务。

(4) 地理区域专业化。企业将营销范围集中在比较小的地理区域，这些地理区域往往具有交通不便的特点，为大企业所不愿经营。

(5) 产品或产品线专业化。企业专门生产一种产品或一条产品线，而所涉及的这些产品是被大企业看做市场需求不够、达不到经济生产批量要求而放弃的，这就为市场补缺者留下很好的发展空缺，如家用电器维修安装业务。

(6) 定制专业化。当市场领先者或市场挑战者比较追求规模经济效益时，市场补缺者往往可以碰到许多希望接受定制业务的顾客。专门为这类客户提供服务，构成一个很有希望的市场。

(7) 服务专业化。企业专门为市场提供一项或有限的几项服务。

【课堂讨论】

吉列通过“蓝牌”刀片及后来的“超级蓝牌”刀片占领了市场。当威克公司在20世纪60年代推出一种不锈刀片时，吉列公司被打得晕头转向。后来威克公司在1970年接着又推出一种黏合型剃须刀，即把金属刀片以适宜剃须的角度嵌合在塑料刀架中。

这时，吉列公司清醒过来，采取了行动，并打了一个漂亮的防御战。吉列公司开始通过“特瑞克Ⅱ”——世界上最早的双刃剃须刀来进行反击。“两面刃比一面刃好”——吉列的广告这样宣传道，“特瑞克Ⅱ”销量大升。6年后，吉列又引入了“阿特拉”——最早可调整的双刃剃须刀。吉列广告的言外之意自然是新产品要比那种不能调整的双刃剃须刀更好。

不久，吉列又毫不犹豫地推出了“好消息”牌剃须刀——一种一次性的又可自由调整的剃须刀。吉列不停地采用无情地攻击自己的战略，不断推出新产品来增加了它在剃须刀市场上的份额，成为全球剃须刀市场的绝对霸主。

讨论：吉列公司采用的是何种竞争策略？吉列公司在运用竞争策略时有何创新？

本章小结

面对激烈的市场竞争，企业能否获得竞争优势进而取得竞争胜势，竞争者研究是基础。竞争者研究主要包括宏观的竞争环境研究和微观的具体竞争者研究。

企业面临的竞争力量有五种：同行业内企业竞争的威胁、新进入竞争者的威胁、替代品的威胁、购买者讨价还价能力增强的威胁、供应商讨价还价能力增强的威胁。每种竞争力量都有其特点，企业必须认真分析各种竞争力量对企业的威胁与挑战，才能在竞争实践中占得先机，确保营销目标的实现。

每个企业都不可能左右整个市场，每一个企业都有其相应的市场地位：市场领先者、市场挑战者、市场跟随者和市场补缺者。而不同市场地位的企业在竞争中扮演着不同的角色，与同行企业既竞争又合作。

不同市场地位企业具有不同的竞争策略。市场领先者、市场挑战者、市场跟随者和市场补缺者应根据不同的市场情况灵活运用各种竞争策略，建立并保持企业最强的竞争能力。

【思考与练习】

一、名词解释

1. 竞争者 2. 市场竞争战略 3. 非价格竞争

二、填空题

1. 从行业竞争的角度来看，竞争者包括(　　)、(　　)和(　　)。

2. 从竞争地位的角度来看，竞争者包括(　　)、(　　)、(　　)和(　　)。

3. 市场主要竞争形式有(　　)和(　　)。

4. 非价格竞争策略包括(　　)、(　　)、(　　)和(　　)。

5. 美国战略家迈克尔·波特从竞争的角度，指出市场中存在五种竞争力量，它们是：(　　)、(　　)、(　　)、(　　)和(　　)。

6. 市场挑战者的五种竞争策略包括(　　)、(　　)、(　　)、(　　)和(　　)。

三、选择题

1. 专注规模较小且大公司不感兴趣的细分市场企业称为______。

A. 市场领导者　　B. 市场挑战者

C. 市场追随者　　D. 市场利基者

2. 下列不属于市场领导者扩大需求策略的是________。

A. 不断发现新的购买和使用者　　B. 不断开辟产品的新用途

C. 设法使购买者增加产品的使用量　　D. 开发新产品

四、思考题

1. 如何理解竞争的概念？竞争环境对企业竞争力有何影响？

2. 简述企业常用的竞争策略。

3. 应该从哪些方面分析市场竞争者？

4. 企业一般会面临哪几类竞争力量？它们各自的具体表现如何？

5. 根据所处的市场地位不同，有哪几种类型的企业？他们的竞争策略有何差异？

五、案例分析题

“老牌”企业的竞争

海清啤酒成功地在中国西部一个拥有300万人口的某省C市收购了一家啤酒厂，不仅在该市取得了95%以上市场占有率的绝对垄断，而且在全省的市场占有率也达到了60%以上，成了该省啤酒业界名副其实的龙头老大。

C市100公里范围内有一金杯啤酒公司，3年前也是该省啤酒行业的老大。然而，最近金杯啤酒因经营不善全资卖给了一家境外公司。金杯啤酒在被收购后，立刻花了近亿的资金搞技改，还请了世界第四大啤酒厂的专家坐镇狠抓质量。但是新老板清楚地认识到，金杯啤酒公司短板就是营销。为一举获得C市的市场，金杯不惜代价从外企挖了3个营销精英，高薪招聘了20多名大学生，花大力气进行培训。

该省啤酒市场的特点是季节性强，主要在春末和夏季及初秋的半年多时间。一年的大战在4、5、6三个月基本决定胜负。作为快速消费品，啤酒的分销网络相对稳定，主要被大的一级批发商控制。金杯啤酒没有选择正面强攻，主要依靠直销作为市场导入的铺货手段，由销售队伍去遍布C市的数以万计的零售终端虎口夺食。金杯啤酒的攻势在春节前的元月份开始，并且成功地推出了1月18日C市要下雪的悬念广告，商家铺货还有礼品附送。通过上述策略金杯啤酒的市场覆盖率和重复购买率都大大超出了预期目标。但是，金杯在取得第一轮胜利的同时，也遇到了内部的管理问题。该公司过度强调销售，以致把结算流程、财务制度和监控机制都甩在一边。销售团队产生了骄傲轻敌的浮躁情绪，甚至上行下效不捞白不捞。公司让部分城区经理自任经销商，白用公司的运货车，赊公司的货，又做生意赚钱，又当经理拿工资。库房出现了无头账，查无所查，连去哪儿了都不知道。

面对竞争，海清啤酒在检讨失利的同时，依然对前景充满信心。他们认为对手在淡季争得的市场份额，如果没有充足的产量作保障，旺季时肯定要跌下来；而且海清啤酒的分销渠道并没有受到冲击，金杯公司强入零售网点不过是地面阵地的穿插。如今，啤酒销售的旺季，也就是决胜的时候快到了。

案例思考：

1. 运用SWOT分析法，分析海清啤酒面临的环境。

2. 如何评价金杯啤酒的竞争战略？

3. 海清啤酒应采用什么样的竞争战略？

六、实训练习

请同学们在当地选择一家较有实力的专业超市，比如水果超市、电脑超市等，调查了解他们的竞争者状况，以及他们应对竞争对手的竞争策略，分析其竞争的优劣势并撰写分析报告。

第七章　产品策略

【营销格言】 一家企业要在市场中总是占据主导地位，那么它就要永远做到第一个开发出新一代产品，第一个淘汰自己的产品。

【本章结构】

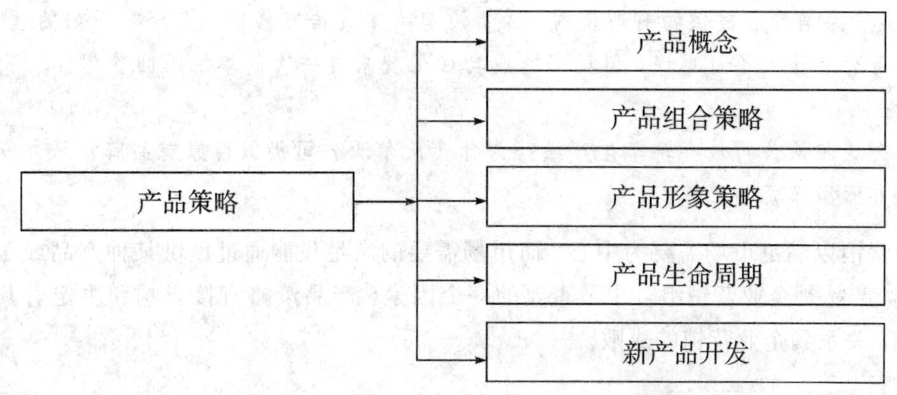

【案例导入】

为梦想而来——沃尔沃(VOLVO)公司的产品线战略

历史上的VOLVO是个产品多元化的汽车制造公司，除了出产蜚声世界的VOLVO轿车外，也生产卡车、客车、建筑设备用车等，甚至还生产工业用发动机和航空组件等产品。然而，进入20世纪90年代后，随着世界汽车工业发展，轿车生产越来越向诸如奔驰、福特等几个少数超大轿车生产公司集中，并逐步占领了世界轿车市场的绝大部分市场份额时，VOLVO公司从企业未来发展战略出发，适时作出了重大的战略调整。1999年，VOLVO公司将原来轿车的股权以520亿元人民币的价格全部出让给了美国的福特公司，以15%的股权购买了法国雷诺MACK/VI公司100%的股权。经过全面的战略调整和内部的整合后，VOLVO卡车公司在1999年度就实现了年产重型卡车8.1万辆，加上与MACK和雷诺VI合作生产的卡车，仅比世界第一大卡车生产厂奔驰公司少3.7万辆。在欧洲的市场占有率达到了28%，而在美国、加拿大市场上，其占有率分别为24%和17%。在亚洲，VOLVO卡车公司除继续发展中型卡车贸易外，与日本三菱公司合作生产中型卡车。在北非也拥有巨大的市场份额。1999年VOLVO卡车公司重型柴油机的产量亦有大幅度提高，达到12.4万台，位居世界第三位。资产重组使得VOLVO卡车公司成了产品更加专业化的制造厂商，并着力开拓世界卡车市场，它所出产的卡车不仅有从8吨到100吨的全部系列，而且从拖车、翻斗、油罐、平板、搅拌、垃圾到消防车各类车型一应俱全，遍布全世界的约1500个授权服务中心，保证所有的客户都能得到满意的维护与服务。72年的发展历程和企业战略的不断调整，使VOLVO卡车公司一跃成为世界第二大卡车制造跨国公司。

目前，VOLVO卡车公司控股的工厂分布于12个国家，其产品遍及世界120多个国家和地区，所生产的卡车90%以上被销往瑞典以外的地区。

VOLVO一直认为：驾驶员生产效率的高低是决定一个运输公司竞争力强弱的最关键因素。因此，VOLVO设计和生产是建立在给予驾驶员一个能发挥最高生产力的工具的基础上，并将力量、安全和舒适三大理念贯穿于始终。

而VOLVO最为独到的理念就是每个客户购买的既是卡车又不是卡车，那是为每一个客户提供一部优良的赚钱工具或机器。或许VOLVO卡车公司大中华地区首席代表沃夫·诺曼先生所说的“我们的卡车只有帮助客户实现了这一目标时，他们才能继续是VOLVO的客户，最能体现VOLVO梦想的全部”。

作为一个拥有国际著名品牌的企业，VOLVO卡车公司对于品牌塑造和理解并不繁琐晦涩，那就是：为消费者提供物有所值的产品。没有太多的语言修饰，更没有深刻的理论解释，似乎简单得有些让人不可思议，但现实的成功往往就来自一次简单的瞬间梦想！

思考：

为什么沃尔沃公司放弃轿车生产线？为什么沃尔沃公司仍保留原有品牌？沃尔沃公司在品牌管理方面做了哪些工作？

市场营销以满足市场需要为中心，而市场需要的满足只能通过提供某种产品或服务来实现，因此，产品是企业营销组合中最重要的一个因素。产品策略直接影响和决定着其他营销组合策略，关系到企业营销的成败。

第一节 产品概念

【本节任务】

理解产品整体概念，能够根据产品的不同特征对产品进行分类。

一、产品整体概念

现代市场营销学认为，产品不仅是指有具体物质形态的、有形的物品，还包括非物质形态的服务、事件、人员、地点、观念、组织、体验、经历或这些因素的组合。

现代市场营销理论认为，对产品的理解应该超越传统有形产品界限，应抓住整个产品本质和消费者对产品的全面要求来认识，以便更好地进行产品创新和营销创新，这就是产品整体性概念。产品整体性概念认为产品包含核心产品、形式产品和附加产品三个层次如图7-1所示。

1. 核心产品

核心产品是指消费者购买某种产品时所追求的核心利益，是顾客真正要买的东西。它是产品整体性概念中最基本、最主要的部分。消费者购买洗衣机，并不是为了买到洗衣机上的电机、洗衣缸体、涡轮、开关等，而是为了买到其省时省力洗衣、甩干衣物和美化居室等功效或利益。妇女买口红，不是为买它的颜料与化学油脂的混合物，而是为买到一种希望，即使自己变得更美丽的希望。所以营销者在形式上出售产品，但在本质上出售的是顾客的核心利益或服务，营销者实际上是顾客利益的提供者。

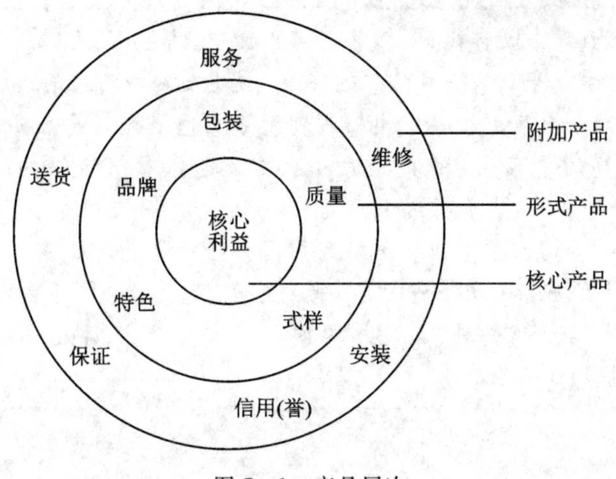

图 7-1　产品层次

2. 形式产品

形式产品是核心产品的载体和表现形式，也就是产品出现在市场的实体和面貌，包括产品的结构、产品的材料、外观造型、质量水平、品牌和包装等。产品的基本效用和核心利益必须通过某些具体的形式才能得以实现。营销者应首先着眼于顾客购买产品的核心利益，再去寻求利益得以实现的形式，进行产品设计。对有形产品如服装，应考虑它的面料、款式、做工、品牌与包装等有形产品要素；对于服务，应注意服务设施、服务内容、服务环境、服务人员、服务氛围等要素。只有围绕核心利益来设计安排形式产品的要素，所得到的产品才是有效的。

3. 附加产品

现代营销要使顾客真正满意，营销者还必须注意产品的附加层次。所谓附加产品，是指顾客购买形式产品时所能得到或期望得到的附加服务与利益，体现了产品的服务性。可以包括产品的售前、售中、售后各种技术性、商业性服务项目，如举办消费知识讲座、提供咨询、培训使用与维修人员、代客设计；邀请顾客参观企业、举办展览、示范表演；提供消费信贷、代客包装、送货；免费安装调试、提供零配件，提供说明书，提供包退、保换、包修服务等等。附加产品的概念来源于营销者对市场的深入认识，购买者的目的是为了满足某种需要，因而他们希望得到与满足该项需要有关的一切。由于现代企业都具有很强的学习模仿技术能力，因此现代许多行业的竞争不是生产什么产品、怎样生产的竞争，而是各个企业为其产品能提供何种附加利益的竞争。可见附加产品对于企业的重要性。

【阅读资料】

企业营销：不怕做不到就怕想不到的新营销策略

变色毛巾——上海萃众毛巾厂生产的“变色毛巾”成了市场上的抢手货。这种毛巾的表面图案上是猪八戒背丑媳妇，毛巾一浸到水里丑媳妇变成了孙悟空，可毛巾一离开水又成了丑媳妇。“变色毛巾”由于迎合了人们求新好奇的消费心理，从而在竞争激烈的毛巾市场上一枝独秀，其销量比普通毛巾高出 5 倍。

红萝卜馒头——内地有家个体饭店几十年来清一色的馒头始终销路平平。店老板灵机一动，买来本地特产红萝卜切碎，将红萝卜汁渗入面中，推出了“红萝卜”馒头。由于这种馒头很有特色，而且品尝起来还有一种特殊的香味，使昔日冷冷清清的小店顾客盈门。

石壳手表——瑞士有家制表商别出心裁地用石头做表壳，根据石料的特性，不可能生产出两块完全一样的手表来，由此满足了西方人追求稀奇古怪的心理，很快博得青睐。尽管每块“石壳手表”的售价高达195美元，产品仍供不应求。

彩色旅游鞋——台湾有位老板在准备到祖国大陆投资办厂前夕，对祖国大陆市场进行考察，发现市场上的旅游鞋几乎是白色一统天下，毫无特色。于是这位老板果断决定投资办一家鞋厂，专门生产一种“彩色旅游鞋”。这种鞋投产后几乎销到哪里就热到哪里，这位老板也很快赚了大钱。

二、产品分类

对产品进行分类，可使用不同的分类标准进行。按购买的目的，可将产品分为消费品和产业用品两类。消费品是指为家庭和个人的消费需要而进行购买和使用的产品和服务。消费品是最终产品，它是社会生产的目的所在。产业用品是指为了生产和销售其他的产品或服务而购买的产品和服务。由于产业用品是为了生产和销售最终产品而购买的，所以产业用品是中间产品。

对于消费品，进一步根据产品的特征，可分为不同的类别。

（一）按耐用程度分类

1. 非耐用品

凡是在一定的时期内只能一次或有限几次使用的产品，为非耐用品。非耐用品的使用时间短、消费速度快、重复购买频率高，大多数日常生活用品都属此类。其相应的营销策略是：销售网点要多，定价时单位产品的毛利率低，多作提示性广告，要培养消费者的品牌偏好。

2. 耐用品

凡是在一定的时期内能充分多次使用，并且使用期限长的产品，就是耐用品。耐用品使用时间长、消费速度慢、重复购买频率低、单位产品价值高，如家具和家用电器等。其相应的营销策略是：产品要有较高的质量保证，要提供更多的附加服务，需要更多介绍性广告。

（二）按购买习惯分类

研究消费者的购买行为是营销者的基本功，按消费者的购买习惯对消费品分类并据之制定有效的营销策略是消费品营销的重要内容。

1. 便利品

便利品是指顾客经常购买和基本不作购买计划，想到了就要购买的产品。在购买中，顾客也不会为之作购买努力，如顾客购买饮料、肥皂等。便利品又可进一步分为日用品、冲动品和应急品。适宜的营销策略是：营销者应广设销售网点，以满足消费者的日常所需，如日用杂货的销售，常在每一居民区设立杂货铺进行销售；需经常做广告，以培育消费者品牌偏好，如伊利集团对它的奶类制品的销售经常配合大量的广告来培育消费者的品牌偏好。

2. 选购品

选购品指在购买过程中，要对产品的适用性、质量、特色、样式和价格进行比较、挑选后才购买的产品。选购品一般价格较高、较耐用，所以耐用消费品一般属于选购品。消费者不常购买也不急于购买，因其品种、规格、型号、款式、品质、价格复杂多样，选择性强，购买时还不熟悉产品的具体特征，未形成固定的消费习惯，需要货比三家。如电视、计算机、家具、服装等是典型的选购品。企业在营销活动中一般用选择性渠道模式，应注意产品的差异化，同时在宣传中应提供大量的关于产品的信息帮助消费者进行购买决策，也应突出性价比，使消费者感到物有所值或物超所值。

【即问即答】

经营便利品和选购品，在开店选址时应注意哪些问题？有何区别？为什么？

3. 特殊品

特殊品是指有独有的特征，有品牌标志，满足消费者的特殊需要并愿意为之作出特殊的购买努力的产品。如中国的“茅台”酒、“五粮液”酒，法国的“波尔舍”葡萄酒，它们有特殊产地特征，其顾客对这些产品有独特的追求，顾客购买频率低，购买慎重，愿意花很多时间、精力寻觅；消费者对商品特色已熟悉，形成很强的偏好，最关心能否买到真正的、“正宗”的产品，不接受替代品，不在乎售点和竞争产品的价格。特殊品一般定价高，应更多地采用独家经销和专门委托经销的方法，在销售中要有办法对产品“验明正身”。

4. 非渴求品

非渴求品指消费者没有听说和虽然知道但不感兴趣、不想购买的产品。例如，刚上市的新产品、人寿保险、百科全书等。非渴求品的特点决定了企业应加强广告、推销工作使顾客对这些产品有所了解，激发潜在顾客的购买兴趣，扩大销售。

（三）按表现形态分类

1. 有形产品

有形产品指有一定物质实体的产品。有形产品在消费前一般是需要先生产出来，然后通过交换使消费者消费。

2. 服务产品

服务产品指用于出售或连同产品一起出售的活动、利益、或满足感。与有形产品相比的最大特点是它的无形性，其特质与组成元素往往是让人不能触摸或凭肉眼看见其存在，如医疗服务、企业咨询等。

第二节　产品组合策略

【本节任务】

理解产品组合的要素；掌握产品组合的分析方法；掌握产品组合策略。

一、产品组合的要素

产品组合也称产品集合，是指一个企业在一定时期内生产经营的各种不同产品的全部产品线、产品项目的组合。

产品线指一组密切相关的产品，又称产品系列或产品品类。所谓密切相关，指这些产品或者能够满足同种需求；或者必须配套使用，销售给同类顾客；或者经由相同的渠道销售；或者在同一价格范围内出售。产品项目指在同一产品线或产品系列下不同型号、规格、款式、质地、颜色或品牌的产品。例如百货公司经营金银首饰、化妆品、服装鞋帽、家用电器、食品、文教用品等，各大类就是产品线；每一大类里包括的具体品牌、品种为产品项目。

产品组合包括以下四个要素：

宽度——指企业的产品线总数。产品组合的宽度说明了企业的经营范围大小，跨行业经营，甚至实行多角化经营程度。增加产品组合的宽度，可以充分发挥企业的特长，使企业的资源得到充分利用，提高经营效益。此外，多角化经营还可以降低风险。

长度——指一个企业的产品项目总数。企业各产品线的产品项目总数就是企业产品组合长度。

深度——指企业各产品线平均包含的产品项目数等。它等于产品组合的长度除以宽度。

表 7-1 显示某企业有四条产品线，它们的产品项目数分别是 3、4、5、2，则该企业的产品组合的宽度为 4，长度为 14，深度为 3.5。产品组合的长度和深度反映了企业满足各个不同细分子市场的程度。增加产品项目，增加产品的规格、型号、式样、花色，可以迎合不同细分市场的消费者的不同需要和爱好，招徕、吸引更多顾客。

表 7-1　企业产品组合

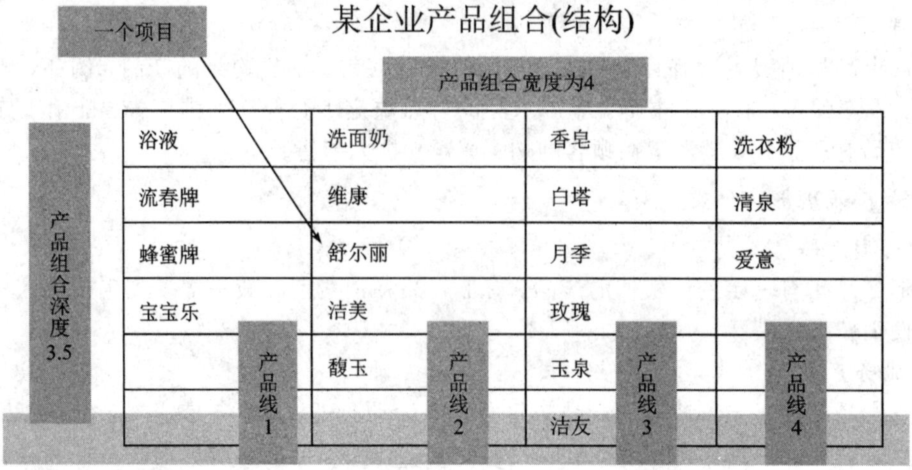

某企业产品组合(结构)

一个项目

产品组合宽度为4

产品组合深度3.5

浴液	洗面奶	香皂	洗衣粉
流春牌	维康	白塔	清泉
蜂蜜牌	舒尔丽	月季	爱意
宝宝乐	洁美	玫瑰	
	馥玉	玉泉	
		洁友	
产品线1	产品线2	产品线3	产品线4

关联性——指一个企业的各产品线在最终用途、生产条件、分销渠道等方面的相关联程度。较高的产品的关联性能带来企业的规模效益和企业的范围效益，提高企业在某一地区、行业的声誉。

二、产品组合的分析方法

不同的产品组合包括了不同的组合质的结构和量的比例关系。市场需要和偏好的经常变化，竞争者不断进出市场和各企业市场营销决策的改变与调整，都会给企业的某些产品线带来机会，给另外一些产品线带来威胁，表现为有些产品线的利润增加，有些产品线的利润减少，因此，企业只有不断分析评价产品大类，调整和优化产品组合，才能实现企业产品组合的最佳状态。

波士顿矩阵由美国著名的管理学家、波士顿咨询公司创始人布鲁斯·亨德森于 1970 年首创。波士顿矩阵分析法非常适用于产品组合分析。按照销售增长率和相对市场占有率两个指标，将企业的所有产品放到波士顿矩阵中各象限的相应位置，如图 7-2 所示。

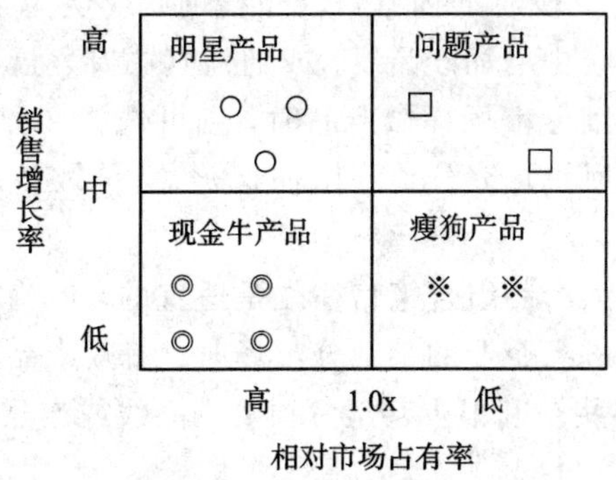

图 7-2　波士顿矩阵

明星产品——销售增长率高，相对市场占有率高的产品，也称热门产品。在企业的产品组合中，明星产品在增长与获利方面有着极好的长期机会，但它们是企业资源的主要消费者，需要大量的投资。为了保持与扩展明星产品线或产品项目的业务在增长的市场中占主导地位，企业应在优先供给它们所需的资源，支持它们继续发展。

现金牛产品——销售增长率低，但相对市场占有率高的产品，也称企业的支柱产品、厚利产品。这类产品处于成熟的低速增长的市场之中，市场地位有利，盈利率高，本身不需要投资，反而能为企业提供大量资金，用以支持其他产品的发展。企业对于现金牛产品的投资策略通常维持策略，即维持或保持企业现有的市场地位和产品的竞争力，通常的经费开支与促销力度。

问题产品——销售增长率较高，但相对市场占有率低的产品，也称风险产品，处于最差的现金流状态。一方面，所在行业的市场增长率高，需要企业大量的投资支持其生产经营活动；另一方面，其相对市场份额地位，能够生成的资金很小，因此，企业对于问题产品的进一步投资需要谨慎，应判断使其转移到明星产品所需要的投资量，分析其未来的盈利，研究是否值得投资。企业可以采用积极扶持，或者暂时维持，或者提前淘汰的策略。

瘦狗产品——销售增长率和相对市场占有率都很低的产品。这类产品处于成熟的低速增长的市场之中，竞争激烈，可获利润很低，不能成为企业资金来源。如果企业这类产品的业务还能自我维持，则应缩小经营范围，加强内部管理。如果这类业务已经彻底失败，企业应及时采取措施，清理业务，或者退出经营。

一个企业应有健康的产品组合。所谓健康的产品组合是指企业有足够的现金牛产品以提供现金，有较多的明星产品成为企业长期未来的希望，而只有较少的问题产品和瘦狗产品的产品组合。如果企业的产品组合中瘦狗产品、问题产品大大多于明星产品和现金牛产品，企业的经营状况就会恶化，因此，企业优化自己的产品组合的策略是：支持明星产品成为现金牛产品，支持有前途问题产品成为明星产品，维持或舍弃瘦狗产品。

三、产品组合策略

企业在调整和优化产品组合时，依据情况的不同，可选择以下策略：

1. 扩大产品组合

扩大产品组合包括扩大产品组合的宽度和加强产品组合的深度。当企业预见到现有产品线的销售额和利润额在未来一段时期内有可能下降时，或认为某一行业有企业发展的新机会，就应考虑在现有产品组合中增加产品线，或加强其中有发展前景的产品线；当企业打算增加产品特色，或为更多的细分市场提供产品时，则可选择在原有产品线中增加产品项目。一般而言扩大产品组合，可以更加充分地利用企业资源，分散经营风险，提高竞争能力。

2. 缩减产品组合

当市场繁荣时，采取扩大产品组合策略往往是适宜的，但当市场不景气或原料、能源供应紧张，或更强的竞争对手进入企业的某细分市场时，缩减产品组合反而是明智之举。这是因为从产品组合中剔除了那些获利很少甚至亏损的产品线或产品项目，使企业可以集中力量经营获利多的产品线和产品项目。

3. 产品延伸

每一企业的产品都有其特定的市场定位。产品延伸策略是指全部或部分地改变原有的市场定位，具体方式有向上延伸、向下延伸、双向延伸三种。

(1) 向上延伸。向上延伸指企业原来生产低档产品，未来要增加高档产品的生产。主要是因为：高档产品的需求增长较快，或高档产品还是市场的空白；企业经过低档产品的生产已积累了经验，能在生产技术、产品质量等方面做较大改进，同时又具有与高档产品竞争的实力；企业想使自己成为生产种类全面的企业。

(2) 向下延伸。向下延伸指企业原来生产高档产品，后来决定生产低档产品。主要的原因是：企业在高档产品的市场需求不足，增长缓慢，因此不得不将向下延伸；或者在低档产品市场存在有明显的空白点；企业已经通过经营高档产品项目而树立了市场声誉，容易在低档产品市场上获得成功；企业的高档产品受到激烈竞争，必须用侵入低档产品市场的方式反击竞争者。

(3) 双向延伸。原定位于中档产品市场的企业掌握了市场优势以后，决定向产品线的上下方向延伸，一方面增加高档产品，另一方面增加低档产品，扩大市场的范围。

在现代的营销活动中，企业的产品线有不断延伸的趋势。生产能力的过剩、推销人员和经销商的期望、加之为追求更高的销售额与利润，促使企业的产品线的产品项目越来越多，规格、型号、式样越来越全面。但是，一家企业所能达到的最大的产品线长度并不一定是产品线的最佳长度。在产品线过度增长的情况下，设计费用、工艺装备的费用、仓储费、转产调整费用、订货费用、运输费用及新产品的促销费用等会较大幅度上升，即使增加了销售收入，也可能被更快增加的上述费用所抵消。可见产品线并非越长越好，关键在于把握产品线延伸的度。

【课堂讨论】

在产品延伸过程中，你认为向下与向上延伸对于企业来讲有什么风险？你认为应该怎么来避免这种风险？

4. 产品线的现代化

在某些情况下，虽然产品组合的宽度、长度都很恰当，但产品线的生产方式、产品的功能、风格、式样、技术等都已过时，这时必须对产品线实施现代化改造。现代机械制造技术早已进入数控制造、CAD、CIMS，而企业还主要依赖上个世纪六七十年代的半自动机床进行加工生产，是必然影响到企业的制造速度与制造质量；在现代高度信息技术、知识经济的今天，作为玩具制造商如不利用信息技术对玩具进行技术提升，赋予玩具以新的知识内涵，市场之路只会越走越窄，因此，产品线的现代化就是利用现代技术改造传统的产品与生产制造技术，使之充满新的活力。

【营销故事】

吉利轿车的向上延伸

吉利汽车作为中国民族汽车的骄傲，一直致力于造中国老百姓买得起的车，让吉利车走遍全世界。吉利现拥有吉利·豪情、吉利·美日系列经济车型，美人豹，华普三大子品牌系列；两厢、三厢经济型轿车、都市跑车等七个汽车品种。在自由舰之前，吉利轿车多属于中低档产品，与吉利的产品联系最多的两个词便是"低端，质次"，吉利豪情更创出了2.98万元的低价。依靠低端产品吉利完成了原始积累。随着吉利集团的快速发展，吉利在产品结构上提出"在巩固低端市场的基础上向中高端市场进军"。担当吉利上述新战略布局"排头兵"角色的是新款车型吉利金刚、吉利远景、吉利全球鹰系列。2009年吉利更是推出了帝豪系列，进军国内的公务轿车市场；借助金融危机，"以蛇吞象"收购了沃尔沃开始了生产高端汽车历程。

第三节　产品形象策略

【本节任务】

掌握产品的品牌和商标策略，了解产品的包装策略。

在现代商品的生产经营中，企业应特别注意产品形象策略，给产品取适当的名字，设计一个适宜的品牌，向政府申请注册商标，并对产品进行恰如其分的包装，可以增加产品的价值，对于产品的传播和扩散有非常重要的意义，甚至在某种程度影响到营销的成败。

一、产品的品牌和商标策略

（一）品牌和商标的涵义及作用

1. 品牌与商标的涵义

由文字、图形、符号或其组合所构成，用以区别不同生产企业或经营者的产品或劳务的标记叫做品牌。它是一个综合体，包括品牌名、品牌标志和商标三部分。品牌名是指品牌中可以用语言称呼的部分。例如，奔驰、可口可乐、金利来都是著名的品牌名。品牌标志是指品牌中可以被识别但不能用语言称呼的部分。比如海尔产品中的那两个拥抱的儿童形象，麦当劳快餐店的金色大M招牌等。商标是经过合法注册的名字、标志、符号及合法注册的品牌，即企业将与品牌有关的内容在政府有关部门注册以后，就享有使用某个品牌名和品牌标志的专用权，其他任何企业不得仿冒使用，因此，品牌是一个商业名称，而商标是一个法律名称，它们结合在一起形成一种商品区别于另一种商品的特殊标志。

2. 品牌与商标的作用

在商品的生产与经营中，品牌与商标对于企业和消费者都具有重要的作用。对于消费者来说，品牌与商标代表不同的产品来源、质量、信誉和服务以至商品的价值。消费者面对各国各地的数以万计、琳琅满目的商品，往往只能靠识别品牌与商标来选择自己所喜欢的商品。我们已进入品牌消费的时代，决定消费者购买决策的最重要的因素不仅仅是商品本身，而是一个企业独特鲜明的产品品牌形象。

随着商品化水平的提高，随着经济全球化的发展，各国各地贸易往来的增加，市场竞争的加剧，品牌与商标对于企业营销的作用越来越大。企业可以借助于品牌和商标将自己的产品与竞争者的产品区别开来，并将品牌与商标策略和各种营销策略综合应用起来，树立本企业产品的独特形象。由于商标是企业的工业产权，受到法律的保护，因此企业可以运用商标来维护企业的合法权益，防止国外抢先注册或仿冒企业产品品牌。由于品牌与商标也是企业信誉的标记，所以它可以作为企业有效的广告宣传工具。品牌的美誉度可以促进产品的销售，消费者也愿意为知名品牌付出比普通商品更多的货币。品牌与商标不再是一个指认商品的标记，而是企业所拥有的一项重要的无形资产。

【阅读资料】

福建是我国的第一产茶大省，其所产的铁观音、大红袍、坦洋工夫等是举世公认的名茶，铁观音作为待客名茶在日本更是家家有之。然而产茶大省却陷入了有名品无名牌的境地。出口茶叶中，福建茶多是被当做原料茶，价格非常低廉。在世界上做红茶生意的都知道福建武夷山的红茶，但它多作为原料茶出口，每公斤仅卖十几元。虽然英国不产红茶，但当其立顿红茶将进口的原料茶进行加工后，由于其品牌附加值高，所以目前立顿红茶的年销售额已突破28亿美元。由于意识问题，福建茶叶企业不注重品牌，有的连品牌都被抢注，更严重的是福建茶叶已陷入一流原料、二流技术、三流包装、四流价格的尴尬局面。由此推广开来，我国是服装生产大国，中国是世界工厂，却缺少国际知名品牌，其产品给人们的印象是物美价廉，中国的产品遍布世界，我们的企业却利润微薄，为什么？

（二）品牌与商标设计的原则

1. 简单醒目，易于识别，有艺术性

品牌与商标设计应简单醒目，图案应简洁、单纯，有视觉冲击效果，易于理解；图、文应美观协调，与商品一致，有象征性、寓意性、启发性，有艺术感染力。如：Sony、Coca Cola（可口可乐）、“贝婴美”。

2. 新颖别致，独具个性

品牌与商标设计应与其他品牌有明显的差别，反应企业产品的特色，切忌模仿。如我国早期的“雪花”牌冰箱，“永久”牌自行车，品牌明显地突出了产品的特色。

3. 合规合法，符合风俗，易于接受

品牌与商标设计必须符合商标法及有关法规的规定，不违背国际惯例。只有合法才能获准注册，受到法律的保护。

【营销故事】

金利来的诞生

“金利来”创始人——曾宪梓先生，在初涉领带行业时就已意识到品牌的重要性，为产品取名“金狮”。领带作为男性服饰，必须体现男子汉气质，“金狮”看起来就有一种阳刚之美，并且也符合东方传统的审美心理。

然而，曾宪梓的朋友在一次家访中说“香港社会物欲横流，人人都想发财，谁都想讨个吉利，但‘金狮’在发音上与粤语的‘尽输’极其相似，人们在购买时，心中总有些不舒服，长此以往，可不是好兆头”。这席良言对曾宪梓触动很大，于是，决定为产品易名。香港人多熟悉英语，也普遍使用英语，“金狮”的英文拼写“Gold Lion”中的“Lion”在粤语发音中，酷似“利来”。金利来，金利俱来，正应了港人朝思暮想的发财梦。

（三）品牌和商标策略

1. 无品牌商标策略

使用品牌和商标有助于消费者识别本企业产品，有助于产品宣传，但也会给企业增加相应的成本费用。用还是不用品牌、商标，通常是根据产品的性质、消费者购买习惯及权衡使用和不使用的利弊大小来决定的。下列产品通常可以采用无品牌与商标策略：尚未定型，属于试产、试销的产品；临时、一次性产品；附产品；小范围内销售的产品；生产工艺简单、无技术标准的产品；超市出售的简装、价廉的产品；均质的产品如自来水、煤气、电力、水泥等；消费者习惯上只认货不认品牌的商品如盐、糖、粮食、铁钉等。当然，近几年随着市场竞争的不断加剧，我国出现了品牌化趋向，即一些企业为了促进销售，对一些传统上不使用品牌的产品也开始使用品牌和商标，注重包装，尽管成本增加了，但的确起到了很好的促销效果。

2. 品牌使用者策略

当企业决定使用品牌后，就必须决定是采用自己的品牌还是中间商的品牌。企业对自己的产品采用自己的品牌，可以建立起企业的市场信誉与形象，建立与培养消费者对本企业产品的忠诚，为以后扩展市场打下基础。日本Sony公司的创始人曾说过，如果公司产品在早年的产品晶体管收音机上使用美国经销商的品牌，恐怕现在世界上的人还不知道有一个公司叫Sony，可见使用自己品牌与商标对企业长期发展的重要性。但是生产商常常面临着如何打开市场的难题，许多知名度不高，实力不雄厚的企业，为使产品更好更快地进入市场，更倾向于使用经销者的商标。如青岛三菱重工海尔空调器公司的产品内销采用海尔商标，外销用三菱商标。确定是使用自己的品牌还是中间商的品牌，应衡量自己商标和经销商商标的声誉、费用开支、企业的未来发展等因素。

【课堂讨论】

扫描二维码阅读制造商品牌和自有品牌的相关知识。讨论：相对于制造商品牌来说，自有品牌的竞争优势？http://wiki.mbalib.com/wiki/制造商品牌；http://wiki.mbalib.com/wiki/自有品牌

3. 家族品牌商标策略

企业如果决定其大部分或全部产品都使用自己的品牌名称，还要决定其产品是统一使用一个品牌商标，还是分别使用不同的品牌商标。这种家族品牌策略，至少有以下选择：

(1) 统一品牌策略。统一品牌策略即企业所有产品都使用统一的品牌商标。如日本东芝的家用电器公司，其全部的产品均采用"Toshiba"。使用统一品牌有利于企业统一产品形象，便于公众识别、记忆企业，尽快提高企业知名度，有利于新产品进入市场，同时还可节约品牌与商标的设计和广告促销费用，但缺点是某个产品的声誉不好会影响整个企业的形象。

(2) 差异化(个别)品牌策略。差异化(个别)品牌策略即企业决定其各种不同的产品分别使用不同的品牌与商标。如五粮液集团针对它的系列白酒产品就使用不同的品牌和商标。此策略有助于消费者从商标上区分商品的档次、质量和价格差异，有利于占领市场，扩大销售额，满足不同消费者的需求，企业的整个声誉不致受到个别商品的声誉的影响。但其缺点也十分明显，对每一个品牌与商标都需分别做广告，促销费用与分销费用都会增加，不利于品牌与商标的管理，不便于企业树立统一的市场形象。

(3) 各大类产品单独使用不同的品牌商标。希望集团针对其饲料使用"希望"牌，但对其火腿肠、白酒就采用"美好"。主要是因为，饲料与火腿肠、白酒属两类完全不同的市场，如果使用统一品牌商标，会给消费者造成不必要的混淆与误会，甚至在心理上都无法接受。

(4) 企业名称与个别名称并用策略。此策略即企业决定其各种不同的产品分别使用不同的品牌名称，并在各种产品的品牌名称前面还冠以企业名称。如海尔对它的冰箱系列产品"海尔一大王子"、"海尔—帅王子"、"海尔—小王子"推出时，就用了该策略。企业采用此策略的好处是：在各种不同的新产品的品牌名称前冠以企业名称，可以使新产品享受企业的信誉，而不同产品分别使用不同的品牌名称，又可使不同产品代表不同的特色。

4. 品牌扩展策略

品牌扩展策略是指企业利用其成功品牌名称的声誉来推出改进产品或新产品，包括推出新的包装规格、式样等。例如，"金利来"从领带扩展到皮带、衬衣，以至男式用品；"本田"从摩托车扩展到汽车、割草机等。企业采用这个策略，可以节省宣传新产品的费用，使新产品能迅速地、顺利地打入市场。

5. 多品牌策略

这种策略是宝洁公司首创的，是指企业同时经营两种或两种以上互相竞争的品牌。传统的市场营销认为，单一品牌延伸策略能使企业减少宣传成本，易于被顾客接受，便于企业形象的统一。但宝洁认为，单一品牌并非万全之策。因为一种品牌树立之后，容易在消费者中形成固定印象，不利于产品延伸，尤其对于像宝洁这样的横跨多种行业、拥有多种产品的企业更是如此。多品牌策略使企业拥有多个个性鲜明的产品去满足不同的消费群体的需求，从而使各个品牌都在消费者心中占有一定的位置。如"海飞丝"的定位在于去头屑，"飘柔"的定位是使头发光滑柔顺，"润妍"的定位是使头发又黑又有光泽，"潘婷"的定位则是对头发的营养保健。多品牌造成对竞争对手的威胁，形成合围之势；给消费者形成公司实力雄厚的印象，有利于树立企业的形象。

6. 品牌重新定位策略

由于市场环境变化，或者企业原有品牌定位出现偏差，企业往往需要重新定位。品牌重新定位，一般需要改进产品性能，或改变产品的外观；有时只改变品牌形象，也可达到重新定位的目的。可口可乐为什么要更换字体？原因是目标消费者更加年轻了，对时尚的要求更加苛刻了；肯德基为什么开始喊均衡营养？原因是目标消费者对健康的需求更高了，越来越在乎更加科学的营养了。

【阅读资料】

宝洁公司洗衣粉市场的多品牌策略

宝洁公司的洗衣粉从职能上和心理上加以区别，至少发现了洗衣粉的九个细分市场，并赋予不同的品牌个性。为了满足不同细分市场的特定需求，公司就设计了九种不同的品牌。这九种品牌分别针对如下九个细分市场：

(1) 汰渍。洗涤能力强，去污彻底。它能满足洗衣量大的工作要求，是一种用途齐全的家用洗衣粉。“汰渍一用，污垢全无”。

(2) 奇尔。具有“杰出的洗涤能力和护色能力，能使家庭服装显得更干净、更明亮、更鲜艳”。

(3) 奥克多。含有漂白剂。它“可使白色衣服更洁白，花色衣服更鲜艳，所以无需漂白剂，只需奥克多”。

(4) 格尼。最初是宝洁公司的加酶洗衣粉，后重新定位为干净、清新，“如同太阳一样让人振奋”的洗衣粉。

(5) 波德。其中加入了织物柔软剂，它能“清洁衣服，柔软织物，并能控制静电”。波德洗涤液还增加“织物柔软剂的新鲜香味”。

(6) 象牙雪。“纯度达到99.44%”，这种洗衣粉碱性温和，适合洗涤婴儿尿布和衣服。

(7) 卓夫特。其也用于洗涤婴儿尿布和衣服，它含有“天然清洁剂”——硼石，“令人相信它的清洁能力”。

(8) 达诗。其是宝洁公司的价值产品，能有效去除污垢，但价格相当低。

(9) 时代。其是有力的去污剂，能清除难洗的污点，在整个洗澡过程中效果良好。

通过多品牌策略，宝洁已占领了美国更多的洗涤剂市场，目前市场份额已达到55%，这是单个品牌所无法达到的。

二、产品的包装策略

大多数物质产品在从生产领域流转到消费领域的过程中，都要有适当的包装。包装可以指保护产品的容器、材料及辅助物等，也可以指设计、采用容器、材料和辅助物，应用一定的方法与技术包、装、扎、接产品的过程。用于制造包装容器和构成产品包装的材料成为包装材料，包装内所装的产品称为内装物，产品经过包装所形成的总体叫做包装件。包装与装潢密切相连。装潢是对物品、包装的装饰与美化，是包装的附加部分，常常是包装的重要内容之一。

包装有许多种类，但按市场营销的观点，完整的产品包装一般由如下三方面包装组成：

(1)首要包装，即产品的直接的包装，构成产品实体，是产品不可分割的组成部分，如牙膏皮、饮料瓶等。

(2) 次要包装，即保护首要包装的包装物，它是以销售为目的包装，如牙膏盒、胶卷盒，包装10包香烟的小纸盒。

(3) 运输包装，即为了便于储运、识别某些产品的外包装。

(一) 产品包装的作用

随着商品生产的发展，产品包装从最初的保护运输产品的功能，发展到促进产品销售、增加产品附加值等功能。随着科学技术的进步，包装材料的发展日新月异，包装方法与技术已成为一门专门的学问。包装对于营销的作用越来越重要，许多营销人员把包装称为营销组合的第五个P。其主要作用如下：

(1) 保护商品，便于储运。包装的最基本的作用是保护商品，方便储存与运输。有效的包装具有防潮、防热、防冷、防挥发、防污染、保鲜、防破碎、防变型等保护产品的作用，使产品不致损坏、变质、散落，以保证产品的使用价值。

(2) 美化产品，促进销售。现代商品包装装潢已成为市场营销的一种重要的手段，它是产品无声的推销员，可建立顾客对产品的第一印象；它能说明产品的特色，教会消费者使用产品；它能美化整个产品，提升产品的形象，吸引顾客的注意力，激发其购买兴趣与热情。总之，在顾客心中形成一个有利的总体产品的印象，最终促进销售。

(3) 好的包装能提升产品的价值。由于消费者收入水平和生活水平的提高，消费者一般愿意为好的包装带来的方便、美感、可靠性和声望多付些钱。所以，好的包装可以避免出现“一等商品、二等包装、三等价格”，实行优质优价，提升产品的价值。

(二) 包装设计的要求

企业设计包装的基本要求是要符合目标市场消费者的要求，符合储运业和中间商的要求，符合政府和社会公众的要求。具体要求有如下几个方面：

(1) 要按照有关法规、标准的要求，做到标签、说明齐全。标签是附(印、贴、挂)在包装物上的文字、符号、图案，它标明包装内容和产品的主要成分、规格、数量、质量、特性等。标签应真实、完整、标准化、易认、耐用、防伪。

运输包装一般应包含收发货标志、指示标志和警告标志。

销售包装上应有必要的文字说明，说明产品名称、生产厂注册的厂名和厂址、产品的质量标准与质量等级，产品说明与使用要求等。文字说明应实事求是。销售包装上还应有装潢画面和商品条码，形成多功能的信息标贴系统。

(2) 要做到科学、适用和安全。包装设计要符合产品的物理、化学、生物特性的要求，符合储、运、销的要求，方便计量、计价、陈列，方便顾客识别、选购、携带、使用、保管，结构与造型合理，确保安全。

为防止产品被假冒，可积极采用目前常用的激光、荧光、磁性、温变防伪标志，还可采用全国电码防伪专用标识。揭开该标识表面，拨打防伪热线电话，输入标识上的数字编码，即可被告知贴有标识的商品的真假。

(3) 力求美观、新颖、独特。设计时应考虑消费者的审美习惯，使消费者能从包装中获得美感。包装装潢上的文字、图案、色彩等不能和目标市场的风俗习惯、宗教信仰发生冲突。要敢于打破常用的设计构思，应尽量显示商品的特点和企业的风格，有自己的个性，防止仿冒。

(4) 要做到经济、实用和绿色包装。包装物的价值应与商品的价值相配套，适度包装、绿色包装是人类爱护资源、保护环境，可持续发展的客观要求。在日本，一般认为，包装费占商品单价的15%是适度的。要避免过度包装，禁止虚假包装和欺骗包装。

要提倡"3R(Reduce，Reuse，Recycle)"包装观念，即：合理简化包装，使包装减量化，甚至适当实行"零(无)包装；尽量利用耐用的，可回收、重复使用的，以及能循环再造(再生)使用的包装材料，减少与限制使用一次性包装，努力提高包装物的后处理性、后利用性。

绿色营销要求减少直至淘汰使用会造成固定废弃物污染的包装与包装材料，应积极开发、推广使用具有挥发性、水溶性、生物降解性、可食性和可作饲料的包装材料，进行产品的绿色包装。

(三) 产品包装策略

好的包装往往是与包装策略结合在一起才能发挥应有的作用。可供企业选择的包装策略有：

(1) 类似包装策略。企业的各种产品采用相似的图案、颜色，相同的造型甚至相同的包装材料进行包装。其优点在于能节约设计和印刷成本，便于消费者识别出本企业产品。但类似包装策略只能适用于质量相同的产品，对于品种差异大、质量水平悬殊的产品则不适合。

(2) 差异包装策略。企业各种产品都有自己的独特包装，在设计图案、色彩、风格、材料等方面各有明显差别。这种策略能使产品之间有较强的独立性，避免因某一产品的销售失败而影响其他产品的声誉。不足之处是要增加包装设计费用和促销费用。

(3) 相关包装策略。将多种相关的产品配套放在同一包装物内，如大礼包、化妆盒、针线包、什锦糖果、文房四宝等。这可以便于消费者购买、使用、携带，带动多种产品的消费。

(4) 再使用包装策略。包装内的产品使用过之后，包装物本身还可作其他用途，如糖果包装的铁盒。这种策略的目的是通过增加给消费者的附加利益而扩大产品的销售。

(5) 附赠品包装策略。在包装上或包装内附赠奖券或奖品，或包装本身可以换取礼品，以吸引顾客。

(6) 分等级包装策略。对同一商品的不同等级产品采用不同的包装，以适应不同的购买水平消费者的需要。比如，礼品高等级茶叶和一般自用茶叶包装差别很大。

(7) 改变包装策略。使用新包装可以使顾客对本质相同的商品产生新鲜感；改进原有产品的市场形象，弥补原有包装的缺陷，也是企业使用改变包装策略的初衷。

(8) 附带标识语包装策略。它是一种宣传策略。标识语有提示性标识语，如写上"新鲜"、"软"等字眼；有解释性标识语，如日本快速面袋上标明"无漂白"，德国的速溶咖啡袋标明"无咖啡因"，法国的花生油瓶上标明"不含黄曲霉素"，我国的粮食、蔬菜、水果上标明"绿色产品"，都起到消除消费者对商品所含成分的顾虑的作用。

(9) 透明包装策略。通过透明的包装材料，能看见部分或全部内装商品的实际形态，透明商品的新鲜度和色彩，增添商品的风采，使顾客放心选购。

(10) 错觉包装策略。它是利用人们对外界实物的观察错觉，进行产品的包装。例如，两个容量相同的果酱包装，扇形的看起来就比圆形的大些、多些；笨重物体的包装，宜采用淡颜色，会使人感到轻松一些。

(11) 趣味包装策略。趣味包装或称幽默包装，这类包装主要是在造型及装潢上采用比喻、夸张、拟人等手法以及别出心裁的构思设计，增加包装趣味性和幽默感，强化对顾客的吸引力。例如，台湾有家饮料公司，在每包饮料的包装上印有一则动人的、富有诗意的爱情故事，很快吸引了众多的男女青年，他们边喝饮料边欣赏包装上的小故事，产品销路由此打开。美国也有一家食品公司，在水果罐头的罐盖上印有谜语，并注明打开罐头，吃完东西，谜底就在罐底。我国的趣味包装在儿童产品方面居多，如包装物上绘以卡通漫画等。绍兴特产加饭酒及茴香豆也采用趣味包装，其包装容器为毛竹筒，筒上绘有绍兴"老乡"脸孔，头戴绍兴毡帽，既富有浓郁的地方特色，又具有诙谐幽默的情调，对消费者和游客有很大的吸引力。

第四节　产品生命周期

【本节任务】

理解产品生命周期的主要阶段及其特点；掌握产品生命周期的营销策略。

一、产品生命周期的主要阶段

产品在市场上的销售与获利能力随着时间的推移而变化。其变化正像一个人一样，要经历从诞生、成长到成熟，最终将走向衰亡的过程。在营销学中，把产品从进入市场开始，直至最终退出市场为止所经历的全部时间，叫做产品生命周期。产品生命周期指的是产品的市场寿命，而不是产品的使用寿命。它以产品经历研究开发、试销后，正式进入市场作为起点。产品退出市场，标志生命周期结束。

典型的产品生命周期一般包括四个阶段：投入期、成长期、成熟期和衰退期，如图 7－3 所示。

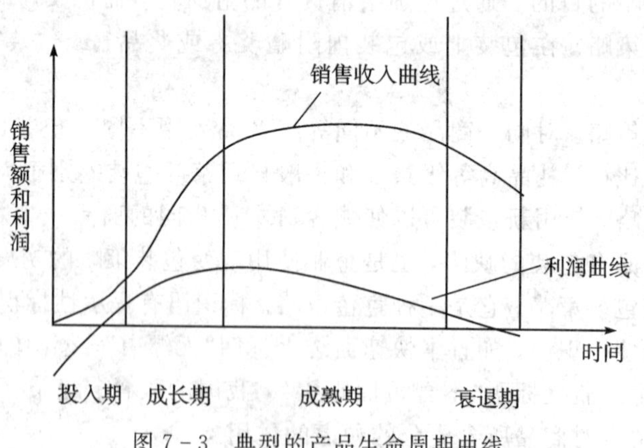

图 7－3　典型的产品生命周期曲线

产品的生命周期各阶段的划分是相对的，一般来说，各阶段的划分根据是产品的销售额和利润额的变化情况来定的。在投入期，产品销量增长缓慢，产品刚进入市场，需要较高的促销费用，利润增长慢，有时为负值。一旦销售量开始迅速增加，利润由负变正，标志着介绍期的结束，进入成长期。当销售量的增长减慢，利润增长值接近于零，预示已经进入成熟期。

在成熟期，产品的销量由缓慢增长到缓慢下降，利润逐渐减少。当销售量开始迅速递减，利润较快地下降时，说明产品已进入衰退期。

实际上，各种产品生命周期的曲线形状是有差异的，生命周期的跨越时间也有长有短。有的产品一进入市场就快速成长，迅速跳过投入期；有的产品生命周期很长，可达千年；有的产品一夜风行，而又突然一夜之间消失得无影无踪；还有的产品经历了成熟期以后，又返老还童，进入第二个快速成长期。

二、产品生命周期的营销策略

产品也像人一样，在不同的生命周期阶段有不同的市场特点，因此应针对不同的阶段采用与之相适应的对策。很难想象，一个已进入衰退期的产品会因采用“地毯式”的广告而取得成功。适宜的生命周期策略关系到企业经营的成败。

(一) 投入期的营销策略

投入期的产品是企业的新产品，消费者与中间商对此产品还不了解、不放心，产品分销渠道不畅，销路未打开，销量小，销售慢，销售增长率低；另外，产品设计、生产工艺等尚不成熟，产品质量、性能不稳定，废次品率高，加之产品未大批量生产，规模效益低，生产成本高，促销费用高，其销售利润常常很低甚至为负值；竞争企业少，一般只有少数企业、甚至独家生产；产品前途未卜，市场风险大，失败率高。企业营销重点应放在建立完善渠道网络、抓好促销工作方面，要进行较大的促销投入，包括促销人员和促销经费的投入。促销主要目的是介绍产品，吸引消费者试用，企业必须把销售力量直接投向最有可能的购买者，尽量缩短介绍期的时间，因此，投入期企业营销策略要突出一个字“短”。新产品价格促销组合如图7-4所示。

促销费用高	促销费用低
快速撇脂策略	慢速撇脂策略
快速渗透策略	慢速渗透策略

图7-4　新产品价格促销组合

依据定价高低和促销费用高低的组合，投入期产品的市场营销策略一般有以下四种可供选择：

(1) 快速撇脂策略。快速撇脂策略采用高价格、高促销费用的方法，以厚利支持促销和渠道，迅速拓展市场，较快收回投资。一般适用于一定的市场环境，如大多数顾客还不熟悉产品的技术和价值，急于求购，忽视产品的价格。但企业面临竞争者的威胁，应该迅速建立消费者对自己产品的偏好。

(2) 慢速撇脂策略。慢速撇脂策略采用高价格、低促销费用的方法，以求得到更多的利润。一般适用于产品总体的市场规模有限的情况下，购买者愿意出高价。较低的促销费用除了因为绝大部分目标顾客都已知道该产品无需强力促销外，还在于竞争者加入该产品的市场有困难。

(3) 快速渗透策略。快速渗透策略采用低价格、高促销费用的方法，迅速打入市场，取得尽可能高的市场占有率。在市场容量很大，消费者对本企业产品品牌不熟悉，竞争激烈，有较多的现实和潜在竞争者，企业随着市场规模的扩大可以降低单位生产成本的情况下适宜采用此策略。

(4) 慢速渗透策略。慢速渗透策略采用低价、低促销费用的方法来推出新产品。一般适用于市场容量大，消费者熟悉该产品，对价格反应很敏感，选择余地大，竞争激烈的情况下。

(二) 成长期的营销策略

在成长期消费者、中间商对产品已经熟悉，销售渠道增加，大量的新顾客开始购买，销售增长很快；产品设计、工艺基本定型，已具备大量生产的条件，生产成本相对降低；促销费用增加，但由于销量增长较快，所以平均促销费用下降，营销利润也以较快速度增长，产品显示较大的市场吸引力；竞争者不断仿制和跟随，纷纷加入市场进行竞争，随着竞争的加剧，新的产品特性开始出现，产品市场开始细分。针对成长期的特点，企业营销策略要突出一个字“快”。企业为维持其市场增长率，使获得最大利润的时间得以延长，企业可以采用以下对策：

(1) 做好生产方面的管理。生产应与市场销量的增长同步，确保市场供货，严防脱销，同时应注意提高质量。

(2) 更加广泛的渠道策略。随着市场的扩大，渠道的发展，网点的增加，推销队伍的壮大，渠道的管理必须完善。

(3) 改进产品，增加新的功能，改变产品的造型和款式；寻找新的细分市场，开发系列产品和衍生产品，迅速进入这一新的细分市场。

(4) 改变广告宣传的重点。把广告宣传的重点从介绍产品转到建立产品形象上来，维系老顾客，吸引新顾客，提高产品的美誉度，加强品牌地位，树立名牌。

(5) 在适当的时机，可以调整产品的价格，激发那些对价格比较敏感的消费者产生购买动机和采取行动。

(三) 成熟期的营销策略

进入成熟期的产品广为人知，并被大多数消费者接受，放心、果断购买，认名牌购买者多，销量大，但销售增长率下降，市场趋于饱和，即销量增长缓慢，逐步达到最高峰，然后缓慢下降。产品完全成熟，技术、管理完善，产品质量稳定，产能达到最大；市场竞争激烈，竞争手段也复杂化，甚至出现激烈的价格战。成熟期企业营销策略要突出一个字“争”。成熟期适宜的营销对策是：

(1) 市场改良。市场改良策略不是改进产品本身，而是发现产品的新用途或改进推销方式等，以使产品销售量增加。具体策略可从如下方面考虑：寻找新的细分市场，把产品引入尚未使用过的市场；发现产品的新用途，应用于其他领域；寻找能够刺激消费、增加产品使用率的方法，如“海飞丝”宣传去头皮屑每周两次效果更佳；市场重新定位，寻找有潜在需要的新顾客。

(2) 产品改良。产品改良策略是以产品自身的改变来满足顾客的不同需要，整体产品的任何层次的改良均可归为该策略范畴。包括根据顾客潜在需要改善产品设计，改变产品的品质、特性与适用范围；增加产品的款式、规格；改变产品的品牌与包装；提供更加完善的服务；对附加产品改良等策略。

（3）营销组合改良。企业市场营销组合策略不是一成不变的，这种策略是通过改变市场营销组合因素来延长产品的成熟期。如适当减价等更加灵活的价格策略；扩大分销渠道，广设销售网点；促销方式不断更新，广告的内容与表现方式的改变、媒体增加策略、重视营业推广等。

（四）衰退期的营销策略

产品已广为人知，但由于新产品进入市场显得在衰退期的产品技术老化，日益不合需求，消费者和中间商的兴趣逐渐转移，销量急剧下降；生产能力过剩，生产效率下降，生产成本上升，加上促销费用增加，单位产品成本上升，企业利润持续下降，甚至亏损；竞争者纷纷退出市场，市场竞争减弱。衰退期企业营销策略要突出一个字“转”。对衰退期的产品应具体问题具体分析，通常有以下几种策略可供选择：

（1）继续策略。如果产品有适度的利润，可继续按原来的市场细分定位、营销组合策略经营下去，直到这种产品完全退出市场为止。当然，有时候企业也可能因为行业退出障碍、经营者的感情等原因采用此策略。

（2）集中策略。集中策略指把企业的资源集中在最有利的细分市场和销售渠道上，从中获利。

（3）收缩策略。收缩策略指大幅度降低促销水平，尽量减少销售和推销费用，尽量减少在该产品上的亏损，弥补企业整体的固定费用，以待该产品的市场复苏。

（4）放弃策略。放弃策略指对于衰落比较迅速的产品，应该当机立断，放弃经营。在放弃的方式上可以选择逐步放弃和完全放弃。

第五节　新产品开发

【本节任务】

理解新产品的含义和类型；掌握新产品开发的原则与方向；了解新产品开发的过程；掌握新产品的市场扩散策略。

一、新产品的含义和类型

不创新，毋宁死。创新是企业持续、快速发展的原动力，是企业生命力的源泉。根据产品生命周期理论，企业总是要不断地在市场上推出新产品。新产品开发是满足新的需求、改善消费结构、提高人民生活质量的基础，是企业具有活力、竞争力与创造力的表现。新产品开发会给企业的市场营销带来机会，也会给企业的经营带来风险，因此企业必须高度重视新产品的开发工作。

对新产品的定义可以从企业、市场和技术三个角度来进行。对企业而言，第一次生产销售的产品都叫新产品；对市场来讲则不尽然，只有第一次出现的产品才叫新产品；从技术方面看，则在产品的原理、结构、功能和形式上发生了改变的产品叫新产品。营销学的新产品包括了前面三者的成分，但更注重消费者的感受与认同，它是从产品整体性概念的角度来定义的。凡是产品整体性概念中任何一部分的创新、改进，能给消费者带来某种新的感受、满足和利益的相对新的或绝对新的产品，都叫新产品。很明显，营销学中新产品是已推向了市场的，并以消费者的感受认为是新的产品。

新产品按地理范围可分为国际新产品、国家新产品、地区新产品和企业新产品，按产品变革的程度和新颖度可大致分为全新产品、换代新产品、改进新产品、仿制新产品。

【营销故事】

精工对石英表的开发

——利用科技成果，转换生产技术，创新开发划时代的新产品

20世纪60年代初，开始进入海外市场的日本机械手表，无论是在其质量上还是在其价格及品种类型上都难以与历史悠久的瑞士手表相抗衡。拥有高度的企业间垂直分工零部件生产和最终组装的生产系统以及丰富的优秀熟练工人等资源，使瑞士手表制造业最大限度地享受着分工协作带来的低成本、大量生产的好处。为了与瑞士表制造业竞争，精工公司首先购买瑞士制造的一般机械设备，将其改制成手表生产设备，从而打破用禁止出口手表生产设备的办法来保护本国利益的瑞士政府产业政策。其后，还引进了美国Timex公司的手表自动组装生产线，并于1972年开发出自己的自动组装系统。通过实行大规模的生产工艺创新，在产品制造成本上，逐渐取得了匹敌于瑞士厂家的竞争力。但就技术含量而言，与瑞士表相比，精工表的自动上弦机械表要滞后15年，高振动机械表要落后2～3年。日本手表业抓住石英技术，通过开发高精度手表实现了超越瑞士手表制造业的目标。

瑞士厂家虽于1967年与精工同时开发出石英手表的展示品，但认为它的价格过高，只把它当成一种市场有限的高档产品，而没有看到其未来的市场前景，他们仍把主要精力放在提高机械式手表性能上面。1969年年底日本精工在世界上首次开发出模拟式石英手表。其后，该公司充分利用半导体等相关技术的进步，改良原有的机械手表自动组装生产线，进一步实现了模拟式石英手表的小型化和低成本化，确立了大量生产低价石英表的体制。接着，1973年该公司运用美国科学家的成果开发出液晶显示的数码式手表，完全掌握了有关石英电子表的制造技术。其后，大规模地把产品从机械式转换为石英式，到了1982年时已有大约80%的产品实现了石英化，但瑞士厂家石英化的步子却迟缓了许多。随着机械手表使用人数的锐减，瑞士手表厂家不得不进行大规模的人员缩减和企业重组，1983年完成的石英表的自动组装系统，只能生产一些设计新颖的低价表，这比精工晚了14年，这些厂家付出了昂贵的代价，他们的产品在世界市场占有率由1970年的40%以上跌至1985年的6%。这一事例表明，在一个行业新技术、新材料出现时及时抓住机遇，开发新产品是企业取得竞争优势的最佳机遇期。

二、新产品开发的原则与方向

新产品开发有较大的风险，开发成功会给企业带来巨大的利益，开发失败会给企业带来的巨大损失。美国铱星卫星电话系统的失败，就充分说明了这一点。新产品开发的失败率较高，往往十次开发成功二三。新产品失败的原因主要有：市场调研不充分，对市场的需求把

握不准；产品无特色或质量不好；开发成本过高，定价过高；产品的渠道不当，广告宣传没有跟上；同行企业的新产品捷足先登，竞争力度太强等等。但是，在新产品开发遭遇困难与风险的同时，同样孕育了无限商机。

为了保证新产品开发的成功，企业在进行新产品开发时，一定要注意新产品开发的原则和方向。新产品开发至少应遵循以下“五有、五性”原则：

(1) 有需求。以市场为导向，适销对路，具备适用的配套设施、条件，足够的市场需求。

(2) 有潜力。产品的发展前景良好。

(3) 有特色。别具一格，优点明显。

(4) 有竞争力。企业具有生产、营销等方面的实力与优势。

(5) 有效益。项目的经济效益理想，不过度开发而浪费资源。

(6) 先进性。开发的产品具有先进性，产品所采用的技术有一定的领先性。

(7) 层次性。新产品的定位层次准确，产品的系列分布适度，质量水准把握适度。

(8) 实用性。产品满足消费者的基本功能需要，附加功能适度，没有过剩功能。

(9) 适宜性。产品符合国情、地情，与产品地使用条件相吻合。

(10) 合法性。产品符合国家的法律法规，最好受到政策的鼓励与保护。

在当今的环境下，市场竞争日益激烈，顾客需求日益多样化，企业在选择新产品发展方向时必须有更多的考虑。新产品的发展方向可以有如下多个方向：

(1) 多功能化。它指一种产品具有多种功能和多种用途。一物多用可使消费者节约时间和空间，带来多种使用价值和利益。例如现代电视上可显日历、可以玩游戏、可带立体声音响等。

(2) 复合化。它指把功能上相互关联的不同单体产品发展为复合产品。例如，将电话与台灯复合的电话台灯，将电话与电视复合的可视电话，集办公(文字处理、电话、传真)、计算、娱乐为一体的多媒体计算机等。

(3) 小型化与轻便化。它指改变产品结构，减少产品的零部件，缩小产品的体积，减轻其质量，使之便于携带、操作、运输。这样还可以节省大量的资源和能源，降低成本。日本专家认为自 20 世纪 90 年代到 2000 年是产品向“轻”、“薄”、“短”、“小”发展的时代。今天计算机的普及与计算机小型化、轻便化(微型计算机、手提式电脑、掌上电脑)的应用有极大的关系。很多日本的企业都采用这种新产品开发策略，取得了极大成功，如丰田的节油小型车，索尼、松下的晶体管收音机，东芝的笔记本电脑。

(4) 智能化与知识化。它指把一般人需要长期学习才能掌握的知识和技术转化到产品中去，使产品更便于使用。这可以使许多专业性的产品转化为大众产品，从而大大扩大产品的市场。典型的例子是“傻瓜”照相机，这种照相机可以把一个生手需学习一、两个月以上的照相技术蕴藏在照相机内，使任何一个不懂照相技术的人都拿起来就会用。

(5) 艺术化与品味化。它指从产品造型、色彩、质感和包装等方面使产品款式翻新，风格各异，体现独特的艺术个性。产品的艺术化与品味化的研究已经成为产品研究与开发中的重要组成部分。这不仅包括服装、汽车、家具这些具有一定观赏性的产品，就连洗衣机、马桶、盥洗用具，以至扳手、螺丝刀等这些实用产品也在追求尽善尽美，以求在竞争中赢得顾客。

(6) 多样化(系列化)。它指产品尽量多种品种、多种式样、多种规格和型号，以满足消费者的不同需求。

(7) 绿色化。它指新产品必须节约能源和材料，其生产与使用过程对环境没有污染，不产生公害。21 世纪是“绿色营销”的时代，“绿色产品”将受到普遍的欢迎。

【课堂讨论】

日本东京有家夫妇小店，专门出售手绢和包袱皮之类的日用品，多年来生意一直比较平稳。后来由于在附近建起了超级市场，他们的顾客便逐渐减少了。面对这种情形，夫妇二人开始动脑筋要经营有特色的商品。他们想：既然可以在手绢上印各种图案花纹，为什么不能印上具有实用价值的地图呢？于是他们自己设计，向厂家订购一批印有当地交通图的手绢，结果销路甚佳。

讨论：这家小店开发新产品成功的原因。

三、新产品开发的过程

新产品上市成功与否，与企业的成长息息相关。一旦上市失败，企业付出的代价就很大，有时甚至是致命的，因此新产品开发过程应遵循一定的科学严密步骤，才能最大限度规避风险。一般来说，新产品开发的过程应遵循八个步骤，即寻求创意、构思筛选、产品概念的形成与试验、制定营销规划、商业分析、产品实体开发、市场试销、商业化。

(一) 寻求创意

新产品开发是从寻求产品创意开始的。所谓创意，就是所要开发产品的设想与构思。任何一种产品的开发都是从创意开始的，没有创意就没有新产品开发。企业在广泛收集新产品创意之前，有关领导首先要明确新产品开发的目标和要求，如企业的目标市场是什么，准备打入哪些市场，期望达到的目标是什么，准备拿出多少钱用于下一个开发项目等。在此之后，工作人员就可以有的放矢收集产品创意。新产品创意的主要来源有企业内部、顾客、竞争者、企业自己的经销商、科研机构、大专院校、市场调研机构、学术会议等。

为了打破习惯思维模式，进一步开发创意，企业还可借助如下一些创意方法：

(1) 产品属性列举法。它指将现有产品的属性逐一列举，探索改进每一属性，从而得到新产品的创意。

(2) 希望点法。将有代表性的一些顾客召集在一起，请他们谈对现有产品的一些希望，从顾客的希望中获得新产品的创意。

(3) 强行关系法。它指列出若干不同物体，然后考虑每一物体与其他物体的关系，从中引出更多的新产品创意。

(4) 头脑风暴法。企业的主管人员挑选若干性格、专长各异的人员座谈，自由地交换看法，无拘无束地讨论，以发展新产品构想。使用该方法应注意几个要点：一是不准批评，无论是多么离谱的构想都不批评和嘲讽，多提建设性意见；二是鼓励联想，要敢于异想天开；三是追求创意数量；四是注意对创意的组合与改良。

【营销故事】

流水声音卖高价

费涅克是一名美国商人。在一次休假旅游中，小瀑布的水声激发了他的灵感。他带上立体声录音机，专门到一些人烟稀少的地方逛游。他录下了小溪、小瀑布、小河流水、鸟鸣等声音，然后回到城里复制出录音带高价出售。想不到他的生意十分兴隆，尤其买“水声”的顾客川流不息。费涅克了解许多城市居民饱受各种噪音干扰之苦，却又无法摆脱。这种奇妙的商品，能把人带入大自然的美妙境界，使那些久居闹市的人暂时忘却尘世的烦恼，还可以使许多失眠者在水声的陪伴下安然进入梦乡。真可谓留心处处皆商机。

（二）构思筛选

构思筛选主要是对从各个渠道和应用各种方法收集来的创意进行筛选，决定哪些构想应舍弃，哪些创意应保留。在这个过程中应注意避免两种错误，一种是误弃，另一种是误用。误弃就是把有发展潜力的创意舍掉，误用就是将一个没有发展前途的创意付诸开发并投放市场。这种失误往往给企业带来人力、物力、财力、时间上的重大损失。为了避免上述失误，要求企业领导干部和有经验的专家应对每一新产品的创意，从产品性能、质量、技术先进程度、市场需求、竞争能力、原材料供应、设备和人力资源利用、开发周期、开发成本、制造费用以及最后的经济效益等方面进行评价，以供最后决策，尤其要注意客户需求意见的收集，这对构思筛选十分重要，没有市场需求的构思是失败的。

构思筛选可分两步进行，一是初选，二是精选。初选就是依据经验把那些有明显缺陷的创意直接筛选掉；精选就是通过定性与定量的方法，通过创意优劣的比较或得分的高低来评价创意。为提高评估的科学性，可运用多因素综合评价方法，对各创意的各因素进行评分，记入新产品构思的评价表，根据预先确定的标准确定其优劣。因素的选择着重考虑两个方面：该创意是否与企业的战略目标相适应；企业是否有能力开发这个创意。

（三）产品概念的形成与试验

经过筛选后的创意需要进一步形成完整的产品概念。消费者购买的不是产品创意，而是具体产品，企业要开发的也是具体的产品，所以要把产品创意转化为产品概念。产品概念是企业从消费者的角度对产品创意的详细描述，一般应包括产品的目标顾客、为目标顾客所带来的利益及使用环境等方面。

在确定出最佳产品概念之后，还应当将其进行市场验证，这就是产品概念试验。方法是将前面的产品概念的文字描述或据此制作的实体模型，展示于目标顾客面前，观察他们的反应。如有一出版商想创立一种新的杂志，他将杂志名字连同杂志主要设立的版面与内容描述给目标顾客，问顾客假如有这样一本杂志他是否会买，并且定价多少他会感兴趣，他最感兴趣的内容是什么，还应添加一些什么内容等等。通过产品概念的试验，企业可以更好地选择与完善产品的概念。

（四）制定营销规划

企业新产品开发部门对已经形成的产品概念制定营销规划是新产品开发过程中的重要步

骤。这个规划将在以后开发阶段中不断完善。营销规划包括三个部分：

（1）目标市场的规模、结构、行为，新产品在目标市场上的定位，市场占有率及头几年的销售额和利润目标等。

（2）新产品的价格策略、分销策略和第一年的营销预算。

（3）新产品的中长期销量、利润目标及不同时期的营销组合。

（五）商业分析

在初步制定的营销规划的基础上，新产品进入正式的开发启动程序之前，还需进行商业分析。主要内容是估计新产品将来的销售额、成本和利润，看看它们是否满足企业的目标。

（1）销售额估计。新产品的销售额估计没有历史资料，企业一般是依据类似产品的销售情况和目标市场的情况，结合市场竞争的状况推算出新产品的销售额。估计时应注意对于任何产品都要估计首次销售额，对于消费者有重复购买行为的产品还要估计其重复购买量。

（2）成本和利润估计。在新产品的销售额估计之后，继而要估算其成本和利润。这需要由研究开发部门、生产部门、市场营销部门和财务部门共同讨论分析，采用一定的方法估算。常用的方法是现金流量表分析和损益表分析，在基本确定了营销战略、营销组合、营销预算和开发建厂或项目预算的基础上，有经验的管理会计师就可以大致估算出新产品的成本与利润。

（六）产品实体开发

新产品的实体开发是将新产品概念转化为新产品实体的过程，它是新产品进入实质性开发阶段，包括新产品的实体设计、试制、测试与鉴定等工作，主要由企业的研究所、试验室、设计部、试制部门承担。能否在规定的时间、规定的开发费用内开发出预想的产品，实体开发过程的管理极其重要。

产品实体开发包括以下几个步骤：

（1）对新产品进行技术设计，即把新产品从原理、参数、结构、组成、尺寸型号、材料设计出来，确定新产品的制造工艺要求、构件的种类和数量，制定出各种技术文件；

（2）样品试制与测试，即要根据新产品的设计图纸、工艺文件和工艺装备试制出新产品的样品，通过样品试制找出设计方面的缺陷；

（3）样品鉴定；

（4）小批试制与鉴定。

（七）市场试销

新产品凝聚着开发者的大量心血，对其偏爱有加是可以理解的，但能否真正成功还需要接受市场的检验。通过市场试销将产品投放到有代表性的目标市场进行试销，企业才能真正了解新产品市场销售前景。通过试销，可以对新产品进行全面的检验，可为新产品是否全面上市提供依据，也为新产品的改进和市场营销策略的完善提供指导。但是试销也有增加成本、给竞争者可乘之机、延缓上市时间等缺点，而且试销成功并不意味着市场销售就一定成功，因为各国和各地的消费心理可能有很大差异，不易准确把握，还有竞争的复杂多变等因素。因此，对试销结果的运用应考虑一个误差范围。

【阅读资料】

新产品开发设计人员的考虑与用户的考虑是有差别的，一个好的产品设计必须要用户参与，如何参与请阅读“让顾客参与产品设计”一文。

http://www.ceconline.com/sales_marketing/ma/8800047128/01/

(八) 商业化

新产品在试制与试销完成之后，根据试制、试销中所发现的问题及时改进，最大限度地降低新产品全面上市的风险。这些工作完成之后，就可以着手新产品的全面上市工作了。将新产品投放市场，企业会面临着再次的巨额资金投入，一是批量生产产品所需的生产设备及相应设施的投入，二是市场营销费用，即在新产品的广告、促销、渠道等方面的费用。如通用于 1985 年上市的 ELECTRA 新车花费 10 亿美元，美国某公司 1978 年上市一种洗发精的广告支出高达 3000 万美元。为了确保企业的巨额投资不致打水漂，上市之前需要做周密的策划，明确制定生产、广告、促销、价格、渠道等策略，制定相应的上市计划，并按计划有效地执行。营销计划中应注意以下几个问题：

1. 推出新产品的时机

新产品上市的时机是一个关键问题，要决定什么时候将新产品投放市场最适宜。如果某种新产品的市场需求有高度季节性，就应在销售季节来临之前将这种新产品投放市场；如果某种新产品是用来替代老产品的，就应等老产品的存货被处理得差不多的时候再将这种新产品投入市场；如果这种新产品还存在着可改进之处，就不必急于上市，应等到完善之后才投放市场。有时新产品投放市场是出于竞争方面考虑，相对竞争对手而言，想“先发制人”，则应该抢在对手的前面第一个进入市场；为了“后发制人”，了解对手新产品的缺陷及真正的市场容量，进而修改自己的产品和上市计划，则应该后期上市；还可平行进入，与竞争对手共享开发市场的好处，共同承担新产品上市的促销费用等。

2. 推出新产品的地点

能够把新产品在全国市场上一次性全面投放的企业是不多见的。一般是先在主要地区的市场推出，占领市场取得立足点，然后再扩大到其他市场。如海尔的“小神童”洗衣机开发出来之后，就首先选择了上海作为它投放的市场，然后进入其他城市市场。企业应制订新产品的市场投放计划，找出最有吸引力的市场先投放。

3. 推出新产品的对象

新产品上市，企业应将营销目标对准最有希望购买新产品的创新采用者和早期采用者，通过他们去带动其他顾客群，即使新产品得到迅速扩散和采用，又使新产品的推广人员获得鼓舞。

4. 推出新产品的方法

新产品的上市一定要进行精心地策划，在明确前面几个问题的基础上，制订出包括营销组合策略、营销费用、营销活动的营销计划，并加以有效地组织和控制，才能最大限度地保证新产品上市成功。

四、新产品的市场扩散

新产品上市以后，实际上就开始了它的生命周期历程。新产品开发的成功不仅是上市时的成功，还是整个生命周期的成功。有许多新产品上市出现了市场的轰动效应，但在其以后市场历程中表现很差甚至失败，因此，企业不仅应研究一件新产品怎样被消费者接受，而且还应站在产品生命周期这一整体的角度上去审视企业所有产品怎样使消费者被长期说服、接受，从而有针对性地进行营销管理，这就是新产品的采用与扩散。

(一) 新产品的采用过程

所谓新产品的采用过程，是指消费者个人由接受新产品到成为重复购买者的各个心理阶段。从潜在消费者发展到采用者要经历五个阶段，即知晓、兴趣、评价、试用、正式采用。营销人员应仔细研究各个阶段的不同特点，采取相应的营销策略，引导消费者尽快完成采用过程的中间阶段。在这个过程中，营销者应采取一定的办法让消费者充分认识到新产品的特性，才能使消费者做出购买新产品的决策。这些特性有：

1. 相对优越性

相对优越性指创新产品被认为比老产品好。创新产品的优越性越多，就越容易让消费者采用。应该着重指出的是，这个相对优越性指消费者对新产品的认识程度。换句话说，一个实实在在的创新产品如不能被消费者所认识，便失去其相对优越性。

2. 适用性

适用性是指产品与目标市场消费者价值观、消费行为一致的程度，如果有较大差异，消费者接受起来就很难且过程要很长。

3. 复杂性

这是指新产品在认识与使用中的困难程度。产品越复杂，说服消费者接受就越困难，营销中要做的说服工作就越多，工作就应做得越细。如个人计算机使用较其他家用电器更复杂，故需要营销者更多和更长时间的努力才能让消费者接受。

4. 可试用性

可试用性指创新产品在一定条件下可以试用。提供较多的机会让消费者使用、试用新产品，让消费者切实感受到新产品的优越性，可以让消费者很快接受新产品。如宝洁在推广新配方的“汰渍”洗衣粉时，展示其去污效果就通过提供给消费者大量的“汰渍”免费赠品，让消费者试用，使市场很快接受这个产品。

5. 可传播性

可传播性是指新产品的使用效果可被观察或向他人描述的程度，显然新产品优点的可传播性越强，采用的速度就越快。

(二) 新产品的扩散过程

所谓新产品的扩散过程，是指新产品上市以后随着时间的流逝，被愈来愈多的消费者所采用的过程。新产品的采用过程与新产品的扩散过程有很大区别。前者是站在微观角度上研究消费者由接受新产品到成为重复购买者的各个心理阶段；后者是站在宏观即整个产品生命周期角度上研究新产品如何在整个市场上传播并被市场所采用的过程。

1.新产品采用者类型

不同的潜在消费者对新产品采用过程所花费的时间长短是不一样的，为此，可将新产品的采用者分为五种类型，即创新采用者、早期采用者、早期大众、晚期大众和落后采用者，如图 7-5 所示为采用者分布曲线，图中显示：从新产品上市算起，采用者按采用时间大体服从统计学中的正态分布。

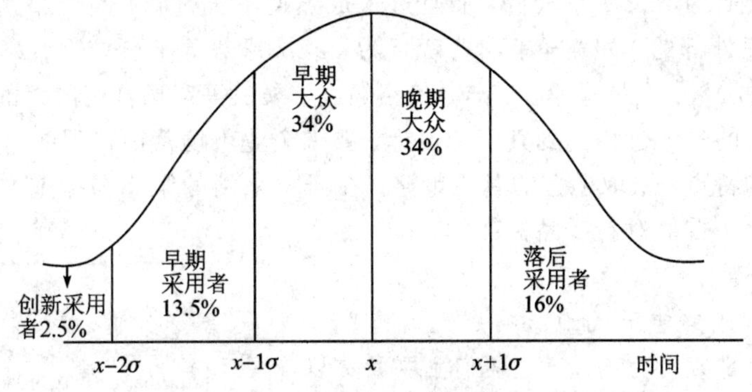

图 7-5 采用者分布曲线

(1) 创新采用者。创新采用者处于平均采用时间两个标准差以左的区域内，占全部采用者的 2.5%。这些人被称为时尚的带头人，对新事物极为敏感，收入、社会地位和受教育程度高，极富有冒险精神，信息灵通。新产品都是由少数采用者率先使用。营销人员在向市场推出新产品时，应把促销手段和传播工具对准创新采用者身，如果他们采用效果好，就会大力宣传，影响后来的使用者。

(2) 早期采用者。早期采用者占全部采用者的 13.5%，他们是第二类采用新产品的群体，是新产品从首次投放市场阶段到成长阶段的最重要的动力，对后来的采用者影响很大。由于他们对新产品的扩散有着决定性的作用，所以在成长期寻找到合适的早期采用者并有针对性地营销是特别重要的。他们特点是：大多是某个群体中具有很高威信的人，常常去收集有关新产品的各种信息，成为某个领域里的舆论领袖，受到周围人的追随。

(3) 早期大众。这类采用者采用新产品的时间较平均采用的时间要早，占总采用者人数的 34%。其特征是：态度谨慎，深思熟虑；决策的时间长；受过一定的教育；有较好的各种环境和固定的收入；对舆论领袖表现出较强的追随性，往往是赶时髦者。由于早期大众与晚期大众占总人数的大多数，研究他们的消费心理和购买习惯，对于加速新产品的扩散，获取最大的市场份额具有重要意义。

(4) 晚期大众。这类采用者采用时间较平均采用时间晚，占总采用人数的 34%。其主要特征是多疑。他们对新事物持怀疑态度，在大多数人都采用了新产品，并确信该产品值得购买后才决定采用。他们的特征是：对于新产品的信息主要来源于同事和朋友，受教育程度和收入水平相对较差，所以不主动接受新产品。晚期大众是五类采用者营销中的一个难点，应针对其多疑的特点下工夫，用多种手段与方法打消顾虑，坚定顾客的购买信心是关键。

(5) 落后采用者。他们是新产品的最后采用者，占总人数的 16%。他们思想保守，拘泥于传统的生活习惯与消费模式，不愿意接受新事物，极少接受宣传媒体，其社会地位和收入水平最低，与一般人存在着社会经济地位、个人因素和沟通行为的差异，所以他们在产品进入成熟期后期甚至进入衰退期时才会购买。

2. 新产品的扩散过程管理

新产品的扩散过程管理是指企业通过采取一定的策略，使新产品扩散过程符合既定目标的过程。依据最佳的产品生命周期曲线，新产品扩散管理的目标应该是：(1) 在介绍期销售额迅速起飞；(2) 成长期的销售额的快速增长；(3) 成熟期产品的市场渗透最大化；(4) 衰退期尽可能维持一定水平的销售额，然而实际的新产品扩散过程并非如此。通常是介绍期销售额增长很慢，成长期的增长率也较低，而且进入成熟期不长时间，销售额就开始下降。这是因为扩散过程受到外部的，如竞争、消费者行为、经济形势等不可控因素影响外，还受到企业内部的，如产品质量、人员推销、广告、价格策略、渠道等市场营销因素的制约。

为了使新产品的扩散过程达到其管理目标，要求企业市场营销管理部门必须按照产品寿命周期的各阶段的特点，采取适宜的营销策略。在研究采用的策略与措施的过程中，还应重视舆论领袖以其口头传播对新产品扩散的影响。

【知识拓展】

舆论领袖是指能够非正式地影响别人的态度或者一定程度上改变别人行为的个人。他们主要具有以下作用：告知他人(追随者)有关新产品的信息；提供建议以减轻别人的购买风险；向购买者提供积极的反馈或证实其决策。舆论领袖是一个告知者、说服者和证实者。

读者进一步了解舆论领袖的相关内容可参考百度百科：

http://baike.baidu.com/link?url=X5snQymwduseqPmTbVeSI6Nys7-TDSpnmMTemdnr4cwugnTTsx0vje3d7NQkOD38o3jADxUL8xzpi2gJd8tvua

本章小结

产品整体性概念认为产品包含核心产品、有形产品和附加产品三个层次。产品差异化是指企业设计和突出一系列产品差异，来区分竞争对手产品的营销行为。总的来说有四个方面的差异策略：形式产品差异策略、服务差异策略、人员差异策略和形象差异策略。

产品组合也称产品集合，是指一个企业在一定时期内生产经营的各种不同产品的全部产品大类、产品项目的组合。它包括宽度、长度、深度和关联性四个要素。

产品的形象策略包括品牌策略、商标策略和包装策略等。

典型的产品生命周期一般包括四个阶段：介绍期、成长期、成熟期和衰退期。在各阶段企业采取的营销策略有差异。

新产品开发的过程应遵循八个步骤，即寻求创意、构思筛选、产品概念的形成与试验、制定营销规划、商业分析、产品实体开发、市场试销、商业化。

测试练习

一、名词解释

1. 产品组合　2. 产品线宽度　3. 产品线深度　4. 品牌　5. 产品生命周期

二、填空题

1. 产品整体性概念包括(　　)、(　　)、(　　)三个层次。

2. 产品组合涉及(　　)、(　　)、(　　)、(　　)四个因素。

3. 成熟期企业营销策略要突出一个字(　　)。

4.（　　）是指一个企业所生产经营各类产品的平均项目数。

5. 企业过去主要生产低档产品，现在努力增加高端产品生产这种策略称为（　　）。

6. 典型的产品生命周期一般包括四个阶段：（　　）、（　　）、（　　）、（　　）。

三、选择题

1. 产品组合中产品项目的总数是指产品组合中的（　　）。

A. 广度　　B. 深度

C. 长度　　D. 宽度

2. 产品组合中所拥有的产品线的数目，是指产品组合的（　　）。

A. 广度　　B. 深度

C. 长度　　D. 宽度

3. 一般来说，广告费用和其他营销费用在这个时期的开支最大，这个时期属于产品生命周期的（　　）。

A. 导入期　　B. 成长期

C. 成熟期　　D. 衰退期

4. 加强促销环节，树立强有力的产品形象。促销策略的重心应从建立产品知名度转移到树立产品形象，主要目标是建立品牌偏好，争取新的顾客。这个时期的策略一般是产品生命周期的哪个阶段的策略？＿＿＿＿＿＿。

A. 导入期　　B. 成长期

C. 成熟期　　D. 衰退期

5. 所谓核心产品是指＿＿＿＿。

A. 产品的形态、外观　　B. 产品所能提供的利益或满足

C. 销售产品时所提供的连带性服务　　D. 产品实体

四、思考题

1. 产品组合的要素有哪些？如何分析产品组合？怎样应用产品组合策略？

2. 产品生命周期各阶段应采用什么样的营销策略？

3. 新产品开发的程序有哪些？每个步骤对企业开发新产品有什么意义？

五、案例分析题

农夫山泉是海南养生堂公司于1997年推出的瓶装纯净水。当时，中国水市场已经经过了10多年的发展历程，生产企业有近千家之多，市场竞争相当激烈。娃哈哈和乐百氏自1995年开始，先后由儿童饮品延伸到纯净水，并在较短时间内逐步确立了领导者的地位。面对潜力巨大、竞争激烈、领导者品牌强势占领的瓶装水市场，农夫山泉为了尽快切入市场，并占有一席之地，采取了整体产品的差异化战略，在产品的口感、类别、水源、包装、品牌、价格等方面都与娃哈哈和乐百氏形成明显的差异，一举获得成功，有效地达到了企业的营销目标。

在口感上，一句"农夫山泉有点甜"的广告词就明确地点出了水的甘甜清冽，一下子就区别于乐百氏的"27层过滤"的品质定位和娃哈哈"我的眼中只有你"所营造的浪漫气息，与当年七喜作为"非可乐"产品推出有异曲同工之妙，给消费者留下深刻的印象，占据了消费者的心理空间。

在水源上，农夫山泉强调"千岛湖的源头活水"水源的优良，同时利用千岛湖作为华东著

名的山水旅游景区和国家一级水资源的保护区拥有的极高的公众认同度，提高其产品质量的认同度和品牌知名度。

在品牌上，“农夫”二字给人们以淳朴、敦厚、实在的感觉，“农”相对于“工”远离了工业污染，“山泉”则给人以回归自然的感觉，迎合了人们返璞归真的心理需求。比起某些小儿用品痕迹十分明显的名称，其品牌适应性更强、覆盖面更广，品牌形象更为鲜明。

在包装上，农夫山泉选用运动瓶盖，并且比率先推出运动瓶盖的上海老牌饮料正广和更棋高一着地进行广告宣传，突出运动瓶盖的特点。在广告中，农夫山泉把运动盖解释为一种独特的带有动作特点和声音特点的时尚情趣，选择中学生这一消费群体作为一个切入点；“课堂篇”广告中“哗扑”一声和那句“上课时不要发出这种声音”的幽默用语，让人心领神会，忍俊不禁，使得农夫山泉在时尚性方面远远超出了其他品牌，也使人们对农夫山泉刮目相看，产生了浓厚的兴趣。

案例思考：

从整体产品的角度分析农夫山泉的营销策略。

六、实训练习

假设你是某公司男性化妆品品牌推广经理，请你从中挑选一位形象代言人，一位是黑脸张飞，一位是贾宝玉，并简单解释一下自己的想法。

将本班同学分为两组，分别代表张飞、贾宝玉，各自讨论后进行辩论。

讨论：

1. 你产品独特的卖点是什么？

2. 如何发掘和打造你的独特卖点？

3. 你为什么选择张飞(贾宝玉)？

第八章 产品定价策略

【营销格言】企业利润不可独吞，应分成三等份，即由消费者、有关企业和员工共同分享。

【本章结构】

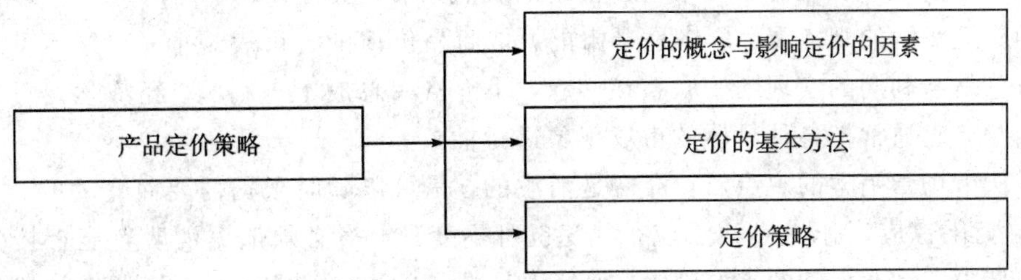

【案例导入】

高格调，低价位

小国寡民的瑞士，曾经是举世闻名的手表王国。它产销的机械表，一度在全世界拥有40%的市场占有率。

然而1970年后，日本以石英表和电子表横扫全球。精工表、星辰表、卡西欧取代了浪琴、亚米茄、天梭表。瑞士手表王国的美誉与风光一落千丈。

手表的生产外销一向是瑞士经济的命脉，经此打击，当然得亟思反扑。尤其是生产浪琴与亚米茄的两家公司，受到破产与解散的威胁，深知不创新即死亡的道理，于是两家联合起来共谋起死回生、反败为胜之策。

于是，一种取名为Swtach的手表在万方瞩目下问市了。这种新手表被瑞士表界寄予了厚望。Swtach果然不负众望，在短短的两年内即夺回手表王国的宝座，几乎扭转了整个颓势。

Swtach是以质地坚硬的塑料为外壳，电池可以更换，并且耐震，防水。更重要的是它的价格便宜，每只售价仅25～35美元，所以在美国每个月就可卖出10万只。

除了价格突破了瑞士表昂贵的传统之外，它的另一项策略更为成功，那就是价钱虽然便宜，但是销售的地点绝对是在高贵的名店和一流的百货公司。

通过高贵的名店销售价格便宜的商品，它给顾客的感觉就变成了“物美价廉”。Swtach之所以能为瑞士夺回江山，最重要的可说是“物美价廉”策略的成功。因为瑞士表一向以昂贵著称，如今受到前所未有的挑战，所以瑞士只有推出廉价的新表参与竞争，但是若要维持瑞士表一向高格调的形象，则除“物美价廉”之策略外，实已无路可走，因此它的廉价新表进名店的“高格调，低价位”的做法是极为高明的。

思考：

这种做法“高明”在何处？在营销定价中如何有效把握顾客心理？

第一节　定价的概念与影响定价的因素

【本节任务】

理解定价的概念；了解定价的重要性；理解影响企业定价的因素。

一、定价的概念

对于产品价格，从经济学和市场营销学的观点来看，其含义是不同的。

(1) 从经济学的观点看：价格是严肃的，是商品价值的货币表现形式，是不可随意变动的，价格总是与利润的实现紧密联系在一起，即价格＝总成本＋利润。经济学着重研究产品的理论价格，它通常把各种具体的市场现象进行抽象。

(2) 从市场营销学的观点看：价格是活泼的，是可以随时根椐需要而变动的。定价对整个市场的变化也应当作出灵活反应，可变也可不变，价格必须依据消费者能否接受为出发点。价格是决定企业赢利的重要因素，但绝不是唯一的决定性因素。市场营销学研究的价格是在产品理论价格的基础上，从企业角度，结合不断变化的市场情况，着重研究产品进入市场、占领市场、开拓市场的一种具体应变价格。企业定价是为了促进销售、获取利润，因而要求企业定价时，既要考虑成本的补偿又要考虑消费者的接受能力，从而使定价具有买卖双方决策的特征。正因如此，定价不仅是一门科学而且是一门艺术，企业要研究定价的策略和技巧，发挥市场价格的杠杆作用。

二、定价的重要性

哈佛商学院的雷曼德·考利认为，“定价是极其重要的——整个市场营销的聚集点就在于定价决策”。定价是管理者每天都关心的问题，是营销活动中最活跃的因素。企业的定价决策决定着企业的生存与发展。企业制定适当的价格，就有利于扩大销售增加盈利，提高市场占有率，开拓、巩固和扩大市场，增强产品的竞争力。

1. 价格影响顾客的购买行为

企业销售产品与顾客购买产品都是在一定的交易条件下进行的。交易条件是由企业提供，由购买者进行选择的，交易条件主要包括六个方面的内容，即产品的功能、产品的质量、产品的类型、交货期限、销售服务以及产品价格。在实际生活中，上述六个方面的交易条件往往很难同时满足顾客的要求，但只要能够较好地满足顾客侧重于关心的方面，交易就能够实现。在不同的时间、地点和购买对象上，顾客对交易条件中各个因素的取舍很不一致，有些因素可能被排除在外，但其中的价格因素通常是不会被忽略的。实际情况表明，同其他因素相比，价格对顾客购买行为的影响最为直接，并且总是作用于顾客做出购买决定的关键时刻，因此，价格影响着顾客的购买行为，关系着市场对产品接受的程度和需求的数量。

2. 价格影响看竞争者的营销行为

除了完全垄断市场之外，在其他几种类型的行业市场上，一个企业的定价和调价都会对竞争者的行为发生影响，使他们做出一定的反应，从而改变着竞争的态势，使该企业的市场地位发生有利或不利的变化。

3. 价格影响着企业及其产品的市场形象

市场定位的一个重要目的就是要树立企业及其产品特定的市场形象，市场定位的战略目的是依靠制定有效的营销组合方案来加以实现的，因此，价格作为市场营销组合中的一个重要因素，必然会对企业及其产品的市场形象发生重要影响。

4. 价格制约着市场营销组合中其他因素的安排

价格水平的不同会改变顾客对交易条件中其他几个方面因素的评价、取舍和接受情况。价格水平高，顾客就会对其他几个方面的交易条件提出较高的要求；价格水平较低，顾客就会降低对其他几个方面交易条件的要求。交易条件是与企业市场营销组合中的各个因素相对应的，我们说交易条件的各个因素之间应保持协调性，实际上也就是说市场营销组合中的各个因素要保持协调性，所以价格水平的不同会改变顾客对交易条件中其他几个方面因素的评价、取舍和接受情况，实际上指的就是价格因素对市场营销组合中其他因素制约和影响的情况。

5. 价格制约着企业的生存与发展

价格决定着企业产品的销售量、市场占有率、价值补偿、利润水平和企业目标的实现，制约着企业的生存与发展。

【课堂讨论】

企业定价对企业的生存发展至关重要，如何合理的定价，请结合“恒大冰泉亏损40亿，败在哪?”和“让利惠民了 恒大冰泉降价开路”讨论下恒大冰泉定价战略。

http://www.ceconlinebbs.com/FORUM_POST_900001_900133_1090982_0.HTM?pa_cha_1&_ga=1.157939770.165333647.1462933388

三、影响企业定价的因素

商品的价格受多种因素的影响和制约，研究影响商品价格的因素是企业确定定价目标，运用定价策略和方法的前提条件。影响企业定价的因素很多，包括企业的内部因素和外部因素，其中主要因素有：

（一）定价目标

任何企业都不能孤立地制定价格，而必须按照企业的目标市场战略及市场定位战略的要求来进行。此外，企业管理人员还要制定一些具体的经营目标，如利润额、销售额、市场占有率等，这些都对企业定价具有重要影响。企业定价目标主要有以下几种：

1. 维持生存

如果企业产量过剩，或面临激烈竞争，或试图改变消费者需求，则需要把维持生存作为主要目标。为了确保工厂继续开工和使存货出手，企业必须制定较低的价格，并希望市场是价格敏感型的。利润比起生存来要次要得多。许多企业通过大规模的价格折扣，来保持企业活力。只要其价格能弥补可变成本和一些固定成本，企业的生存便可得以维持。

2. 当期利润最大化

有些企业希望制定一个能使当期利润最大化的价格。他们估计需求和成本，并据此选择一种价格，使之能产生最大的当期利润、现金流量或投资报酬率。假定企业对其产品的需求函数和成本函数有充分的了解，则借助需求函数和成本函数便可制定确保当期利润最大化的价格。

3. 市场占有率最大化

有些企业想通过定价来取得控制市场的地位，使市场占有率最大化。由于企业确信赢得最高的市场占有率之后将享有最低的成本和最高的长期利润，所以企业会制定尽可能低的价格来追求市场占有率领先地位。企业也可能追求某一特定的市场占有率。例如企业计划在一年内将其市场占有率从10%提高到15%。为实现这一目标，企业就要制定相应的市场营销计划和价格决策。当具备下述条件之一时，企业就可考虑通过低价来实现市场占有率的提高：(1) 市场对价格高度敏感，因此低价能刺激需求的迅速增长；(2) 生产与分销的单位成本会随着生产经验的积累而下降；(3) 低价能吓退现有的和潜在的竞争者。

4. 产品质量最优化

企业也可以考虑产品质量领先这样的目标，并在生产和市场营销过程中始终贯彻产品质量最优化的指导思想，这就要求用高价格来弥补高质量和研究开发的高成本。产品优质优价的同时，还应辅以相应的优质服务。

【营销故事】

古井贡酒不涨价

1987年7月，全国名酒统一调价：茅台200多元一瓶，泸州老窖、五粮液100多元一瓶，古井贡酒国家也规定提价为48元一瓶，但古井贡酒在名酒纷纷涨价的情况下，不仅不涨价，还降价销售。55度型产地零售价为20元，38度型为15元，古井特曲为6元。名酒还是名酒，价格一降，销量大增。1990年销售额升至1.56亿元，1991年仅用半年时间就销售1.5亿元，实现利税6400元，分别比上年同期递增204%和86%。古井贡酒的成功就在于古井贡酒厂充分考虑到需求与价格间存在密切关系，价格下降，需求必然增加，销量必然扩大，于是在其他名牌酒涨价之时，古井贡酒反其道而行之，予以降价，薄利多销，提高了市场占有率，扩大了销售范围，使企业利润大涨，实现了预期目标。

(二) 产品成本

产品成本是影响和制约企业定价的最重要的内部因素，是企业定价的基础，是价格构成中最基本、最主要的因素。在一般情况下，成本决定着产品价格的下限，价格再低不能低于成本。

企业进行定价时，考虑的成本因素主要有短期成本和长期成本。

短期成本与长期成本不同，不是单纯指时间的长短，而是按生产要素是否调整来说的。“短期”是指企业在这段时间内不能调整某些生产要素，因此，短期成本可以分为固定成本和变动成本。固定成本不随产量的增减而增减，如固定资产折旧费、房地租、管理费等费用，这种成本在企业未开工生产时也需负担。变动成本随产量的增减而增减，如原燃料消耗、储运费、生产人员工资等费用，如果企业不开工生产，变动成本等于零，总成本等于固定成本。固定成本和变动成本构成了总成本(商品的售价应不低于总成本)。

“长期”是指企业在这段时间可以调整所有生产要素，从而一切都是可变成本。这样，长期成本没有固定成本，一切成本都是可变成本。产量为零时，成本也为零。而不像短期成本那样，产量为零时，仍有一定的成本。在不同的生产规模或不同生产经验的条件下，长期成本会有所不同。

每一种产业都存在一个最适生产规模，在这个规模上，产品单位成本最低、盈利最高。当低于某个生产规模时，不能充分发挥生产设备和管理的效率，单位成本会上升；当高于这个生产规模时，管理上会发生困难，单位成本也会上升。企业应当充分重视通过适度扩大生产规模，不断提高生产水平和管理水平，降低长期成本从而提高经济效益，为企业采用低价策略、提高产品竞争力创造基础条件。

(三) 市场需求

一般情况下，市场需求状况是影响企业定价的最重要的外部因素，它决定着产品价格的上限。需求与价格呈反比关系，即价格越高，需求水平越低。在考虑需求对定价的影响时，应把握以下几个方面：

1. 供求关系

当商品需求与商品供给相等时，商品的需求价格与供给价格相等，这种相对静止的价格叫均衡价格。若需求与供给都在不断地变动，则必然会引起价格的变动。按照市场机制，需求增加，价格会上升，需求变动引起价格同方向变动；供给增加价格会下降，供给引起价格反方向变动。

2. 需求价格弹性

需求的变动会引起价格的变动，反过来，价格的变动会引起需求量的变动。然而，不同的产品，其需求弹性往往不同。需求弹性理论正好说明了价格变动与需求量变动之间的量的关系。通常用需求价格弹性系数表示需求价格弹性的大小，其计算公式为

$$\text{需求价格弹性系数}(E)=\frac{\text{需求量变动的百分比}}{\text{价格变动的百分比}}$$

需求价格弹性系数有 5 种状况：$E>1$ 时富有弹性；$E=1$ 时单位弹性；$E<1$ 时缺乏弹性；$E=0$ 时完全无弹性；$E\to\infty$ 时完全弹性。对富有弹性的商品，适当降低价格会引起需求量的明显上升；对缺乏弹性的商品，适当提高价格也不会引起需求量的明显下降。

3. 消费心理与感受价值

在消费者心目中，对产品价格常有一种主观的估价，即消费者理解的商品的价值和价格，也称预期价格。这个预期值往往是一个价格范围。消费者的心理感受价值与产品价格可能会不一致，如某商店一件衣服的标价是“150 元”，但消费者无论从质料、款式等各方面都认为只值“70 元”，这就是一种感受价值。企业定价如高出预期值，消费者会嫌贵；低于这个范围，又会怀疑产品的质量，所以企业在定价时，应当考虑需求心理因素的影响，预先测定目标消费者的感受价值，并通过优化产品品质、改进营销策略、改善销售环境等方法来提高消费者对产品的感受价值，同时相应地提高产品定价，便可获得更大的销售收益。

(四) 市场竞争

成本因素和需求因素决定了价格的下限和上限，然而在上下限之间确定具体价格时，则

很大程度上要考虑市场的竞争状况。竞争性定价在当今市场上越来越普遍，价格战也越打越激烈，没有人不受竞争影响，起码在很长一段时间内会是如此。在缺乏竞争的情况下，企业几乎可完全依照消费者对价格变化的敏感性来预期价格变化的效果，然而由于有了竞争，对手的反应甚至可完全破坏企业的价格预期，因此，市场竞争是影响价格制定的一个非常重要的因素。一般说来，竞争越激烈，对价格的影响也越大。

不同的市场竞争格局和状态对企业定价的影响是不同的：

(1) 在完全竞争市场上，买卖双方都只是价格的接受者，而不是价格的决定者，价格完全由供求关系决定。生产者企业不可能采用提价的办法多得到利润，只能靠提高自己产品的生产效率，降低各种消耗从而靠降低成本的办法取得更多的利润。

(2) 在完全垄断市场上，由一家企业完全控制某种产品，垄断企业没有另外的竞争者与之抗衡，企业可以在法律允许的范围内自主定价，这时的价格一般比完全竞争状态下的价格高得多。

(3) 在垄断竞争市场上，各个企业对其产品有较大程度的垄断，能控制其产品价格，企业已不是价格的“接受者”，而是价格的“影响者”，但是企业在制定其价格的时候会受到来自企业内部和外部的诸多因素的影响。

【即问即答】

你认为，在垄断竞争市场上，企业如何影响市场价格？

在寡头垄断市场上，少数几家厂商控制某一行业的市场，它们之间密切联系、相互影响，都有能力影响和控制市场的价格。各寡头一般不轻易变动已确定的价格和市场范围，整个行业的市场价格比较稳定。

此外，商品的市场特点、品牌形象、产品的生命周期、市场营销组合因素、企业状况(规模与实力、销售渠道、信息沟通、营销人员素质与能力)、政府的政策法令、消费者的消费特点和购买特点等，都影响了对企业产品的定价。在市场营销活动中，企业应对上述因素综合考虑，以符合市场营销规律，提高企业的竞争能力。

第二节　定价的基本方法

【本节任务】

理解并掌握成本导向定价法、需求导向定价法、竞争导向定价法。

一般情况下，企业在定价时主要考虑企业产品的成本，市场需求情况和竞争情况三个主要因素，因此，定价方法也可分为三类：成本导向定价法、需求导向定价法和竞争导向定价法。

一、成本导向定价法

成本导向法是以产品的总成本为中心定价的一种方法，是一种按卖方意图定价的方法。其主要理论依据是：在定价的时候，首先要考虑收回企业在生产经营中投入的全部成本，然后再考虑取得一定的利润。这一类定价法有许多具体形式，比较常见的有以下两种方法：

1. 成本加成定价法

成本加成定价法又叫加额法、标高定价法或成本基数法，这是成本导向定价法的基本形式。其原理是按产品单位成本加上一定比例的毛利定出销价。

(1) 成本加成定价法的分类。

成本加成定价法有两种方式：以成本为基础的加成和以售价为基础的加成。

① 以成本为基础的加成，其计算公式为

$$单位产品价格=单位产品总成本\times(1+加成率)$$

② 以售价为基础的加成，其计算公式为

$$单位产品价格=\frac{单位产品总成本}{1-加成率}$$

(2) 成本加成定价法的应用。

成本加成定价法的应用通过一实例说明。

例如，假设一家电烤箱制造商，制造电烤箱各种费用和销量如下：

平均变动成本	100 元
固定成本	3,000,000 元
预计销量	50,000 个

则电烤箱单位成本为

$$单位成本=变动成本+\frac{固定成本}{销量}=100\text{ 元}+\frac{3,000,000}{50,000}=160\text{ 元}$$

假设该制造商获取成本的 20%的利润，则其加成价格为

$$加成价格=单位成本\times(1+期望利润率)=160\times(1+20\%)=192\text{ 元}$$

假设该制造商想获取销售价的 20%的利润，则其加成价格为

$$加成价格=\frac{单位成本}{1-期望利润率}=\frac{160}{1-20\%}=200\text{ 元}$$

2. 目标利润定价法

目标利润定价法，也称为目标收益定价法或投资报酬定价法。它是指根据总成本、预计销量和所确定的目标利润来决定价格，可表示为

$$目标利润价格=\frac{总成本+目标利润}{销量}$$

假设某计算器制造商制造计算器，其生产能力为 100 万台；固定成本为 6,000 万元，单位变动成本为 50 元；预期销售为生产能力的 80%，即 80 万台；生产 80 万台计算器的总成本为 1 亿元；企业期望从其投资中获取 20%的利润，即目标利润为 2,000 万元，其总收入要达到 12,000 万元。根据公式可得出目标利润价格为

$$目标利润价格=\frac{1000,000,000+20,000,000}{800,000}=150\text{ 元}$$

如果公司的成本和预测的销量都计算得很准确，那么这家制造商就能实现 20%的投资收益率，但是销量如果达不到 80 万台怎么办？这时候企业可以通过利用盈亏平衡法计算盈亏平衡点的销售量来辅助决策，其可表示为

$$盈亏平衡点销量=\frac{总固定成本}{单位产品价格-单位变动成本}$$

根据公式则有

$$企业的盈亏平衡销量=\frac{固定成本}{价格-变动成本}=\frac{60,000,000}{(150-50)}=600,000$$

二、需求导向定价法

需求导向定价法是依据买方对产品价值的感受和需求强度来定价的，而不是依据卖方的成本定价。其特点是：企业产品价格随买方对产品价值的感受和需求强度的变化而变化，与成本因素关系不大。需求导向定价法主要包括消费者感受价值（认知价值）定价法和需求强度定价法。

1. 消费者感受价值定价法

感受价值是买方在心理上和观念上认同的价值，并非产品的实际价值。感受价值比客户满意度更能实时地反映消费者对企业产品与服务的满意程度。卖方可以针对买方的需求特征，设法用优质的产品、优良的服务、优美的装潢、优雅的环境、优秀的广告等去影响买方的心理活动和观念态度，提高其感受价值，据此将产品价格确定在感受价值的水平上，提高经济效益，同时又使买方感到物有所值，买卖双方均满意。

2. 需求强度定价法

需求强度定价法是依据需求总量的大小和急缓来确定价格。此方法首先要测定需求强度。一般来说，需求旺盛定价较高，需求疲软定价较低。在需求定价实践中，有强度差别定价和需求倒推定价两种方法。强度差别定价法又称“区别需求定价法”，是指因需求特性的不同，同一时间、对同一商品制定两种或多种以上的价格。需求特性不同主要表现在购买力、需求量、需求强度、需求时间、需求层次、需求地点、需求偏好、商品用途、产品生命周期所处的阶段、需求弹性、用户类型等方面，还要受到国家政策导向的影响。例如季节性商品，在旺季定价较高。需求倒推定价法又称“反向定价法”或“零售价格定价法”，是企业测定目标市场的可销零售价，然后扣除零售商批零差，推得批发价，再扣除批发商购销差率有关费用，推得企业的出厂价。需求强度定价准确与否，关键在于可销零售价的确定。

【营销故事】

天价咖啡

日本东京“TOMSON”咖啡屋推出了一种5000日元一杯的高级咖啡，这确实让东京人大吃一惊。在当时的东京，一杯普通的咖啡只要100日元左右，5000日元一杯的咖啡的确太昂贵了。如此昂贵的咖啡，会不会无人问津？可事实上，自从推出这种高价咖啡后，咖啡屋一改往日“人烟稀少”的局面，店里忙得不可开交，究其原因，是因为特别的高价引起了人们的关注，刺激了人们的好奇心理，产生了非要尝尝这种咖啡的强烈愿望。咖啡价格虽比普通咖啡高出50倍，但卖这种咖啡并无厚利可图，甚至所获利润比其他价位的咖啡还要低。

“TOMSON”的咖啡是用世界上最高级、最豪华的法国咖啡杯盛的，每只杯子价值4000日元，等消费者喝完咖啡回去时，店员就把这种杯子包好送给消费者。当然，杯子里所装的咖啡也是货真价实的，味道特别好。为什么无利可图，还要推出这么高级的咖啡？该店老板木元二郎说：“卖5000日元一杯的咖啡，我们是不赚钱的，我们要靠卖其他便宜的饮料来维持经营。然而这5000日元一杯的咖啡比任何宣传都有效，它能吸引成千上万好奇的顾客来光临，卖掉更多的果汁、饮料和一般咖啡。”

三、竞争导向定价法

竞争导向定价是以竞争者的价格为主要依据来确定本企业产品的价格。定价时所注重的是竞争者的价格动向，而不太注重自己的成本和需求。在竞争激烈的市场上，企业为了应付竞争局面争取得到顾客订货，往往采取竞争导向定价法。其主要有以下几种形式：

1. 随行就市定价法

随行就市定价法又称“流行价格定价法”，是以当地当时的市场行情为依据确定价格。这种定价方法简单易行，风险不大，不会加剧价格竞争，适合于无特色的一般化产品的定价，或中小企业跟随大企业价格的定价。在完全竞争和寡头垄断的市场结构比较普遍。采用随行就市定价既可以为企业节省许多调研时间和费用，又避免了因价格贸然变动所带来的风险，是一种较为稳妥的定价方法。

2. 垄断定价法

垄断定价法是由处于垄断地位的少数几家企业结成同盟协商形成的价格。一方面，他们将自己的产品定价很高；另一方面，他们又将获取原料的价格压得很低。由于消费者的坚决反对及法律法规的限制，垄断定价不能过高。而且垄断企业虽然占有绝大部分的市场份额，但为了不引起消费者的不满，防止中小企业的竞争，有时也将价格定得适中。

3. 投标定价法

投标定价法就是一个企业根据招标方的条件，主要考虑竞争情况来确定标价的一种方法。通常用于建筑包工、大型设备制造、政府大宗采购等。一个企业能否中标，在很大程度上取决于该企业与竞争者投标报价水平的比较。一般情况下，报价高，利润大，但中标机会小；反之，利润低，但中标机会大，其机会成本可能大于其他投资方。在买方招标所有投标者中，报价最低的投标者通常中标，而它的报价就是承包价格。

4. 拍卖定价法

拍卖定价法是由卖方预先发表公告，展出拍卖物品，买方预先看货，在规定时间公开拍卖，由买方公开竞争叫价，不再有人竞争的最高价格即为成交价格，卖方按此价格拍板成交。这是西方国家一种古老的传统买卖方式，现在一般在出售文物、旧货以及处理破产企业财务时使用此法。拍卖价格与投标价格有所不同，其区别在于，前者是买方公开竞价，后者是卖方密封定价。

【阅读资料】

四种最基本的拍卖形态

1. 英式拍卖(English Auction)

英式拍卖也称增价拍卖。这是最常用的一种拍卖方式。拍卖时，由拍卖人提出一批货物，宣布预定的最低价格，然后由竞买者相继叫价，竞相加价，有时规定每次加价的金额额度，直到无人再出更高的价格时，则用击槌动作表示竞卖结束，将这批商品卖给最后出价最高的人。在拍卖出槌前，竞买者可以撤销出价。如果竞买者的出价都低于拍卖人宣布的最低价格，或称价格极限，卖方有权撤回商品，拒绝出售。购物者彼此竞标，由出价最高者获得物品。当前的拍卖网站所开展的拍卖方式以“英式拍卖”为主。二手设备、汽车、不动产、艺术品和古董等商品常以这种方式进行拍卖。

2. 荷兰式拍卖(Dutch Auction)

荷兰式拍卖也叫降价式拍卖。这种方法先由拍卖人喊出最高价格，然后逐渐减低叫价，直到有某一竞买者认为已经低到可以接受的价格，表示买进为止。这种拍卖方式使得商品成交迅速，经常用于拍卖鲜活商品和水果、蔬菜、花卉等。荷兰阿姆斯特丹的花市所采用的便是这种运作方式，通用电器公司的“交易过程网络”(Trading Process Network)也是如此。

3. 标单密封式拍卖(Sealed-bid Auction)

标单密封式拍卖是一种招标方式。在这种拍卖方式中，买方会邀请供应商前来进行标单密封式投标，最后，由买方选择价格合理的供应商来成交。目前，这种方式在建筑市场、大型设备市场及药品的成批买卖中较为普遍。

4. 复式拍卖(Double Auction)

在复式拍卖中，买卖方的数量均较多。众多买方和卖方事先提交他们愿意购买或出售某项物品的价格，然后通过电脑迅速进行处理，并且就各方出价予以配对。复式拍卖的典型例子是股票市场，在该市场上，许多买方和卖方聚集在一起进行股票买卖，价格也会随时发生变化。

【阅读资料】

定价是一门学问，不同的企业会根据不同情况，采取灵活定价方式。请阅读“行为定价，引导消费者的购买决策”一文，它会给你一些定价的启示。

http://www.ceconline.com/sales_marketing/ma/8800074356/01/

第三节　定价策略

【本节任务】

理解掌握新产品定价策略、心理定价策略、地区定价策略、折扣与折让定价策略、产品组合定价策略、差别定价策略。

第二节所阐述的定价方法可以为某一产品制定一个基本的价格。然而，企业在选定最终价格时，还要针对不同市场情况与营销目的，考虑消费者心理，顾客所在的地区，付款的早迟，顾客购买的数量、时间，促销的需要，产品线的不同、目的价格结构等，实行灵活多变的定价策略，从而产生一个可行的价格。

一、新产品定价策略

新产品定价是企业定价的一个重要方面，新产品定价合理与否，不仅关系到新产品能否顺利地进入市场，占领市场，取得较好的经济效益，而且关系到产品本身的命运和企业的前途。常见的新产品定价策略，有三种形式：撇脂定价、渗透定价和适中定价。

（一）撇脂定价

在新产品上市之初，将新产品价格定得较高，可在短期内获取厚利，尽快收回投资。这一定价策略就像从牛奶中撇取其中所含的奶油一样，取其精华，所以称为“撇脂定价”策略。一般而言，对于全新产品、受专利保护的产品、需求价格弹性小的产品、流行产品、未来市场形势难以测定的产品等，可以采用撇脂定价策略。例如，圆珠笔在1945年发明时，属于全新产品，成本是0.5美元一支，可是发明者却利用广告宣传和求新求异心理，以20美元销售，仍然使人们的争相购买。

撇脂定价策略有以下几个优点：(1) 在全新产品或换代新产品上市之初，利用顾客求新求奇这一心理，企业通过制定较高的价格，以提高产品身份，创造高价、优质、名牌的印象。(2) 先制定较高的价格，其后拥有较大的调价余地，可以通过逐步降价保持企业的竞争力。(3) 企业可以利用高价获取的高额利润进行投资，逐步扩大生产规模。

撇脂定价策略有以下几个缺点：(1) 过高的价格不利于市场开拓，也不利于占领和稳定市场。(2) 高价高利会导致竞争者的大量涌入，仿制品、替代品迅速出现，从而迫使价格急剧下降。(3) 价格远远高于价值，在某种程度上损害了消费者利益，容易招致公众的反对和消费者的抵制。

（二）渗透定价

这是与撇脂定价相反的一种定价策略，即在新产品上市之初将价格定得较低，吸引大量的购买者，扩大市场占有率。利用渗透定价的前提条件有：(1) 新产品的需求价格弹性较大。(2) 新产品存在着规模经济效益。

采用渗透价格的企业无疑只能获取微利，这是渗透定价的薄弱之处。但是，由低价产生的两个好处是：(1) 低价可以使产品尽快为市场所接受，获得长期稳定的市场地位。(2) 微利阻止了竞争者的进入，增强了自身的市场竞争力。

（三）适中定价

适中定价策略是尽量降低价格在营销手段中的地位，重视其他在产品市场上更有力或有成本效率的手段。当不存在适合于撇脂定价或渗透定价的环境时，公司一般采取适中定价。另外，担心破坏已有的价格结构，竞争者会做出强烈反应，一般也会采用适中定价策略。

二、心理定价策略

心理定价策略是企业定价时运用心理学的原理，依据不同类型的消费者在购买商品时的不同的心理需要和对不同价格的感受，有意识地采取多种价格形式，以诱导消费者增加购买，扩大产品销量。具体策略主要包括以下几种：

1. 尾数定价

尾数定价也称“缺额原则”，即针对消费者求便宜、怕上当的心理，当商品价格为整数或略高于整数时，宁可减下一些，使其价格的尾数为零头。比如，把一种毛巾的价格定为2.9元，而不定为3元，可以在直观上给消费者一种便宜的印象，容易激起消费者的购买欲望。

2. 声望定价

声望定价指在定价时，根据消费者对某些商品或企业的信任心理，把在顾客中有声望的商店、企业的商品价格定得比一般的商品要高，以显示名贵和声望，是高档次、高声望商店采用的高价定价策略。在世界民族工艺品市场上，印度尼西亚妇女制作的手工艺品——巴厘克，久负盛名，颇受欢迎。一位印尼商人带着巴厘克到日本推销，举行了轰动一时的巴厘克时装表演，许多日本名流、贵妇人光临欣赏，对巴厘克大加赞赏，但就是没有人购买。后来，一个日本销售商抛出谜底，认为是定价太低，上层妇女买了会觉得脸上无光，有失身份。不久，印尼商人就把价格提高到原价的 4 倍，使巴厘克身价倍增，声名鹊起，很快被抢购一空。

3. 吉利定价

吉利定价是根据顾客的宗教信仰和文化习俗，有意将价格定为吉利数字，以促使成交。吉利价目前在我国零售业也较为流行，在香港更是盛行。例如，在零售商店用吉利数“6”、“8”、“9”标价。在商务谈判中，买卖双方也常常以吉利数成交，以满足双方希望“顺利、发达、长久”的愿望，皆大欢喜。

4. 招徕定价

招徕定价指企业利用人们求廉的心理，故意对某些商品定价很低，以吸引顾客，目的是招徕顾客购买低价商品时，也购买其他商品，从而带动其他商品的销售。比如，在一定的季节和节日，企业对部分产品实行“大减价”、“大甩卖”、“大派送”。

【营销故事】

日本松户市原市长松本清，本是一个头脑灵活的生意人。他经营“创意药局”的时候，曾将当时售价 200 元的膏药，以 80 元卖出。由于 80 元的价格实在太便宜了，所以“创意药局”连日生意兴隆，门庭若市。由于他不顾赔血本地销售膏药，所以虽然这种膏药的销售量越来越大，但却免不了赤字越来越高。

那么，他这样做的秘密在哪里呢?

原来，前来购买膏药的人，几乎都会顺便买些其他药品，这当然是有利可图的。靠着其他药品的利润，不但弥补了膏药的亏损，同时也使整个药局的经营却出现了前所未有的盈余。

这种“明亏暗赚”的创意，以降低一种商品的价格，而促销其他商品，不仅吸引了顾客，而且大大提高了知名度，有名有利，真是一举两得的创意!

5. 最小单位定价

最小单位定价指企业同种产品按不同的数量包装，以最小包装单位量定制基数定价。通常包装愈小，实际单位数量产品价格愈高；包装越大，实际单位数量产品价格愈低。例如湖北白云边股份有限公司生产的冰酒，根据消费者的饮酒量以 125mL、250mL、500mL 的体积数量包装定价，满足不同消费者的心理需求。

【课堂讨论】

扫描二维码阅读文章“定价策略博弈：小米的三个价格锚点”。

讨论：小米运用了哪些定价策略?你如何评价小米的价格策略?

http://it.sohu.com/20150508/n412650526.shtml

三、地区定价策略

地区定价策略是指企业根据商品的销售市场和产地市场地理位置的差异而制定的不同的价格策略。一般来说，产品都存在异地销售的问题。为了在价格上灵活反应和处理运输、装卸、仓储、保险等费用的支出，需要有几种不同的地区价格。

1. FOB 产地定价

FOB 产地定价即离岸价格，是指卖方在约定的装运港将货运到买方指定的船上交货，并承担此前的一切风险和费用。交货后的一切风险和费用则由买方承担。这种方法由买方担负从产地到目的地的费用，看似合情合理，但这种定价方法有可能失去远途买方，因为他们会承担较高的费用。

2. 统一交货定价

与 FOB 产地定价相反，这种定价方法没有地区差别，对全国不同的顾客，不论远近，都实行一个价，因此，这种定价又叫邮资定价。产品运输、保险费等，全部由卖方承担，而卖方已将销往各地的运输费用加以平均化计入售价中。这样便于卖方进行总成本核算和价格控制，增加销售量，扩大市场，也避免了不同市场之间的产品倒卖行为。

3. 区域定价

区域定价即把产品的销售市场划分为两个或两个以上的区域，在每个区域内定一个价格，不同的区域市场采用不同的价格。商品由卖方统一运送，运费按该区域内所有顾客的平均运费计算。区域定价主要适用于市场销售具有明显的区域性和相对集中性的产品及运费成本相对售价比较低的产品。

4. 基点定价

基点定价指企业指定一些城市为基点，按基点到顾客所在地的距离收取运费，而不管货物实际上是从哪里起运的。按基点定价与按生产地点定价(产地定价)相比，对大多数买主是有利的，即按基点定价通常低于按生产地点定价，但对少数买主，基点定价可能会高于生产地点定价，因为买主有时要多支付一些。

5. 免收运费定价

免收运费定价指有时急于同某个顾客或某个地区做成生意，企业会自己负担部分或全部实际运费，而不向买方收取运费。这些卖主认为，如果生意扩大，其平均成本就会降低，因此足以抵偿这些费用开支。采取免收运费定价，可以使企业加深市场渗透，并且能在竞争日益激烈的市场上站得住脚。

四、折扣与折让定价策略

折扣与折让定价策略是企业为调动消费者各方面积极性或鼓励消费者做出有利于企业的购买行为的常用策略。其常用于生产厂家与批发企业之间，批发企业与批发企业之间以及批发企业与零售或批、零售企业与消费者之间。

常见的折扣与折让定价策略有以下五种：

1. 数量折扣

数量折扣又称批量作价，是指企业对大量购买产品的顾客所给予的一种减价优惠。一般购买量越多，折扣也越大，以鼓励顾客增加购买量，或集中向一家企业购买，或提前购买。数量折扣有一次性数量折扣和累计数量折扣两种类型。

(1) 一次性数量折扣。其规定一次性购买或订货，达到一定数量或金额时，给予折扣优惠。这种方法只考虑每次购买量，而不管累计购买量。一次性数量折扣不仅可以鼓励顾客大批量购买，而且有利于节省销售、储存和运输费用，促进产品多销、快销。

(2) 累计数量折扣。其规定顾客在一定的时间内，购买量累计达到一定数量或金额时，就能享受相应的折扣优惠。累计数量折扣有利于稳定顾客，鼓励顾客经常购买、长期购买。这种折扣特别适用于长期交易的商品、大批量销售的商品，以及需求相对比较稳定的商品。

2. 季节折扣

季节折扣也称季节差价。一般在有明显的淡、旺季商品或服务的行业中实行。它是卖方为鼓励买方在淡季购买而给予的折扣，目的在于鼓励消费者淡季购买，减轻仓储压力，利于均衡生产。例如，服装生产经营企业，对不合时令的服装，给予季节折扣，以鼓励中间商和用户提前购买、多购买；旅游公司在旅游淡季，给旅客以价格折扣，是为了招徕更多的生意。季节折扣比例的确定，应考虑成本、储存费用、基价和资金利息等因素。

3. 现金折扣

现金折扣也称付款期折扣，是卖方为鼓励买方尽快支付货款给予的折扣。例如，“2/10，n/30 天”，表示付款期 30 天。如客户在 10 天内付清，则给予 2%的折扣。其目的在于鼓励购买者尽早付款，加速企业资金周转，减少信用成本和呆账。

4. 业务折扣

业务折扣也称同业折扣或功能折扣，它是生产厂家根据中间商(批发商和零售商)在产品分销过程中所承担的功能、责任和风险，对不同的中间商给予不同的折扣。例如，生产厂家报价：“100 元，折扣 40%及 10%”，表示给零售商折扣 40%，给批发商则再折 10%。

5. 价格折让

价格折让就是根据价目表给顾客以价格折扣的另一种类型，是减价的另一种形式，它主要有以下两种方式：

(1) 以旧换新折让。当顾客买了一件新产品时，可交还同类商品的旧货，在价格上给予折让；

(2) 促销折让。促销折让是卖方为了报答经销商参加广告和支持销售而支付的款项或给予的价格折让。

【营销故事】

蒙玛公司的“无积压商品”

意大利蒙玛公司以“无积压商品”而闻名，其秘诀之一就是对时装销售实行分段定价。它规定新时装上市，以 3 天为一轮，凡一套时装以定价卖出，每一轮按原价削价 10%，依此类推，那么到 10 轮(一个月)之后，蒙玛公司的时装就削到了只剩 35%左右的成本价了。这时的时装就以成本价售出。时装上市一个月，价格已跌到了 1/3，谁还不买？所以一卖即空。蒙玛公司最后赚钱比其他时装公司多，还没有积货的损失。

【课堂讨论】

上世纪八十年代，珠海九州城里有只3000元港币的打火机。许多观光客听到这个消息，无不为之咋舌。如此昂贵的打火机，该是什么样子呢？于是，九州城又平增了许多慕名前来一睹打火机"风采"的顾客。这只名曰"星球大战"的打火机看上去极为普通，它值这个价钱吗？站在柜台前的观光者人人都表示怀疑，就连售货员对此亦未置可否地一笑了之。它被搁置在柜台里很长时间无人问津，但它旁边3元港币一只的打火机却是很抢手。许多走出九州城的游客抖着手里的拎包坦诚相告：我原是来看那只"星球大战"的，不想却买了这么多东西。

请问这是一种什么定价策略？这种策略的适用条件是什么？

五、产品组合定价策略

产品组合定价又称"系列产品定价"或"综合定价"，是指企业从全局出发，根据产品的关联性，为系列产品确定能使企业总销量或总利润最大的价格结构，以及各种产品最适宜的价格水平。产品组合定价可以分为五种类型：

1. 产品线定价

产品线定价即利用顾客对产品线系列产品的价格理解来定价。对产品线内的不同产品，要根据产品的质量和档次、顾客的不同需求及竞争者产品的情况确定不同的价格。如服装商店对男士西服定价220元、650元、1100元三个水平，顾客自然会以三个质量等级来对应选购三种价格的产品。营销者的任务就是使顾客确信本企业是按质论价："一分钱，一分货"。但是，企业在进行产品线定价时应该注意，产品线中不同产品的价差要适应顾客的心理需求，价差过大，会诱导顾客趋向于某一种产品；价差过小，会使顾客无法确定选购目标。

2. 非必需附带产品定价

非必需附带产品是主要产品的附带产品，它与主要产品有关，但又不是必须连带购买的产品。如汽车与收录机，餐厅与酒水、烟等。这些相关产品的定价要兼顾主要产品。企业有两种选择：一是将主要产品的价格定得高些，将附带产品的价格降低，吸引顾客购买。如饭店里将饭菜价格定得较低，而酒水价格定得较高，靠低价饭菜吸引顾客，以高价酒水赚取厚利。二是将附带产品价格包含在主要产品价格中，促使顾客打包购买。

3. 连带产品定价

连带产品定价又称必需附带产品定价，它指必须与主要产品一同使用的产品。如电筒与电池、计算机硬件与软件、胶卷与相机等，企业一般将主产品定价低一些，而将其连带产品定价高一些。顾客购买主产品，必须购买连带产品才能发挥作用，企业便可通过连带产品销售获得长期利益。如吉列公司就曾将剃须刀架定价偏低，而刀片定价偏高；邮电局降低电话装机费而提高通话费等。

4. 新老产品定价

新老产品定价应该根据需求差异和生命周期的不同阶段确定价格。一般来说，如果老产品的生命周期处于衰退阶段，应定价低一些，如老式加重自行车和新式山地自行车，前者定价较低。

5. 主副产品定价

很多企业在生产主产品的同时，在生产流程的不同阶段产生出一些副产品，如大米加工过程中产生的米糠。一般企业对主产品定价较高，对副产品定价较低。实际上，副产品的作用仍然很大，如米糠不仅是一种紧俏的饮料原料，还可用来加工高档烹调油，而生产糠油后剩下的副产品糠粕，又可以用来生产一种医药化工原料——肌醇。随着科学技术的发展，过去被视为廉价的副产品，现在也可变废为宝了。

六、差别定价

差别定价是根据环境的不同，对同种产品制定不同的价格，以适应顾客不同的要求。

1. 顾客差别定价

顾客差别定价是针对不同的用户或顾客，制定不同的价格。比如，对老客户和新客户分别采取不同的价格。

2. 空间差别定价

空间差别定价指相同产品按不同的销售地点采用不同的价格。空间差别定价的原因：各个地区产品的运输和中转费用不同；各个地区有不同的爱好习惯及文化背景和社会心理。

3. 时间差别定价

时间差别定价指对相同的产品，按需求时间的不同而制定不同的价格。例如，电影院在白天和晚上票价有别，旅游业在旺季和淡季价格不同，月饼在中秋节前后价格迥异。

4. 产品形式差别定价

产品形式差别定价指对同样质量、同样成本、不同花色、不同款式、不同包装的产品制定不同的价格。如同样的茶叶改用高档包装、同样的香水改装华贵奇特的瓶子，价格可以成倍上升。

5. 服务部位差别定价

服务部位差别定价指对同一类服务的不同服务部位定不同的价格。如火车卧铺的上下铺票价不同，剧院前后排座位票价不同，酒店的雅座与普通座价格不同。

6. 用途差别定价

用途差别定价指同一种商品，因用途不同，也可以制定不同的价格，以鼓励或限制某一种需求。比如，电价对工业用户与居民用户有所不同，棉纺织品卖给纺织厂和卖给医院的价格可能不一样。这种定价策略，其目的是增加新用途，开拓新市场。

【知识拓展】

价格歧视(Price Discrimination)实质上是一种价格差异，通常指商品或服务的提供者在向不同的接受者提供相同等级、相同质量的商品或服务时，在接受者之间实行不同的销售价格或收费标准。经营者没有正当理由，就同一种商品或者服务，对若干买主实行不同的售价，否则将构成价格歧视行为。

读者进一步了解价格歧视的相关内容可参考百度百科：

http://baike.baidu.com/link?url=a3Mf0J0XdZC6KpyWCBafiig1a2BXKRzKznbvdZtddps3luDvACMl8tJCxXULFwP62A2NOx4u0MLAIlqYCDmxZa

【课堂讨论】

林昌横是一位华侨企业家。1958年到巴黎继承父业，经过20多年的苦心经营，他把一个当时只有6名工人的小厂发展成为现今法国第二大皮件厂。产品不仅畅销法国，而且还远销德国、瑞士、以色列、非洲等地。林昌横生财有道，他制定产品销售价格的秘诀是，先算算顾客能从口袋里拿出多少钱，然后决定采取何种产品定价策略。他认为，中低档商品定价过高，顾客不敢问津；高中档产品定价过低，顾客反而认为质次也不愿意买，例如，他生产的皮带，就是根据法国人的高、中、低收入定价的。低档货适合低收入者的需要，就在50法郎上下，用料是普通牛、羊皮。这部分人较多，就多生产些。高档货适合高收入者，就在600～800法郎之间，用料贵重，有鳄皮、莽皮。但是，这部分人较少，就少生产些。有些独家经营的贵重商品，定价就不封顶，因为有钱的人，只要他喜欢，价格再高他也会购买。中等货就定在200～300法郎上下。这样做，既扩大了市场，又能多盈利。

讨论：

1. 林昌横为什么要"先算算顾客能从口袋里拿出多少钱"?

2. 林昌横采取的价格策略及对你的启示。

本章小结

影响企业定价的因素很多，包括企业的内部因素和外部因素。

定价方法可分为三类：成本导向定价法、需求导向定价法和竞争导向定价法。

新产品定价策略有撇脂定价、渗透定价和适中定价三种。

心理定价策略具体有：尾数定价策略、声望定价策略、吉利定价策略、招徕定价策略、最小单位定价策略、期望定价策略等。

地区定价策略包括：FOB产地定价、统一交货定价、区域定价、基点定价、免收运费定价策略。

折扣与折让定价策略包括：数量折扣、季节折扣、现金折扣、业务折扣、价格折让。

产品组合定价包括：产品线定价、非必需附带产品定价、连带产品定价、新老产品定价、主副产品定价。

差别定价是根据环境的不同，以对同种产品定不同的价格，以适应顾客的不同的要求。

测试练习

一、名词解释

1. 定价策略　2. 成本导向定价法　3. 心理定价策略

二、填空题

1. 从经济学角度讲，价格＝(　　)＋(　　)。

2. (　　)是影响和制约企业定价的最重要的内部因素，是企业定价的基础。

3. 成本导向法是以产品的(　　)为中心定价的一种方法。

4. 在赊销情况下，为了尽快收回货款，企业采取的折扣属(　　)策略。

5. 企业定价目标主要有以下几种：(　　)、(　　)、(　　)和(　　)。

6. 定价方法可分为三类：(　　)、(　　)和竞争导向定价法。

7. 常见的新产品定价策略，有三种不同的形式，即(　　)、渗透定价和(　　)。

三、选择题

1. 企业通过定价来控制市场，使市场占有率最大化，这种定价目标属于(　　)。

A. 维持生存　　B. 当期利润最大化

C. 市场占有率最大化　　D. 产品质量最大化

2. 影响产品定价的最主要因素是(　　)。

A. 市场需求　　B. 产品成本

C. 定价目标　　D. 竞争产品和价格

3. 企业主要以成本为依据对产品进行定价的方法，属于(　　)。

A. 成本导向定价法　　B. 需求导向定价法

C. 竞争导向定价法　　D. 市场导向定价法

4. 企业给予那些购买过季商品或者服务的顾客减价，使企业的生产和销售在一年四季保持相对稳定，这种价格折扣属于(　　)。

A. 现金折扣　　B. 数量折扣　　C. 功能折扣　　D. 季节折扣

四、思考题

1. 影响企业定价有哪些因素?

2. 简述竞争导向定价法。

3. 何为渗透定价? 其适用条件有哪些?

4. 企业可采取哪些折扣折让策略?

五、案例分析题

吉列：两着“傻棋”赢天下

在不少人眼里，商人个个精明，是只盈不亏的人精。然而，世界上善于精明算计的生意人数以亿计，真正赚了大钱的却寥寥可数，倒是那些“傻乎乎”来一着歪棋的人，成就大业的不少。全球保险剃刀业的“百年霸主”，有“保险剃刀大王”之称的吉列的好运就是从两着“傻棋”开始的。

第一着“傻棋”：5 美元的剃刀只卖 55 美分。

“吉列安全刮刀公司”成立于 1903 年，主要经销由吉列自己发明的新式刀架和一次性刀片。公司经营初期，绩效很差，一年只卖出 51 把刀架和 170 余刀片。惨淡的经营，惊得投资者们目瞪口呆，吉列更是忧心忡忡。可是，吉列并不气馁，他依然对前途充满信心，他相信，只要男人们的胡须还在不断地长出来，自己就一定能成功。

为了使新式刀架能为普通大众所接受，吉列制作了系列漫画广告牌，并且将它竖立在闹市区。形象的广告很快吸引了大众。第二年，吉列新式剃须刀架销售达 9 万把，刀片达 14 万片之多。从此，吉列剃须刀在市场占领了越来越大的份额。

但是，绝不能把吉列创造出销售神话的原因皆归功于广告。“吉列”之所以取得这样的业绩，与老板吉列的一着“傻棋”是分不开的。吉列的销售方式是，将一把剃刀的零售价定为 55

美分，这价格实际上不到其成本的1/5。在别人看来，吉列做的是赔本买卖，实际上，吉列是大赚特赚，因为“吉列剃刀”只能使用吉列发明的专利刀片，顾客每次购买剃刀，必须买刀片，吉列把刀片定价为5美分，而实际成本还不到1美分，商家有利可图。对顾客而言，一个刀片可以使用六七次，每次刮脸成本不足1美分，这是去理发店刮脸消费额的1/10，顾客当然趋之若鹜。

正是此着傻棋，才使吉列成就了“保险剃刀大王”的霸主事业。

第二着“傻棋”：赔送运费搞军供。

第一次世界大战爆发后，吉列时刻关注着战局的发展，盘算着如何把自己的新式剃刀推向世界。

1917年4月，美国向德国宣战，并派兵进入欧洲战场。走上战场的士兵们总不能带着剃刀、磨刀和皮条、磨石上战场吧，吉列相信，士兵们一定更乐于使用新式保险剃刀。吉列抓住机遇，以成本价向军需品采购部门供应安全剃刀。于是，美国国防部给每个士兵发一把吉列安全剃刀，并配发几十枚吉列刀片。就这样，一把把新式剃刀被送进盟军战壕。

战争结束后，盟军士兵把这些剃须刀带回自己的祖国，免费为吉列剃刀进行宣传。就这样，赴欧洲战场作战的美国士兵，把保险剃须刀的影响扩展到全世界。

虽然吉列是以成本价把剃刀卖给政府，甚至还得自己掏运费，表面上看，这又是一桩赔本买卖，但实际上，吉列正是利用这一策略，扩大了剃须刀的影响。就是在这一年(1917年)，吉列共销售剃须刀片1.3亿片，销售额是吉列公司初创那一年的八十多万倍。

案例思考：

傻到极处是精明，从定价策略的角度分析吉列的精明之处。

六、实训练习

教师给出学生市场上某行业某类产品的价格竞争现状的基本资料。学生以小组为单位在市场上收集该类产品中相近产品的不同企业的定价情报，了解存在的问题。

学生以实际市场情报为依据，为其中的一项产品提出变价的依据，并拟出相应的变价策划方案。

第九章　分销渠道策略

【营销格言】 并不是所有的渠道都适合你的产品。

【本章结构】

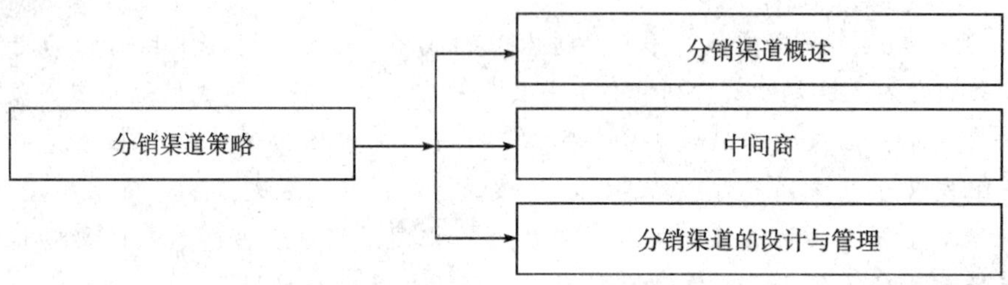

【案例导入】

TCL 的渠道创新与转型

TCL 是一个优秀的渠道型企业。作为国内最早大规模地建设零售终端的家电企业之一，TCL 毕数年之功，打造出了一个令同业羡慕的“金不换的网络”，其硬件包括 27 家分公司、170 多家经营部和数千家遍布一、二、三级市场的加盟经销网点和自营专卖店；软件则是经年累积的客户战略伙伴关系、良好的商业信誉和口碑效应。

一、历次渠道创新

在 2002 年以前，TCL 经历过几次渠道创新，每一次都引领了市场的走向。

20 世纪 90 年代中后期，国内家电企业的竞争日趋激烈，尤其是长虹与郑百文的合作失败后，自建网络、决胜终端成为当时家电企业的战略选择。TCL 成为家电行业最早自建网络的企业，其渠道网络为后来迅速占领市场起到了关键性的作用。TCL 渠道模式在初创时有两个要点：一是建立销售分公司，并在分公司下面建立经营部；二是建立专卖店。TCL 销售分公司的职能更像是总经销商，它为经营部供货并进行管理；而经营部的职能则是开发和管理县级甚至乡镇级中小经销商。其创新之处在于，当竞争对手拼命维护与省级大经销商业已紧张的关系时，TCL 率先与当时的二级甚至三级经销商建立商业关系，从而建立了比竞争对手更为扁平、更有效率的销售渠道。这种渠道模式一方面更接近消费者，另一方面对商户的掌控能力也更强。正是由于 TCL 自建网络的成功，从 1998 年开始，主要彩电企业都显著加强了自建网络的力度。

但是，进入微利阶段后，庞大的自建渠道逐渐成了企业的沉重负担。在这种背景下，2000 至 2001 年，TCL 的渠道网络又进行了一次创新，主要针对三个方面：(1) 通过裁减冗员提高效率，降低营销成本；(2) 调整销售分公司的职能，强化其销售职能，弱化管理职能；(3) 撤销专卖店。截至 2001 年 7 月，TCL 营销系统已经完成了约 4000 人的裁员。在 TCL 的渠道瘦身后，海信、创维、康佳、乐华等知名家电企业也相继进行了渠道改造。

在2001年以来TCL手机销售通路中，TCL取消了传统手机销售中的全国总代理，而以自建通路和依托区域代理的销售力量进行区域分销，为TCL手机的迅速成长立下了赫赫战功。

二、2002年渠道新变革

1. 与松下合作：以渠道换技术

2002年4月，松下、TCL宣布双方在家电领域进行多元合作：TCL将通过其销售网络面向中国农村销售松下的产品；松下将向TCL提供DVD等尖端技术和关键零部件。通过与松下的合作，TCL不仅可以加速掌握核心技术，同时也有利于培育和挖掘营销网络的竞争力。

2. 与飞利浦的渠道合作

2002年8月，飞利浦、TCL宣布在中国5个省区的市场进行彩电销售渠道的合作：TCL将利用其销售渠道及网络优势，在5省区独家销售飞利浦彩电。与飞利浦的渠道合作，是TCL渠道转型的一步：将专营TCL产品的销售公司变为独立的第三方专业家电分销商，销售网络向独立的渠道运营商转化。

思考：

企业自建渠道有何利与弊？TCL的渠道创新策略给我们带来了哪些启示？你认为TCL的渠道转型是否可行？

第一节　分销渠道概述

【本节任务】

理解分销渠道的概念；理解分销渠道的类型及其优缺点。

一、分销渠道的概念

分销渠道（也称为分配渠道、流通渠道）是指产品从生产领域转移到消费领域所经过的路线、途径、环节与组织机构的总称。对生产企业来说分销渠道管理决策的重要性与复杂性主要表现为以下几个方面：

（1）分销渠道是企业生产经营活动得以正常进行的基础。

企业只有合理地选择和利用分销渠道，才能将生产出来的产品以最高的效率和最低的费用送到适当的地点，在适当的时间以适当的价格销售给消费者和用户，通过满足他们的需要实现商品的价值，保证企业生产经营活动的正常进行。

（2）分销渠道的选择，直接制约和影响着企业其他方面营销策略的确定。

分销渠道的选择与目标市场策略、市场定位策略、产品策略、价格策略、促销策略等方面密切相关。企业在作分销渠道决策时不仅要分析渠道本身的利弊优劣，还要考虑到分销渠道策略与其他营销策略之间的关系。

（3）分销渠道策略的成功，有赖于外部市场营销渠道企业的合作与协调。

如果没有这些外部市场营销渠道企业的合作与协调，分销渠道就建立不起来，即使建立起来了也难以有效地运行。

(4) 分销渠道的选择是一种相对长期的决策。

分销渠道按照一定的模式建立并相对稳定下来后，要想改变或替代原有的模式与经销关系难度是很大的，因此分销渠道的选择是一种相对长期的决策。

(5) 分销渠道反馈回来的市场信息，是企业调整生产经营行为的重要依据。

二、分销渠道的类型

分销渠道可以从不同角度划分成多种类型，了解这些类型可以使企业做出正确的渠道类型选择。

(一) 直接渠道和间接渠道

分销渠道按照商品在流通过程中是否经过中间商，可以分为直接渠道和间接渠道。消费资料市场典型分销渠道模式可见图 9-1。

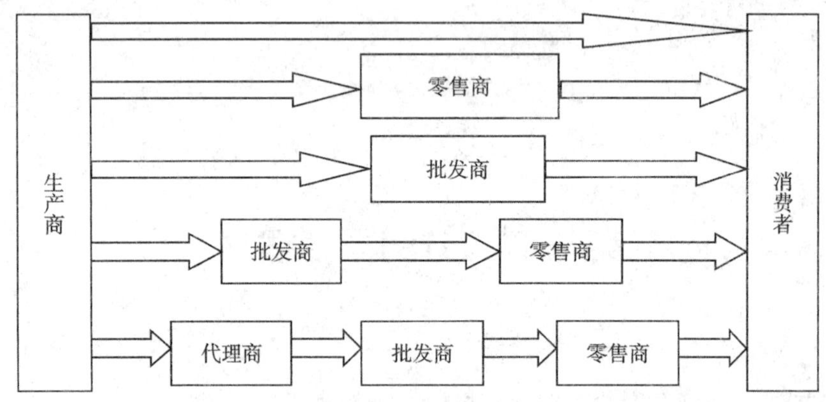

图 9-1 消费资料市场典型分销渠道模式

1. 直接渠道

直接渠道是指生产者不经过任何中间环节，将产品直接销售给最终消费者或用户的分销渠道。直接渠道是最简单、最直接的一种渠道。其特点是产销直接见面，环节少，有利于降低流通费用，及时了解市场行情，便于生产企业开展维护服务等。直接渠道的不足表现在，由于生产企业直接服务于用户，所以必须承担销售所需的全部人力、物力和财力。在市场相对分散的情况下，将使企业背上沉重的负担，会给企业的生产经营活动带来不利影响。

【课堂讨论】

雅芳公司以"家庭主妇的良友、美容术的顾问雅芳"的新概念，通过销售代表"雅芳小姐"，上门挨家挨户向女性推销化妆品。该公司在全世界大约有 100 万个代理商，这种直销方式推销的化妆品每年超过 20 亿美元。

讨论：为什么雅芳公司采用直接渠道销售会获得成功？

【知识拓展】

B2C 是 Business-to-Customer 的缩写，而其中文简称为“商对客”。“商对客”是电子商务的一种模式，也就是通常说的直接面向消费者销售产品和服务商业零售模式。这种形式的电子商务一般以网络零售业为主，主要借助互联网开展在线销售活动。B2C 即企业通过互联网为消费者提供一个新型的购物环境——网上商店，消费者通过网络在网上购物，进行网上支付等消费行为。

读者进一步了解B2C模式的相关内容可参考百度百科：

http://baike.baidu.com/link?url=9wdzTjl94v_dq_IQ-78M-Q6pF-JGUqnC_32G0dvzcB0BruAjD39xxikEn-I6zoxyCxvzFwZhvVBCt5gTT2yq8q

2. 间接渠道

间接渠道是指生产者通过若干中间环节，包括经济商、代理商、批发商、零售商等，把产品销售给最终消费者或用户的分销渠道。

间接渠道的优点：

(1) 为生产企业缩短了买卖时间，在一定程度上帮助生产企业节约了资金，有利于生产企业把人、财、物等资源集中用于发展生产。

(2) 中间商具有较丰富的市场营销知识和经验，又与顾客保持着密切而广泛的联系，了解市场情况及顾客的需求特点，因而能够有效地促进商品的销售，弥补生产企业销售能力弱的缺陷。

(3) 在间接渠道中，中间环节承担了采购、运输和销售的任务，起到了集中存储、平衡与扩散商品的作用，进而调节了生产与消费需求之间的商品数量、花色品种和等级方面的矛盾。

间接渠道是消费品销售采用的主要渠道，有些产业用品如次要设备、零备件等也经常使用这种渠道。

(二) 长渠道与短渠道

分销渠道按经过中间环节的多少，可分为长渠道和短渠道。在商品流通过程中，从生产者开始商品每经过一个直接或间接地转移商品所有权的营销机构就称之为一个流通环节或一个中间层次。分销渠道的长度取决于商品在整个流通过程中经过的流通环节或中间层次的多少，经过的流通环节或中间层次越多，分销渠道就越长，反之分销渠道就越短。

不同长度的渠道有不同优缺点：渠道长，中间环节多，使企业的分销能力大大增强，但是销售网络越长，企业对销售网络的控制能力就越差。渠道较短的优点在于企业对其控制能力很强，但是分销能力显得不足。在实际的营销活动中不能简单地说长渠道好还是短渠道好。企业在选择分销渠道时，关键是要针对自身条件和环境要求，权衡利弊得失，选择出适合本企业和产品的销售渠道。

(三) 宽渠道和窄渠道

按渠道使用同类中间商的数量，可分为宽渠道和窄渠道。分销渠道的宽度，取决于分销渠道内每个层次上使用同种类型中间商数目多少。在分销渠道的每个层次上，使用同种类型中间商数目越多分销渠道越宽，反之分销渠道就越窄。例如，某种产品的制造商通过较多批发商、零售商将其产品销售给广大地区的消费者，这种产品的分销渠道就比较宽；某种产品的制造商只通过较少的批发商、零售商经销其产品，或者在某一地区仅授权给一家批发商或零售商经销其产品，这种分销渠道就比较窄。

分销渠道的宽度是渠道选择中一个不容忽视的方面。企业在销售其产品时，在每一个环节中到底要使用多少批发商或零销商，与企业的销售战略紧密相关。一般来说，按照渠道的宽窄，企业可采用的分销渠道策略有三种。

1. 密集覆盖式分销策略

密集覆盖式分销策略指企业尽可能地扩大批发商、零售商的数量，以密集的销售网点推销其产品，以求扩大市场覆盖面或快速进入并覆盖一个新市场。采用这种策略的优势在于：在密集分销中，由于销售网络的市场覆盖率高，从而最大限度地便利消费者，推动销售的增长。其不足在于：在某一市场区域内，密集分销容易导致经销商之间为争夺市场机会而相互恶性竞争，影响企业品牌形象。

2. 选择式分销策略

选择式分销策略指企业在某一地区仅选择几个合适的有信誉的中间商经销自己的产品，目的在于维护产品的品牌信誉，建立稳固的市场，形成比较固定的消费群体。选择这种策略的优势在于：比密集分销能够取得经销商的更大支持，同时又比独家分销能够给消费者购物带来更大的方便。其不足在于：如何确定经销商的区域重叠度是选择分销中常见的问题。高重叠率会造成经销商之间的一些冲突，但可以给消费者带来方便；低重叠率会增加经销商的忠诚度，但却降低了消费者的方便性。

3. 垄断式分销(独家分销)策略

垄断式分销策略指企业在某一地区只选择一个中间商经销自己的产品，双方通过签订经销合同的方式来确定各自的权力与义务，以达到调动中间商的积极性，扩大经营规模，充分利用中间商的商誉和经营能力，有效地控制市场的目的。

垄断式分销策略的优势在于：独家分销可以确保该经销商的利益，避免了与其他竞争对手作战的风险；能够调动经销商的积极性，而且从事独家分销的制造商还希望通过这种方式取得经销商强有力的销售支持；可以有效地管理和控制经销商。其不足在于：如果企业只有一家经销商，那么市场掌握在经销商的手中，经销商就可能会挟市场以令企业。此外，由于缺乏竞争会导致经销商力量减弱，出现市场空白点，丧失许多销售机会。独家分销商在市场中占据垄断地位，因此容易使其认为他们可以支配顾客，对于顾客来说，独家分销使他们在购物时不太方便。

【营销故事】

吉利汽车的独家分销

吉利汽车主要以生产经济型轿车为主，过去吉利汽车在各地的销售采取选择式分销，一个规格的汽车由许多经销商经销，为了争夺顾客，他们相互杀价，导致恶性竞争，这样既不能保证公司营销策略的一致性，又损害了经销商的利益。从2005年开始，吉利汽车对某一规格的汽车在一个地区实行独家经销的制度，从而保证了价格的稳定，防止了恶性竞争的出现。

【课堂讨论】

密集覆盖式分销策略、选择式分销策略、垄断式分销策略比较适用于哪几种类型的企业，为什么？

(四) 网络营销渠道

网络营销渠道是网络经济时代的一种崭新的营销理念和营销模式，其指借助于互联网络、通信技术和数字交互式媒体来实现营销目标的一种营销方式。庞大的网民群体，形成了巨大的网络消费群体和网络营销空间。

在传统营销渠道中，中间商是其重要的组成部分。中间商之所以在营销渠道中占有重要地位，是因为利用中间商能够在广泛提供产品和进入目标市场方面发挥最高的效率。中间商凭借其业务往来关系、经验、专业化和规模经营，提供给公司的利润通常高于自营商店所能获取的利润。但互联网的发展和商业应用，使得传统中间商凭借地缘原因获取的优势被互联网的虚拟性所取代，同时互联网高效率的信息交换，改变着过去传统营销渠道的诸多环节，将错综复杂的关系简化为单一关系。互联网的发展改变了营销渠道的结构。

利用互联网信息的交互特点，网上直销市场得到大力发展，因此，网络营销渠道可以分为两大类：

1. 网上直销

网上直销与传统直接分销渠道一样，都是没有营销中间商。网上直销渠道一样也要具有上面营销渠道中的订货功能、支付功能和配送功能。网上直销与传统直接分销渠道不一样的是，生产企业可以通过建设网络营销站点，让顾客可以直接从网站进行订货。通过与一些电子商务服务机构如网上银行合作，可以通过网站直接提供支付结算功能，简化了过去资金流转的问题。在配送方面，网上直销渠道可以利用互联网技术来构造有效的物流系统，也可以通过互联网与一些专业物流公司进行合作，建立有效的物流体系。

2. 网络时代的新型中间商

由于网络的信息资源丰富、信息处理速度快，基于网络的服务可以便于搜索产品，但在产品(信息、软件产品除外)实体分销方面却难以胜任。目前出现许多基于网络(现阶段为Internet)的提供信息服务中介的新型中间商，可称之为电子中间商(Cybermediaries)。

网络营销渠道就是商品和服务从生产者向消费者转移过程的具体通道或路径，完善的网上销售渠道应该有订货、结算和配送三大功能。

(1) 订货系统。它为消费者提供产品信息，同时方便厂家获取消费者的需求信息，以求达到供求平衡。一个完善的订货系统，可以最大限度降低库存，减少销售费用。

(2) 结算系统。消费者在购买产品后，可以有多种方式方便地进行付款，因此厂家(商家)应有多种结算方式。目前国外流行的几种方式有：信用卡、电子货币、网上转账等。而国内付款结算方式主要有：网上支付、信用卡等。

(3) 配送系统。一般来说，产品分为有形产品和无形产品，对于无形产品如服务、软件、音乐等产品可以直接通过网上进行配送，对于有形产品的配送，要涉及运输和仓储问题。国外已经形成了专业的配送公司，如著名的美国联邦快递公司(http://www.FedEx.com)，它的业务覆盖全球，实现全球快速的专递服务，以至于从事网上直销的Dell公司将美国货物的配送业务都交给它完成，因此，专业配送公司的存在是网店发展较为迅速的原因之一，在美国就有良好的专业配送服务体系作为网络营销的支撑。

【课堂讨论】

面对网络营销渠道的强势冲击，在不久的将来传统的营销渠道会不会消失？

第二节 中 间 商

【本节任务】

理解中间商的概念；了解批发商、零售商的基本类型。

中间商是指处于生产者和消费者之间，参与商品交易活动，促进买卖行为发生和实现的具有法人资格的经济组织或个人。中间商是参与产品分销的主体中最重要的角色。中间商，按其在流通过程中所起作用的不同可以分为批发商和零售商，按其是否拥有商品所有权可以分为经销商和代理商。在商品流通过程中，中间商所起的作用非常重要，它们是生产者和消费者之间的纽带与桥梁。实际上，分销渠道策略的中心问题就是中间商的选择以及生产者与中间商、最终消费者或用户之间关系的协调问题。

一、批发商

批发商是指那些主要服务于生产者和零售企业，满足其产品销售、商业用途需要的专业化、大批量经营的中间商。

随着科学技术的迅猛发展，尤其是以计算机为基础的信息技术的广泛应用，给传统的流通结构、流通方式带来了巨大的冲击，对传统的批发业提出了严重挑战。尽管如此，由于批发业享有专业化和规模经济优势以及在商品流通过程和社会经济运行中发挥着特殊的职能作用，因而仍有其存在的必要性。批发商的社会经济职能主要表现在以下几个方面：销售与促销职能、采购与配货职能、整买零卖职能、仓储服务职能、运输职能、融资职能、风险承担职能、提供信息职能、调节产销关系等。

从国内外经济发展趋势看，产量迅速增加的大制造商一般都位于远离消费者的地区，大多数制造商的生产始于订货之前而不是根据订货进行生产，产品的中间制造与使用的层次日益增多，消费者对产品的数量、包装、品种、类型的要求不断提高并日趋复杂。这些发展趋势对批发业提出了更高的要求，因而随着批发业自身的不断完善，仍有着广阔的发展前景。

批发商主要有三种类型，即商人批发商、经纪人和代理商、制造商的分销机构以及零售商的采购办事处。

1. 商人批发商(也称为独立批发商)

商人批发商指的是自己进货，取得商品所有权后再批发出售的商业企业。商人批发商是批发商的最主要的类型。商人批发商按职能和提供的服务是否完全可以分为两种类型：完全服务批发商和有限服务批发商。

2. 经纪人和代理商

经纪人和代理商指从事购买、销售或二者兼有的洽商工作，但不取得商品所有权的商业单位。其主要职能在于促成商品的交易，借此赚取佣金作为报酬。与商人批发商相似的是，他们通常专注于某些产品种类或某些顾客群。经纪人和代理商主要包括商品经纪人、制造商代理商、销售代表商、采购代理商、佣金商(也称为佣金行)。

3. 制造商的分销机构以及零售商的采购办事处

制造商的分销机构以及零售商的采购办事处，属于卖方或买方自营批发业务的内部组织。

二、零售商

零售商指的是直接向最终消费者销售商品或提供服务的活动。不论是制造商、批发商还是零售商都从事零售业务，但零售商仅指那些主要服务于广大消费者，满足个人或家庭多样化、小批量消费需要，销售量主要来自零售的中间商。

零售商可以分为三种基本类型，即商店零售商、非商店零售商和零售组织。

1. 商店零售商

随着社会经济进步，零售商业也在不断发展，新型零售商店日趋增多。最主要的零售商店类型有以下几种：专用品商店、百货商店、超级市场、便利商店、联合商店和超级商场、折扣商店、仓储商店、产品陈列推销店等。

【课堂讨论】

根据你的购买经验和观察，超级商场与便利商店在经营范围、经营品种方面有何区别？为什么？

2. 非商店零售商

传统的非商店零售商主要有以下三种形式：(1) 直复市场营销。其是使用一种或多种广告媒体传播商品信息，以使广告信息所到之处迅速产生需求反应并最终达成交易的销售系统。(2) 直接销售。直接销售主要有挨门挨户推销、逐个办公室推销和举办家庭销售会推销等形式。由于需要支付雇用、训练、管理和激励销售人员的费用，因而直接销售的成本费用很高。(3) 自动售货。自动售货指利用自动售货机进行商品销售。

3. 零售组织

零售组织主要有连锁商店、零售店合作社、消费者合作社、特许专营机构和销售联合大企业这几种类型。

【知识拓展】

C2C 是 Customer to Customer 的缩写，指个人与个人之间的电子商务。借助 C2C 网站为买卖双方交易提供的互联网平台，卖家可以在网站上登出其想出售商品的信息，买家可以从中选择并购买自己需要的物品。到目前为止，淘宝在 C2C 领域的领先地位暂时还没有人能够撼动。

读者进一步了解C2C模式的相关内容可参考百度百科：

http://baike.baidu.com/link?url=JvbD1zPBDF8NHloyz5xKAMQyzRPCcQ5MKzlgeZGP6XKrzetXe7165U2JoSaBMDoNuHDnAS7qqe5xGEDdr9xwi_

第三节　分销渠道的设计与管理

【本节任务】

了解影响分销渠道选择的因素；掌握分销渠道管理方法。

一、影响分销渠道选择的因素

影响分销渠道选择的因素，从总体上看主要分为两大类：一类是可控制因素的，如产品，企业自身状况和经济效益等因素。另一类是非可控因素，如市场，中间商，社会环境及传统习惯等因素。

（一）商品因素

商品因素具体包括以下几方面：（1）商品的价格构成。一般来说，价格越高，渠道应当越短。因为多一次中间转手就要加上一定的中间商利润，加得太多，会影响商品销路。（2）商品体积和重量。商品的体积大，份量重，一般应当缩短分销渠道，以便减少运输和储藏费用。（3）商品生命周期。对于商品生命周期短的商品，应尽量缩短流通渠道。（4）商品的物理性能。对生鲜商品，必须采取很短的销售渠道，以便尽快到达消费者手中。（5）商品的技术性能要求。技术性能高及需要经常售后服务保养的工业性产品，最好自销，方便售后服务。

（二）企业自身的因素

主要指企业的实力情况，主要应考虑以下情况：（1）企业实力情况。（2）企业声誉和市场地位。（3）企业的经营管理能力。营销水平和营销能力较强、较强的企业，就可以选择自已认为合适的分销渠道。否则，就应充分利用中间商的作用。

（三）经济效益因素

经济效益因素是影响分销渠道选择的最根本的因素。从总体来看，缩短渠道，减少环节层次，有利于节约社会劳动，提高经济效益。但从某方面来看只有增加环节，才能把商品输送到更广阔的市场，获得更多的销售机会，从而提高经济效益。

（四）市场因素

市场因素主要考虑以下几个方面：（1）市场容量。市场容量大，需要中间商提供销售服务，市场容量小，则可自己推销。（2）市场面的分布。市场面分布密集，这样渠道可短些，产销见面。如果市场面广、分散，营销渠道则要长些，采用中间商的渠道为好。（3）销售量的大小。同一种商品，由于销售量不同也可以有长短结合的渠道系统。（4）市场的季节。在一般情况下，可以采用企业门市部推销，销售旺季则应选择中间商代销。

（五）中间商的因素

市场的分销渠道，绝大部分是中间商存在的中间环节渠道，选择这样的渠道就不得不考虑中间商因素。具体来讲可以从以下几方面来进行：（1）中间商提供各类服务的能力。（2）中间商经销同类产品的多寡。（3）中间商对生产者的态度和要求。（4）中间商的经销费用。

（六）社会环境因素及传统习惯因素

社会环境因素，主要指党和国家的方针政策对分销渠道的影响。例如，一些关系国计民生的重大商品，必须按国家同意规定的分销渠道进行，像粮食、棉花、石油等。另外，传统的营销习惯也对分销渠道有影响。

【课堂讨论】

分析并比较银行四种服务渠道的特点：银行营业厅服务、ATM机服务、网上银行服务、电话银行服务。

二、分销渠道方案的评估

每一个分销渠道选择方案都是企业特产品送达目标顾客的可能路线，为了从已经拟订的方案中选择出能够满足企业长期目标的最好方案，企业就必须对各种可供选择的方案进行评估。

分销渠道方案的评估标准有以下三个方面：

（一）经济性标准

评估分销渠道优劣的最重要标准是经济性标准。判别一个分销渠道方案好坏，不应单纯看其能否导致较高的销售额或较低的成本，而应看其能否取得最大利润。

经济分析的三个步骤是：

（1）估计每个渠道方案的销售水平，因为有些成本会随着销售水平的变化而变化。

（2）估计各种方案实现某一销售额所需花费的成本。

（3）分析各种方案的投资收益率及其可能得到的利润额。

（二）控制性标准

产品的流通过程是企业营销过程的延续，从生产企业出发建立的分销渠道，如果生产企业不能对其运行有一定的主导性和控制性，分销渠道中的物流、货币流、促销流、信息流就不能顺畅有效地进行。

（三）适应性标准

生产者是否具有适应环境变化的能力，与其建立的分销渠道是否具有弹性密切相关。但是，每个渠道方案都会因生产企业某些固定期间的承诺而失去弹性。例如，当某一制造商决定利用销售代理商推销产品时可能要签订 5 年的合同，这段时间内即使采用其他销售方式更有效，但制造商也不得任意取消销售代理商，因此，生产者在选择和设计分销渠道时必须考虑分销渠道的环境适应性和可调整性问题。

总之，一个分销渠道方案只有在经济性、控制性和适应性等方面都较为优越时才可予以考虑。

三、分销渠道管理

企业在进行渠道设计之后就需要对中间商进行选择，在分销渠道投入运行后还涉及对中间商的激励、评估以及对渠道系统进行调整等问题。

（一）选择渠道成员

对分销渠道实行管理的首要任务是选择渠道成员。生产者在招募合适的中间商时，必须在明确有关中间商的优劣特性的基础上，根据分销渠道的设计要求对中间商作出选择。一般来讲，生产者在选择渠道成员的过程中，要了解中间商经营时间的长短、成长记录、人员的素质与数量、营销网络(贸易)的覆盖区域与企业营销战略的指向、中间商销售对象与企业目标顾客是否一致、商店的地理位置、中间商经营的风格与市场定位、必要的硬件条件、销售服务能力、营销经验与财务信誉、合作态度、经销的其他产品大类的数量与性质、经常光顾的顾客类型、市场形象与声望、未来发展潜力等情况。

(二) 激励渠道成员

尽管促使中间商加入渠道的因素和条件已构成部分激励因素，但在分销渠道的运行过程中生产者仍需通过不断地监督、指导与鼓励以使中间商尽职尽责。由于进入分销渠道的中间商类型多种多样、运营方式各异、与生产者之间的经销关系不完全相同，因而监督、指导与激励中间商的工作非常复杂。

生产企业激励渠道成员以及试图与经销商建立长期、稳定、协调的合作关系。生产企业激励渠道成员的首要问题就是站在他人立场上了解现状，设身处地地为他人着想，而不应仅从自己的观点出发看待问题，这样无助于问题的解决；其次，生产者应优化激励方案，尽量避免激励过分与激励不足两种情况发生；其三，生产者可以通过分销规划，建立一个有计划的、实行专业化管理的垂直渠道系统，以使把生产者的需要与经销商的需要更为紧密地结合起来。

【营销故事】

得利斯集团对中间商的激励措施

1997 年，得利斯集团与加拿大西海洋产品开发公司合作开发海狗产品，成立了北极神山东生物工程有限公司，生产北极神海狗油产品。北极神海狗油是以海狗为原料提取的纯天然保健品。

公司对北极神海狗油的销售建立了“两条腿走路”的营销网络：一是由各地区经理联系签约的代理经销商；二是由总公司直接授权建立的公司。

由北极神销售总公司向各地区派驻业务代表(地区经理)，其任务是审查、选择经销商，并负责联络、催回货款，协调工作，不得直接从事销售。各地除组织销售外，还要向总公司报送：北极神全国网点登记表、北极神全国营销人员登记表、北极神产品销售旬报表等。总公司规定：由各地区经理联系签约的代理经销商，由地区经理负责送货，各代理商直接与总公司结算。代理商享受批发价特惠，以批发价现款提货的当即返还货款的 10%作为奖励。公司承担地方广告费投入。各授权公司享受出厂价，直接从总公司现款提货，并负责送达各经销商和商店。授权公司送达各经销商的价格不得超过批发价，送达商店的价格不得超过批发价的 105%，总公司承担前三个月的广告费用帮助启动市场，以后广告费用由各授权公司承担。公司特别提出：北极神海狗油的全国零售价格不得突破。凡违反此规定的，经总公司查实，轻则重罚，重则取消其经销、代理资格。总公司还规定了对对代理商的奖励政策：授权公司和经地区经理联系确定的地区经销商累计销售 5 万瓶者，奖励桑塔纳轿车一辆，累计销售 10 万瓶者，奖励奥迪轿车一辆，以回款额为准。

(三) 评估渠道成员

生产者除了选择和激励渠道成员外还必须定期评估他们的绩效，如果某一渠道成员的绩效低于既定标准就要找出原因并考虑可能的补救方法。

测量中间商绩效的方法主要有以下两种：

(1) 将每一中间商的本期销售绩效与上期销售绩效进行比较，同时将每一中间商的本期销售绩效与整个群体的平均销售绩效进行比较。

(2) 将各中间商的绩效与根据对该地区销售潜量分析而设立的销售定额相比较，然后将各中间商按先后名次进行排列。

中间商的销售绩效低于群体平均水平或未达既定比率而排名偏后，可能是主观原因所致，也可能是一些客观原因造成的，如当地经济衰退、某些顾客不可避免地流失、主力推销员的丧失或退休等，因此，制造商应根据具体情况采取有针对性的措施来加以扭转。

(四) 调整渠道系统

生产者在设计了一个良好的分销渠道系统后，不能放任其自由运行而不采取任何纠正措施。事实上，为了适应市场需要的变化，整个渠道系统或部分渠道成员必须随时加以调整。

分销渠道的调整可以从三个层次上来考虑：从经营的具体层次看，可能涉及增减某些渠道成员；从特定市场规划的层次看，可能涉及增减某些特定分销渠道；在企业系统计划阶段，可能涉及整个分销系统构建的新思路。

1. 增减某些渠道成员

在分销渠道的管理与改进活动中，最常见的就是增减某些中间商的问题。企业在进行这方面决策时，应注意渠道上成员之间业务上的相互关系与交互影响，要着重弄清增减某些渠道成员后企业的销售量、成本与利润将如何变化。只有这样一些方面都朝着有利的方向变化时调整才是可行的。

2. 增减某些分销渠道

随着市场需求、环境条件以及自身生产经营活动的不断变化，企业的某些分销渠道可能会失去作用，同时又需要新的分销渠道进入新的市场部分，因而企业在分销渠道的管理活动中应注意分销渠道的增减调整。

3. 调整整个分销渠道系统

对生产企业来说最困难的渠道变化决策就是调整整个分销渠道系统，因为这种决策不仅涉及渠道系统本身，而且涉及营销组合等一系列市场营销政策的相应调整，因此必须慎重对待。

(五) 处理渠道冲突(包括渠道的水平冲突和垂直冲突)

1. 水平冲突

水平冲突是指发生在同一渠道层次内的公司间冲突，可通过限制经销商的销售区域的方法使其不至于产生低价越区销售争抢顾客而导致冲突。

2. 垂直冲突

垂直冲突是指发生在不同渠道层次的公司间冲突，为避免该冲突发生，需明确渠道各层次成员之间彼此所应有的权利及义务。

【课堂讨论】

第七章从目标市场的角度讨论了“单身派”在不同发展阶段的市场细分和目标市场选择策略。请扫描二维码继续阅读“单身派”的成功案例，讨论“单身派”对销售渠道的管理有何特点？你对此有何评价？

http://www.xiaogushi.com/diy/daxueshengchuangye/20121228 15851.html

本章小结

分销渠道按照商品在流通过程中是否经过中间商，可以分为直接渠道和间接渠道；按分销渠道按经过中间环节的多少，可分为长渠道和短渠道；按渠道使用同类中间商的数量，可分为宽渠道和窄渠道。

中间商，按其在流通过程中所起的不同作用可以分为批发商和零售商；按其是否拥有商品所有权可以分为经销商和代理商。批发商主要有三种类型，即商人批发商、经纪人和代理商、制造商的分销机构以及零售商的采购办事处。零售商可以分为三种基本类型，即商店零售商、非商店零售商和零售组织。

影响分销渠道的因素，从总体上看主要分为两大类：一类是可控制因素，如产品、企业自身状况和经济效益等因素。另一类是非可控因素，如市场、中间商、社会环境及传统习惯等因素。

销渠道方案的评估标准有经济性标准、控制性标准和适应性标准。

分销渠道管理涉及选择渠道成员、激励渠道成员、处理渠道冲突、评估渠道成员和调整渠道系统等几个方面的内容。

测试练习

一、名词解释

1. 分销渠道　2. 中间商　3. 网络营销渠道

二、填空题

1. 分销渠道的类型可分为直接渠道和(　　)。
2. 网络营销渠道具有(　　)、(　　)、(　　)三大功能。
3. 批发商主要有三种类型，即(　　)、经纪人和代理商、(　　)。
4. 零售商可以分为三种基本类型，即(　　)、非(　　)和零售组织。

三、选择题

1. 制造商尽可能通过许多负责任的、适当的中间商推销其产品，这种分销策略属于(　　)。

A. 密集分销　　B. 选择分销

C. 独家分销　　D. 个别分销

2. 参与产品分销的主体中最重要的角色是(　　)。

A. 生产者　　B. 中间商

C. 消费者 D. 顾客

3. 评估分销渠道优劣的最重要标准是( )。

A. 可控性 B. 适应性

C. 经济性 D. 动态性

4. 对分销渠道实行管理的首要任务是( )。

A. 激励渠道成员 B. 评估渠道成员

C. 选择渠道成员 D. 调整渠道成员

四、思考题

1. 中间商有何作用?
2. 试比较长渠道与短渠道的优缺点。
3. 简述网络营销渠道的两大类型。
4. 选择分销渠道应考虑哪些因素?
5. 渠道管理包括哪些内容?

五、案例分析题

戴尔为何频获采购大单

1998 年,世界最大的计算机生产商之一戴尔公司决定在厦门建立中国客户中心,不仅在本地生产戴尔品牌的台式机、服务器和笔记本电脑,还首次将其独特的直销模式引入中国。到 2002 年,戴尔的产品已经在国内市场崭露头角,其中计算机的市场销售额已排名第三,而最新的市场调研显示,戴尔的服务器也在 2003 年第二季度首次荣登市场榜首。同时,戴尔在政府市场上收获亦颇丰。

只是短短的 5 年时间,戴尔何以能在中国市场取得如此骄人的业绩?主要负责集团采购的戴尔(中国)大客户部市场经理吴智远认为,从市场环境来看,中国目前是世界上 IT 产品采购增长最快和潜力最大的市场,戴尔赶上了中国加快信息化建设的大好时机。同时,中国国内招标采购市场的规范化趋势,像增加政府和集团采购的公开性与透明度等市场行为,为戴尔等国际化品牌以其在中国生产的产品参加竞争创造了更加公平的市场环境。

当然,戴尔自身的商业理念正在被越来越多的中国客户接受,也是戴尔在中国市场取得成功的重要因素。吴智远将其归纳为直销模式、标准化产品和服务意识。在大规模的集团采购中,直销模式为用户有效降低了总体拥有成本。有些批量非常大的订单,如果通过代理商采购,不仅要在沟通、调货等环节上耗费时间,如果用户要求的配置再比较特殊,情况就会更加复杂。传统上那种冗长的供应、生产、分销、代理环节此时往往难于及时有效地应对,而直销的"按需定制、接单生产"方式,其优势不言自喻。

对于标准化产品,它能为用户带来更为开放性的架构,提高产品的可兼容性和可拓展性,最终为用户带来更高的商业价值。吴智远举例说,中国社会科学院的信息化建设从一开始就选择了戴尔,其中的一个重要原因是,在招标过程中,对方发现戴尔的方案最能体现其投资少见效快的递进模式,同时其标准化产品又能方便地升级和增加新的应用。几年走下来,在社科院的信息化网络中服役的服务器从戴尔最初的 2000 系列直到现在的 6000 系列,包括了几代服务器产品共 50 多台。而戴尔家族的新老产品都在这里各司其职,构成社科院网络的核心硬件。

戴尔的服务也独具特色。据吴智远介绍,因为直销,戴尔对每件产品都有编号、配置和客户的使用档案，一旦在使用中发现问题，通过打电话解决的概率就有85%。此外，戴尔还为大客户提供企业级高级服务，即4小时响应制，要求维修人员在4小时内携带零配件到达现场。据说，尚无其他厂商能达到同一水准。

案例思考：

1. 戴尔公司以其独特的直销模式闻名于世，请指出哪些情况下适宜采用直销?
2. 请你总结一下戴尔成功的经验。

六、实训练习

1. 收集三家知名旅游企业的网络营销渠道和传统营销渠道信息资料。
2. 选择一家企业，比较其网络营销渠道与传统营销渠道的优势与劣势。
3. 对三家企业的网络营销渠道进行横向对比分析，找出各自的特色。
4. 写作分析报告。

第十章 促销策略

【营销格言】 事实上，成功的营销策略并不是大量细小而高超的努力的总和，在任何既定条件下，只有“唯一的、大胆的、某一种突出行动”可以产生实质性的效果。

【本章结构】

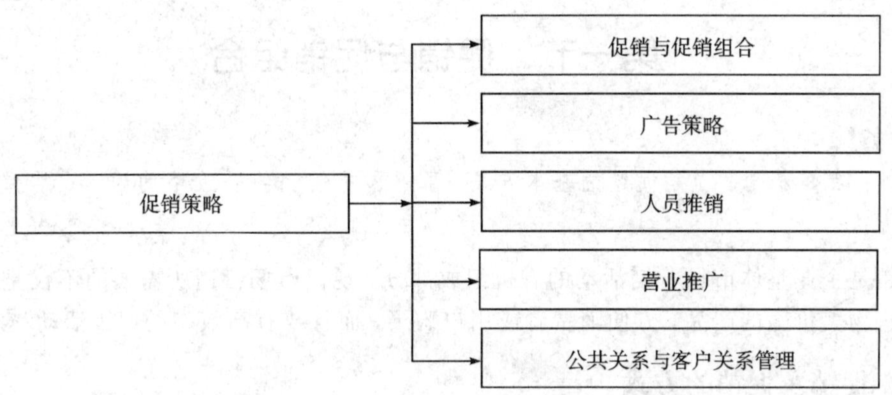

【案例导入】

别克新君威“为一再心动买单”：大数据辅助的情感营销

在每一位淘宝买家的收藏夹里，总有那么些曾经让人心动的商品，或是之后顺利买下，或是因为各种因素遗憾错过。2013 年别克新君威上线的营销活动“为你的一再心动买单”，就将目光聚焦到了淘宝买家的收藏夹中，以时下正热的大数据营销方式在收藏夹中做文章，让你将再次心动付诸行动。

一、用户名数据吸引眼球，增强品牌活动参与度

别克新君威在“为你的再一次心动”活动中，对于大数据的运用首先体现在淘宝买家的用户名上。在淘宝首页及网站各位置的 Banner 广告上，会读取登录买家的用户名字并直接显示在 Banner 广告上。试想你的用户名字直接出现在了网站图片上，肯定会第一时间抓住你的注意力，如此个性化的广告图片，必然会大大提升用户的点击率，增强活动网站的曝光度和用户的参与度。对于用户名大数据的提取运用，可谓是给此次的营销活动开了一个好头。

二、收藏夹数据趣味解析，提升用户再次心动指数

一旦点击 Banner 链接到别克新君威的活动网站，后台就会自动读取分析淘宝用户的收藏夹相关数据，并通过一则趣味视频的方式得以展现。其中包括买家收藏夹中最终买下的商品数目情况及买家收藏夹中的商品类别情况，比如服饰类商品占比多少、数码类商品占比多少，并借此分析买家的购买行为特征。比如在买家收藏夹中，女装服饰占据了更多比例，她就被赐予了“时尚骚包”的封号。最后页面定格在买家收藏夹中的所有商品展示，并公布活动规则：挑选自己最心动的收藏夹商品，分享心动理由或心动故事，就有机会让别克新君威来

为你的商品买单。此次活动别克新君威共有100万活动基金，活动持续2周，每天都将公布中奖用户。

借助对买家收藏夹数据的趣味解析，别克新君威同时也让买家回忆了自己在淘宝上的购物经历，回忆的同时很有可能对某件遗憾错过的商品再次心动。而在分享再次心动故事并为买家买单之时，别克新君威和淘宝用户之间搭建了某种情感上的联系，也借此活动进一步传达了品牌理念和诉求，在稳定的生活基础上增加对于新奇、浪漫、未知的探索，用了“一再心动”来鼓励消费者去继续创造浪漫和新奇来维持感情的热度。

思考：

别克新君威的营销策略是什么？其营销诉求是什么？

第一节　促销与促销组合

【本节任务】

理解促销的概念；了解促销的基本方式；了解影响促销组合策略的因素；掌握促销预算的确定方法。

促销是企业整体市场营销活动的有机组成部分。现代市场营销所需要的不仅是企业能生产和销售物美价廉的产品，方便消费者或用户购买，而且要有高效率的促销活动与之配合。

一、促销及促销的方式

（一）促销的概念

促销(Promotion)是指企业利用各种有效的方法和手段，使消费者了解和注意企业的产品，激发消费者的购买欲望，并促使其实现最终购买行为的活动。促销是企业市场营销的一个重要策略，企业主要通过人员推销、广告、营业推广、公共关系等活动来把有关的产品信息传给消费者，激发消费者的需求，甚至创造消费者对产品的新需求，因此，促销实质上是企业与消费者之间的信息沟通活动，通过这种沟通，消费者最终认可了企业的产品，而企业则销售了它们的产品。

促销活动在突出产品特点，诱发消费者需求方面有着突出的作用。在激烈竞争的市场环境下，消费者或用户往往难以辨别或觉察许多同类产品的细微差别。企业通过促销活动，宣传本企业产品较竞争企业产品的不同特点以及它给消费者或用户带来的特殊利益，激发他们购买本企业产品的欲望。促销活动不仅能诱发需求，还能使消费者或用户充分了解产品的特性，使他们重复购买，或帮助企业进行宣传，扩大市场需求。

（二）促销的方式

企业的促销活动种类繁多，主要分为：人员促销与非人员促销，具体来说可分为四种，即人员推销、广告、营业推广和公共关系(见图10-1)。这四种方式各有其特点，既可以单独使用，也可以组合在一起使用，以达到更好的效果。

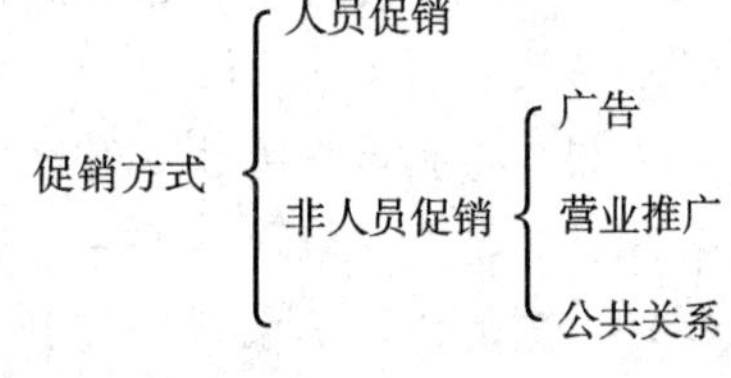

图10-1　促销方式

【营销故事】

百事可乐的促销策略

20世纪70年代中后期，百事可乐向老对手可口可乐发起猛烈的进攻，一举将与可口可乐的市场份额差距缩小到3%。

百事可乐的促销策略是：(1) 针对饮料市场的最大消费群体——年轻人，以“百事新一代”为主题推出一系列青春、时尚、激情的广告，让百事可乐成为“年轻人的可乐”；(2) 进行口味对比。请毫不知情的消费者分别品尝没有贴任何标志的可口可乐与百事可乐，同时百事可乐公司将这一对比实况进行现场直播。结果是，有八成的消费者回答百事可乐的口感优于可口可乐，此举马上使百事可乐的销量激增。

1. 人员推销

人员推销是企业通过推销人员与消费者的口头交谈来传递信息，说服消费者购买的一种营销活动。在沟通过程中，人员推销在建立消费者对产品的偏好、增强信任感及促成行为方面卓有成效。因为是面对面的交谈，故推销人员可以与顾客进行双向式的沟通，保持密切联系，可以对顾客的意见作即时的反应。但人员推销的成本比较昂贵，而且优秀的推销人员并不是随处可觅的。

2. 广告

广告是广告主通过付费的方式由广告承办单位所进行的一种信息传播活动。由于广告的信息散布范围广，可以多次重复，所以在树立企业产品的长期形象方面有较好的效果，但广告往往只是一种信息的单向传递，缺乏与消费者的双向沟通，很难说服消费者进行即时的购买活动。同时，有的广告媒体，如电视的广告费用十分昂贵。

3. 营业推广

营业推广是在短期内采取一些刺激性的手段(如赠券、折扣等)来鼓励消费者购买的一种营销活动。营业推广可以使消费者产生强烈的、即时的反应，从而提高产品的销售量，但这种方式通常只在短期内有效，如果时间过长或过于频繁，很容易引起消费者疑虑和不信任。

4. 公共关系

公共关系是企业利用各种公共媒体来传播有关信息的营销活动。这种营销活动，一般是通过不付费的公共报道来传播，传播的信息带有新闻性，因而消费者的一般感觉是有权威的、公正可靠的，比较容易相信和接受。但这种方式不如其他方式见效快，而且信息传播权掌握在公共媒体手中，企业也不容易进行控制。

【营销故事】

不准偷看商店

泰国有一家“不准偷看”小店。它坐落在曼谷一条商业街上，店前放了一只巨型木桶，桶外用泰、英、中三种文字写着“不准偷看”。好奇心驱使行人把头伸到桶边看个究竟，迎面酒香扑鼻而来，桶底现出“敝号美酒出类拔萃，请君享用”几个字。此时，行人酒瘾已发，只好进店一饱口福。

【即问即答】

对于销售生产资料企业来说，最适合的促销方式是什么？为什么？

二、影响促销组合策略的因素

促销组合策略是根据产品特点和经营目标的要求，有计划地综合运用各种有效的促销手段所形成的一种整体的促销措施。企业的促销组合，实际上就是对上述促销方式的具体运用。在选择采取哪一种或几种促销方式时，要确定合理的促销策略，实现促销手段的最佳结合，必须注意把握影响促销策略的各种因素。这些因素包括以下几种：

1. 促销目标

促销目标是企业进行促销活动所要达到的目的。促销目标是根据企业的整体营销目标制定的。企业在不同时期、不同市场环境下所执行的特定促销活动，都有其特定的促销目标。促销目标不同，促销组合也就有差异。

2. 产品类型

不同类型产品的消费者在信息的需求、购买方式等方面是不相同的，需要采用不同的促销方式。一般来说，工业品购买者希望在掌握大量信息的基础上进行选择，人员推销可以更好地满足这方面的要求；消费品购买者则更多地注重产品的形象，高知名度的产品容易受欢迎，广告的促销效果就比较明显。通常，不同的促销方式在工业品和消费品市场上的作用如图 10－2 所示。

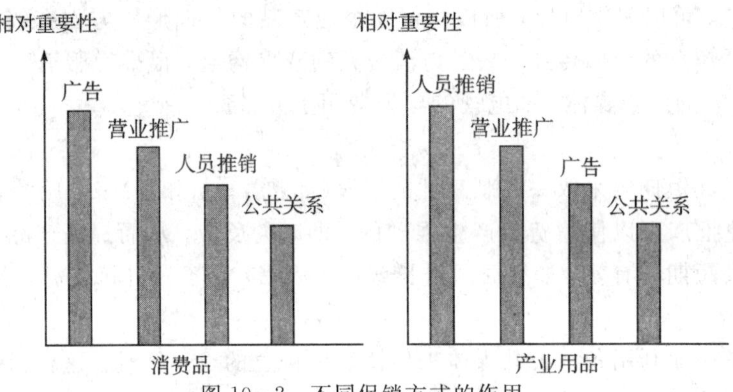

图 10－2　不同促销方式的作用

3. 市场状况

市场有多种类型，而且分布在各个不同的地区；市场有大有小，经营的商品也相应地有多有少，而且价格各异；不同市场的服务对象各不一样，而且消费者的素质也各不相同。由于市场的不同，采用的促销策略也应各自有所差别。比如规模较小而只位于商品产地附近的市场，大多采用人员推销的方式；如果规模比较大、产品销售范围比较广泛的市场，则适于多用电视、电台、报刊等媒体的广告栏目进行广告宣传的广告促销方式；如果是生产企业所占有的市场，因为用户比较固定，销量又大，价格也高，则更适于采用人员推销的方式，当面向消费者介绍产品；如果是消费者为主的买方市场，消费者数量大，市场又分散，应采用广告、产品包装等促销方式。对于其他的市场，可根据产品的性质和消费者的特点，采取灵活多样的促销方式。企业目标市场的不同特征也影响着不同促销方式的效果。在地域广阔、分散的市场，广告有着重要的作用。如果目标市场窄而集中，则可使用更有效的人员推销方式。此外，目标市场的其他特性，如消费者收入水平、风俗习惯、受教育程度等也都会对各种促销方式产生不同的影响。

4. 企业促销策略

企业有两种基本的促销策略，即推动策略和拉引策略，如图 10－3 所示。所谓推动策略是指企业通过各种促销方式把产品推销给批发商，批发商则将产品推销给零售商，零售商再进而把产品推销给消费者。拉引策略则是企业针对最后消费者展开促销攻势，使消费者产生需求，进而向零售商要求购买该产品，零售商则向批发商要求购买该产品，而批发商最后会向企业要求购买该产品。企业可根据推动与拉引的需要选择不同的促销方式。

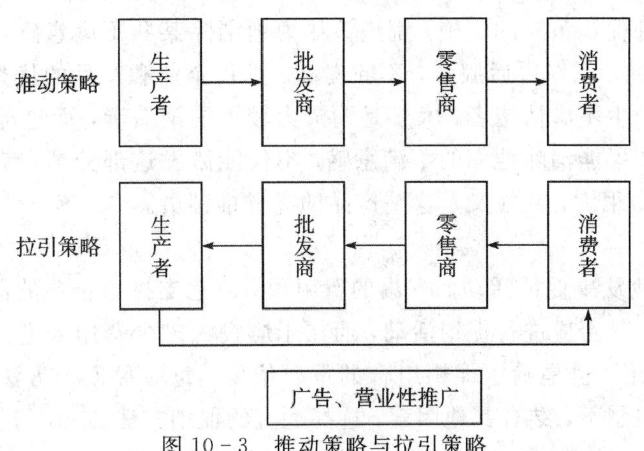

图 10－3 推动策略与拉引策略

【营销故事】

孔府家酒推销策略

孔府家酒在北京上市之前，为了打开饭店、酒楼市场，加深酒楼及饭店经营者的印象，公司的营销人员装扮成顾客频频光顾各大饭店、酒楼，豪点菜品，然后在服务人员询问喝什么酒水时，说只喝孔府家酒，然后以饭店或酒楼没有孔府家酒为名，离开饭店或酒楼，到其他饭店或酒楼故技重演。饭店或酒楼因为没有准备此酒而丧失了生意，饭店或酒楼经营者故而对此酒铭记在心。随后，孔府家酒在北京的报纸、电视、广播播放此酒广告，饭店或酒楼因知晓顾客有需要，而进货。孔府家酒轻易打开了北京的饭店或酒楼这一市场。

【即问即答】

推动营销策略的主要促销对象和促销策略有哪些？与拉引式营销策略的主要促销对象和促销策略有何不同？

5. 产品寿命周期

一种新产品从进入市场到退出市场，要经过导入期、成长期、成熟期、衰退期等。在产品市场生命周期的不同阶段，促销的重点目标是各不相同的，因此，企业所采用的促销策略也相应的不一样。在导入期，消费者都还不了解产品，该阶段促销的重点目标是尽快地让消费者了解认识新产品独特的优越性能和高品位的质量保证，其促销策略应采用各类形式的广告为宜；在成长期和成熟期，消费者已对产品有了较全面的了解和认识，促销的重点目标应是想方设法激发消费者的购买兴趣甚至使他们产生某种偏爱，其促销策略就应该在广告和其他宣传内容上作适当的改变，同时在销售渠道方面也应多为消费者提供方便，以扩大销路；在衰退期，由于有些消费者对某产品产生偏爱，还会继续购买。但是，对于相当一部分的消费者来讲，就会辞旧换新，促销的重点目标是增强消费者对该产品的信任感并使消费者能够继续购买，其促销策略应采用营业推广为主的促销方式，其他的促销形式可以作为补充。总之，在产品市场生命周期的全过程中，虽然在各个阶段上都有各自不同的具体促销策略，但是，从总体上讲，每一种促销策略的实施，都应该尽力地消除某些不满意感，并针对不同的消费者来进行说明或解疑，作好售后服务，不断提高、维护企业和产品的优秀形象。根据市场提供的资料，对产品产生不满情绪者，大多是购买力较低的消费者，而这部分购买者往往所占的比重又比较大，如果能消除他们的不满意感，不仅能激发这部分消费者的购买积极性，而且因为他们的影响力很大，往往又是这一产品的义务推销员。

6. 促销预算

促销预算是企业从事促销活动而支出的费用预算，它支撑着企业的促销活动。对一个企业来说，问题不在于是否应进行促销活动，而在于应投入多少费用来进行促销沟通活动。企业能用于促销的费用，也是确定促销组合的重要依据。每一种促销方法所需费用是不相同的，企业应在财力限制下，结合其他因素，选择适宜的促销方法。

三、促销预算的确定

一般来讲，企业确定促销预算的方法主要有四种。

（一）量力而行法

尽管这种方法在市场营销学上没有正式定义，但不少企业确实一直采用。量力而行法指企业确定促销预算的依据是它们所能拿得出的资金数额。也就是说，在其他市场营销活动的经费被优先分配之后，尚有剩余者再供促销之用。企业根据其财力情况来决定促销开支多少并没有错，但应看到，促销是企业的一种重要营销手段，企业做促销的根本目的在于促进销售，因此，企业做促销预算时要充分考虑企业需要花多少促销经费才能完成销售指标。所以，严格说来，量力而行法在某种程度上存在着片面性。

（二）销售百分比法

销售百分比法即企业按照销售额（销售实绩或预计销售额）或单位产品售价的一定百分比来计算和决定促销开支。这就是说. 企业按照每完成100元销售额（或每卖1单位产品）需要多少促销费来计算和决定促销预算。

使用销售百分比法来确定促销预算的主要优点是：

（1）暗示促销费用将随着企业所能提供的资金量的大小而变化，这可以促使那些注重财务的高级管理人员及时意识到，企业所有类型的费用支出都与总收入的变动有密切关系。

（2）可促使企业管理人员根据单位促销成本、产品售价和销售利润之间的关系去考虑企业的经营管理问题。

(3) 有利于保持竞争的相对稳定，因为只要各竞争企业都在让其促销预算随着销售额的某一百分比而变动这一点上达成默契，就可以避免促销战。

使用销售百分比法来确定促销预算的主要缺点是：

(1) 把销售收入当成了促销支出的“因”而不是“果”，造成了因果倒置。

(2) 用此法确定促销预算，实际上是基于可用资金的多少，而不是基于“机会”的发现与利用，因而会失去有利的市场营销机会。

(3) 用此法确定促销预算，将导致促销预算随每年的销售波动而增减，从而与促销长期方案相抵触。

(4) 此法未能提供选择这一固定比率或成本的某一比率，而是随意确定一个比率。

(5) 此法不是根据不同的产品或不同的地区确定不同的促销预算，而是所有的促销都按同一比率分配预算，造成了不合理的平均主义。

(三) 竞争对等法

竞争对等法指企业比照竞争者的促销开支来决定本企业促销开支的多少，以保持竞争上的优势。在市场营销管理实践中，不少企业都喜欢根据竞争者的促销预算来确定自己的促销预算，造成与竞争者旗鼓相当、势均力敌的对等局势。如果竞争者的促销预算确定为100万元，那么本企业为了与它拉平，也将促销预算确定为100万元甚至更高。

采用竞争对等法的前提条件是：

(1) 企业必须能获悉竞争者确定促销预算的可靠信息。只有这样才能随着竞争者促销预算的升降而调高或调低。

(2) 竞争者的促销预算能代表企业所在行业的集体智慧。

(3) 维持竞争均势能避免各企业之间的促销战。

但是，事实上，上述前提条件很难具备。这是由于：

(1) 企业没有理由相信竞争者所采用的促销预算确定方法比本企业的方法更科学。

(2) 各企业的促销信誉、资源、机会与目标并不一定相同，可能会相差甚多，因此某一企业的促销预算不一定值得其他企业效仿。

(3) 即使本企业的促销预算与竞争者势均力敌，也不一定能够稳定全行业的促销支出。

(四) 目标任务法

前面介绍的几种方法都是先确定一个总的促销预算，然后，再将促销预算总额分配给不同的产品或地区。比较科学的程序应是：

(1) 明确地确定促销目标。

(2) 确定为达到这种目标而必须执行的工作任务。

(3) 估算执行这项工作任务所需的各种费用，这些费用的总和就是计划促销预算。

目标任务法的缺点是没有从成本的观点出发来考虑某一促销目标是否值得追求这个问题。譬如，企业的促销目标是下年度将某品牌的知名度提高20%，这时所需要的促销费用也许会比实现该目标后对利润的贡献额超出许多，因此，如果企业能够先按照成本来估计各目标的贡献额(即进行成本效益分析)，然后再选择最有利的目标付诸实现，则效果更佳。实际上，这种方法也就被修正为根据边际成本与边际收益的估计来确定促销预算。

【营销故事】

高露洁在日本岛上的促销

美国的高露洁牙膏在进入全日本这样一个大的目标市场时，并没有采取贸然进入、全面出击的策略，而是先在离日本本土最近的琉球群岛上开展了一连串的广告公关活动。

他们在琉球群岛上赠送样品，使琉球的每一个家庭都有免费的牙膏。因为是免费赠送的，所以琉球的居民不论喜欢与否，每天早上总是使用高露洁牙膏。

这种免费赠送活动，引起了当地报纸、电视的注目，把它当做新闻发表，甚至连日本本土的报纸、月刊也大加报道。

于是，高露洁公司在广告区域策略上就达到了这样的目的：以琉球作为桥头堡，使得全日本的人都知道了高露洁，以点到面，广告效应十分明显。

点评：营销攻坚战究竟该怎么打？一般而言，有两种打法：正面进攻和侧面出击。当企业对战场不熟悉，群众基础尚未建立之时，先建立稳固的根据地，从侧面入手是一条稳健可行的策略。

饥饿营销

传说，古代有一位君王，不但吃尽了人间一切山珍海味，而且从来都不知道什么叫做饿，因此，他变得越来越没有胃口，每天都很郁闷。有一天，御厨提议说，有一种天下至为美味的食物，它的名字叫做“饿”，但无法轻易得到，非出艰辛的努力不可。君王当即决定与他的御厨微服出宫，寻此美味，君臣二人跋山涉水找了一整天，于月黑风高之夜，饥寒交迫地来到一处荒郊野岭。此刻，御厨不失时机地把事先藏在树洞之中的一个馒头呈上：“功夫不负有心人，终于找到了，这就是叫做‘饿’的那种食物。”已饿得死去活来的君王大喜过望，二话没说，当即把这个又硬又冷的粗面馒头狼吞虎咽下去，并且将其封之为世上第一美味。

这一常识已被聪明的商家广泛地运用于商品或服务的商业推广，这种做法在营销学界更是被冠以“饥饿营销”之名。可扫描二维码阅读饥饿营销的更多内容。

http://baike.baidu.com/link?url=6C9-nLs_8rsnaXz5x1HTgBDEWLNjnNDI9CNLUdYzc6U9ClWut704HeVgy6vukYrDIiryRjuaO1dLX4bc-UFoAa

【课堂讨论】

“饥饿营销”在营销实践中如何操作？“饥饿营销”成功的关键是什么？你能找到“饥饿营销”的成功案例吗？

第二节　广告策略

【本节任务】

理解广告的概念及功能；掌握如何确定广告策略；掌握如何选择广告媒体；了解广告效果评估方法。

一、广告的概念及功能

在现代社会，广告作为一种经济现象，无时不有，无处不在。广告在商品经济中，具有不可忽视的沟通产销的媒介作用，这是广告的总职能。

（一）广告的概念

广告有广义与狭义之分，在市场营销学中，通常指的是狭义的广告，也叫经济广告或商业广告，它通常是以盈利为目的的。也就是说，广告是企业以付酬的方式，通过各种传播媒体，向目标市场的消费者传递商品信息的活动。

（二）广告的功能

广告既是一种重要的促销手段，又是一种重要的文化现象。广告对企业、对消费者和社会都具有重要作用。

1. 广告对企业的功能

（1）传播信息，沟通产销。广告对企业的首要功能是沟通产销关系。所以，一个企业不善于做广告，就好像在黑暗中向情人暗送秋波，徒劳无功。

（2）降低成本，促进销售。从绝对成本的角度看，第一节介绍的四种促销方式中，广告的成本是最高的。但如果从相对成本的角度看，因为广告的大众化程度高，广告的成本又是比较低的。比如可口可乐，每年的巨额广告费平均分摊到每一个顾客身上只有0.3美分，但如果用人员推销成本则需60美元。据统计，在发达国家，投入一元广告费，可收回20～30元的收益。

（3）塑造形象。广告是塑造企业形象的重要手段。

2. 广告对消费者的功能

（1）指导消费。消费者获取商品信息的来源主要有四种，即商业来源、公共来源、人际来源和个人来源。广告是消费者最重要的商业来源。可以说，在现代社会，面对琳琅满目的商品，如果离开了广告，消费者将无所适从。

（2）刺激需求。广告的一个重要功能就是刺激消费者的购买欲望，促使消费者对商品产生强烈的购买冲动。广告刺激的需求包括初级需求（primary need）和选择性需求（selective need）。所谓初级需求，是指通过广告宣传，促使消费者产生对某类商品的需求，如对电脑、汽车等的需求；选择性需求是指通过广告宣传，促使消费者产生对特定品牌商品的需求，如联想电脑、红旗汽车等，引导消费者认牌购买。

（3）培养消费观念。广告引导着消费潮流，促使消费者树立科学的消费观念。

3. 广告对社会的功能

（1）美化环境，丰富生活。路牌广告、POP广告、霓虹灯广告等，优化了城市形象，使都市的夜晚变得星光灿烂、绚丽多姿，因此，广告被称为现代城市的脸。优美的广告歌曲、绚丽的广告画、精彩的广告词，也无不给人以艺术的享受。

(2) 影响意识形态，改变道德观念。据调查，一个美国人从出生到 18 岁在电视中看到的广告达 1800 多个小时，相当于一个短期大学所用的学时。所以，广告对社会的价值观念、文化传承都具有非常重要的影响。

二、广告策略的确定

广告策略的确定是把既定广告目标的要求转换成原稿和图像的工作。其内容包括确定广告主题和要传递的广告内容、表现主题与内容的创意等，这实际上是规划向受众“说什么”以及“怎样说”的策略问题。

(一) 确定广告主题和内容

一般来说，确定广告主题与内容应从多角度进行综合分析，主要应从以下几方面加以考虑：

1. 使消费者了解商品效用

让消费者了解商品效用是指让消费者了解商品的优点、特点及利益。分析商品的优点及特点，可从商品的原材料、制造过程、使用价值、价格等方面进行。分析商品的利益，是要站在消费者角度将商品整体概念中的核心利益准确、完整地展现出来。总之，对商品进行分析，是要把商品中最具特色的东西找出来，并以此作为广告主题。

2. 在分析消费者需要的基础上，创造需求

洞察消费者的需要，并将其通过具体满足物来满足需要的欲望引导到特定的品牌上．便能创造出对特定品牌的需求。要做到这一点，需以对消费者需要的分析为基础，对消费者需要的分析方法很多，分析重点通常有这样一些因素，诸如生活方式、心理特征、购买行为、对各类品牌的态度与评价等。通过采用各种细分变量，便能将消费者需要的差别找出来，在此基础上，选择具有营销意义的需求特征作为诉求点，就使广告主题具有明确的针对性及鲜明的特征。

3. 通过分析品牌形象与企业形象，增加消费者信心

分析品牌形象与企业形象是站在消费者角度探讨品牌形象、企业形象与消费者商品选择行为之间的关系，力图从消费者依据对品牌形象、企业形象的认知状况选择商品这样一个角度来确定广告主题。

(二) 制定广告表现策略

在确定广告主题与内容时，有多种策略可供选择，这里介绍几种主要策略。

1. USP 策略

USP 策略是“Unique Selling Proposition Strategy”的缩写，这种策略强调以“独特”来推销商品最为有效。所谓“独特”含有两层意思，其一是商品具有的特点或利益，是竞争对手的产品所不具备的；其二是商品特点或利益在竞争对手的广告中未曾表现过。采用 USP 策略，即是力图从这两层意思上寻找“独特”，强调商品与广告差异，表现“人无我有”的唯一性。

显然，采用 USP 策略，要以商品分析为基础，并以广告商品在功能性能上有明显的差异为前提，并非适用于所有商品。

2. 品牌形象策略 (Brand Image Strategy)

品牌形象策略由美国奥美广告公司的奥格威先生提出，他认为，对于那些相互之间差异很小的商品(比如香烟、啤酒等等)而言，难以在广告策略上采用"USP策略"以及其他建立在商品差异基础上的广告策略，这就存在一个广告表现策略上的表现转化问题。如何转化，奥格威先生认为通过将商品差异的表现，转化为对品牌形象的表现，就能很好地解决这一转化问题，这便产生了品牌形象策略。采用这一策略，是要通过树立品牌形象，培植产品威望，使消费者保持对品牌长期的认同和好感，从而使广告商品品牌得以在众多竞争品牌中确立优越地位。

由于品牌形象是介于商品与企业形象之间的一种概念，所以它既包括商品特点的许诺，也包括企业形象的渗透。既然品牌形象包涵这两方面的内容，那么采用品牌形象策略就必须以对商品和企业形象的分析为基础，并且品牌形象的延伸和推广也须与企业形象相符，只有这样，品牌形象才能包含许诺，体现威望，产生信赖，实现特定的广告目的。

3. 商品定位策略 (Positioning Strategy)

20世纪70年代艾·里斯和杰克·特劳持提出"定位"(Positioning)概念，其已被国内外普遍认为是进行广告策划的最基本的方法之一。所谓"定位"，就是把商品定位在未来潜在顾客心中，或者说是用广告为商品在消费者的心中找出一个位置。这个位置一旦建立起来，就会使消费者在需要解决某一特定消费问题时，首先会考虑某一品牌的商品。这里，定位并未改变商品本身，而是要在顾客的心中占据一个有利的位置。

自20世纪80年代以后，"定位"一语，逐渐与品牌形象被当成同一内容，然而广告策略中的定位策略，实际上是对"在消费者心中确立一位置"、"消费者需求"以及"商品特性"综合考虑形成的概念。它不但包括前述USP和品牌形象策略，同时还超越了这两种策略。

4. 系列化策略

系列化策略即在一定的时期内，广告者连续不断地推出一系列内容相关联、风格统一的广告，以保证广告的单纯、清晰，增强人们对广告的识别和记忆，提高产品与企业的形象。系列化是现代广告设计中很流行的策略。

系列化策略主要有四种形式：

(1) 功能系列化。功能系列化指在基本主题一致的条件下，将产品的若干个突出的功能展开成独立的广告，然后顺序地或重复地播(刊)出，既可保证风格的统一性，又可使每则广告内容集中，以增加选择性吸引。

(2) 表现形式系列化。表现形式系列化即主题不变，而采用多种方式对主题进行表达，形成多个广告。这也可称为"改头换面"策略。广告需要重复，才能在顾客心目中形成一个固定概念。但是同一广告的过多重复，又会使人们的注意力减弱，甚至产生反感情绪，因此，不同表现形式的广告，可增加人们的新鲜感，吸引力强。

(3) 主题系列化。当企业的产品适用于不同类型的顾客使用，或用途广泛时，可针对不同情况确定几个有差异的主题，围绕这些主题设计若干个广告，连续或交替播出，以保证每则广告的单纯性和对顾客选择性的吸引。

(4) 家庭系列化。生产多种产品的企业，可以在风格一致，甚至主题一致的前提下，在每则广告中只介绍一至两种产品，逐步深入，最后让一则广告以总结的形式展现所有产品与企业实力，并可循环播出。

【营销故事】

日本DF公司的出奇制胜

日本一家叫DF的公司，生产出了一种新咖喱粉，这家公司在日本的几家大报上同时刊登了一则令每一个日本人都感到震惊的广告。广告称："DF公司决定雇用直升飞机数架，飞临白雪皑皑的富士山顶上空，然后把咖喱粉撒在山顶上。以后，人们看到的富士山将不再是白色而是咖喱色……"

富士山是日本的一大名胜，在日本人和全世界人们的心中已成了日本的象征。在如此神圣的地方，居然撒上咖喱粉，对国人而言，怎可容忍！

广告刊出之后，立即引起了轰动，全国各地一片责骂之声，DF公司的名字因此而频频出现在报刊上，无人不晓。

正当舆论抨击得如火如荼时，DF公司要在富士山上撒咖喱粉的日子马上就到了。突然，报上又出现了DF公司的一则郑重声明："由于社会各阶层的强烈反对，本公司决定取消原计划……"

消费者赢得了胜利，但是，全日本都知道了DF公司，人们都以为DF公司财大气粗，很有经济实力。经销商纷纷进货，咖喱粉一下子成了畅销货。

【课堂讨论】

法国人酷爱喝酒，酒的过量消费给法国社会带来了一系列问题，所以法国法律规定，酒类广告不准上电视，不准登报纸，而杂志上并不禁止登酒类广告，酒类企业自然不会放过这个机会，他们都在法国的一些著名的、销路好的杂志上大做广告，不过，广告的做法却又各有巧妙之处。

波莫瑞香槟酒公司登在杂志上的广告，全是黑白的，绝不用彩色的。该公司的公关经理说："现在的杂志，从头到尾，全是彩色照片。我们的广告如果也是彩色的，夹在里边就很难被人发现。读者拿起一本杂志，在一片彩照中突然出现一张黑色照片，就好像在繁华喧闹的城市中，突然发现一块幽静的地方，他反而会很留意，很喜欢。"

请评价波莫瑞香槟酒公司的广告策略；请列举出几个你认为较有创意的广告策略。

三、选择广告媒体

确定了广告策略后，就要选择适当的广告媒体，这需要在研究多种媒体的特性基础上考虑多方面因素作出媒体选择决策。

（一）各类广告媒体的特点

广告媒体是在广告主与广告接受者之间起媒介作用的物质载体。传统广告所运用的媒体，有报纸、杂志、广播、电视、电影、幻灯片、户外张贴、广告牌、霓虹灯、样本、传单、书刊和包装纸等，由于不同的广告媒体有不同的特点，起着不同的作用，因此其各有优缺点。

1．报纸广告

报纸不仅是新闻传播的主要工具，而且是我国和世界各国目前选用的第一大广告媒体。利用报纸做广告的优点是：读者广泛稳定，宣传覆盖面广；传递迅速，反映及时；制作简便，收费低廉；集权威性、新闻性、可读性、知识性、记录性于一体。但报纸作为广告媒体也有一定的缺陷，即时效性短、内容繁杂、阅读仓促；制作和印刷不易精细，难以形象地表现产品外观与特征。

2．期刊广告

期刊广告由于期刊本身特征不同而有所区别。有些期刊属于综合性质类，阅读者人数众多、兴趣广泛，宜作多类型广告；有些期刊属于专业性质，仅针对一些专业人员，如一些机械产品及技术性较强的产品可选择专业性较强的刊物；有些商业性期刊国内外均发行，是出口产品广告的有效媒体。利用期刊作广告的优点是：对象明确，针对性强；保存时间长，信息利用充分；制作精细，图文并茂，能较好地再现产品外观形象。其缺点是：定期发行，难以适时；传播范围窄，成本费用高。

3．广播广告

广播广告是通过电台播音员代替推销员向顾客介绍产品特点及选购方法的一种广告形式，是听觉广告。其优点是：传播速度快，空间范围大；制作简便，费用低廉。广播广告的局限性在于有声无形，印象不深；盲目性大，选择性差。

4．电视广告

电视集图像、色彩、声音、活动于一身，是现代化广告媒体。电视广告的优点在于覆盖面广，收看率高；形象生动，感染力强；娱乐性强，宣传效果好。其局限性是：一晃即逝，不易保存；制作复杂，费用昂贵；选样性差，目标欠具体。

5．其他媒体广告

其他媒体广告包括路牌、信函、产品目录、印刷招贴、车船、壁画以及霓虹灯、橱窗等广告形式。这些广告形式也各具特点，企业在选样使用时，应从实际情况出发，择优而定。

【知识拓展】

所谓新媒体是相对于传统媒体而言的，新媒体是一个不断变化的概念。只有媒体构成的基本要素有别于传统媒体，才能称得上是新媒体。

请扫描二维码阅读有关新媒体广告的更多知识。

Http://baike.baidu.com/link?url=zR3UKDBGCTJOF-RFzYoxpBUfpgAr4ZMSZsKs2vRoFP5vYN0Ezog9Fd36alTWb1d3LCp-SdGlZmHnfm-qmGrJJa

（二）广告媒体的选择

广告媒体种类繁多，各种媒体既体现其个性，又具有整体性。正确、合理地选择广告媒体，就是把个性融合在整体之中，发挥广告传导的整体效应。一般而言，衡量和选择广告媒体时应考虑以下几方面的因素：

1．广告媒体的传播范围

广告媒体的传播范围是指广告媒体所能传播到的空间和视听人数。它包括报纸和杂志的发行量；电视和广播的观众与听众数量；路牌广告的地点和车船广告的流动路线等。在媒体传播范围大小不一的情况下，企业在选择广告媒体时，应把产品销售的地理范围与广告媒体所能传播到的范围统一起来。凡销售到全国的产品，宜选择全国性报刊、广播电台和电视台做广告媒体；只是在局部地区销售的产品，则宜选择地区性报刊、电台和电视台作为媒体。

2. 消费者接触媒体的习惯

选择哪种媒体作广告不仅要考虑产品的特点，而且还要考虑不同消费者接触广告媒体的习惯和偏好。不同媒体可将广告信息传递给不同对象，能达到顾客的目标才是最有效的媒体。企业究竟选择什么广告媒体以及广告内容，要以广告媒体所涉及的对象以及接触媒体的习惯为转移。

3. 广告媒体的频率

广告媒体的频率是指一段时间内进行广告的次数，如报纸上的广告，当天读者多，过期报纸往往很少有人再看；而商店的橱窗和路牌广告，可以反复多次引人注目。但是频率低的广告，其对象和范围非常广泛，而频率高的广告，其对象和范围则比较狭窄，因此，企业在选择广告媒体时必须权衡利弊。

4. 广告媒体的影响力

广告媒体的影响力是指广告媒体的影响、声誉和表现形式上的特色对观众、听众或读者的吸引力和感染力。质量高、影响力大的广告媒体，视听到广告信息的消费者就多，因此，企业在选择广告媒体时，要注意把产品的目标市场和媒体影响力所能达到的程度结合起来，才能既不造成浪费，又能达到广告宣传的最大效益。

5. 广告媒体的成本

各媒体的费用差别是很大的，广告活动应考虑企业的经济负担能力。如电视广告绝对成本高，而报纸则很低，但企业在考虑广告媒体成本时不能完全以其绝对数来衡量，目前在考虑广告媒体成本时常用的一种方法是计算千人成本(CPM)，即通过一种媒体把信息传递给一千个接受者所需的费用。

【知识拓展】

网络广告就是在网络上做的广告。通过网络广告投放平台来利用网站上的广告横幅、文本链接、多媒体的方法，在互联网刊登或发布广告，通过网络传递到互联网用户。与传统的四大传播媒体(报纸、杂志、电视、广播)广告及近来备受垂青的户外广告相比，网络广告具有得天独厚的优势，是实施现代营销媒体战略的重要一部分。

请扫描二维码阅读有关网络广告的更多知识。

Http://baike.baidu.com/link?url=QlYgeNrr_YecGL4WKcCnRKJl2-iir5GSybxQom4qfTWKUM_N7XtexQoV4Tex6k8CpznY_0FkF3XcMiXujelNja

四、广告效果评估

广告效果是指广告信息通过广告媒体传播后所产生的社会影响和效应。这种影响和效应包括两个方面：一是对企业产品促销的效应，称之为销售效果；二是企业与社会公众的有效沟通效应，称之为传播效果。按照现代市场营销思想，广告过程是一个复合反馈的过程。广告工作者不仅事先要有充分准备，在制作出良好广告作品后要正确评定，而且在投入市场后要分析广告宣传的实际效果，并把测定和分析结果及时反馈，从而不断调整广告策略，不断提高广告宣传效应，因此，企业推出广告后，都要认真评估广告效果。

（一）销售效果

广告销售效果大小，以广告传播后商品销售额的增减为衡量标准。评估广告销售效果是一项十分困难的工作，因为企业的产品销售量不仅受广告影响，而且受到商品质量、价格和市场竞争状况等多种因素的制约，因此很难确定广告引起销售量增加的确切份额。明确这一点，有助于企业客观地评估广告的销售效果。评估广告销售效果用广告销售效果比率来表示，其计算公式为

$$\text{广告销售效果比率}=\frac{\text{销售增量}}{\text{广告费}}\times 100\%$$

此法的优点是：广告和销售增量之间的关系比较明确。其缺点是：广告对销售量的影响具有“滞后性”，销售量的增减以及增长速度受各方面因素的影响，广告仅仅是一个方面，因此，当销售效果不理想的时候，不能简单地否定广告效果，而应从其他方面进行综合检查。

（二）传播效果

传播效果是指广告的收看、收听率，以及人们对广告的印象。其评价指标包括注意度、记忆度、理解度、行为度等。测定的方法主要有两种：一种是直接评分，即邀请目标消费者或广告专家来评价各个广告，并填写评分问卷。直接评分法不一定能完全反映广告对目标消费者的影响，但它可以帮助淘汰或剔除那些质量差的广告。另一种是测试法，即邀请若干广告收看者或收听者，回忆对广告的记忆程度和印象、感情等。评价结果可用来判断广告引人注意和令人记忆的力量。两种方法，既可在事前进行，也可在事后进行，还可结合进行。

【知识拓展】

效果营销就是按效果计费，广告主根据广告发布后的行为数量与会员进行费用结算。这种后付费的结算行为对于广告主来说，规避了投入的风险。

请扫描二维码阅读有关效果营销的更多知识。

Http://baike.baidu.com/link?url=T_bPpcaMAjMQAJSu9QWSXhZzuJ9PkFhEcv4iSUERUtqwoqz_ketXavYrIKIOW8XzBUHrW8muRHSIsIpd4H92H_

【营销故事】

问题出在哪？

几年前宝洁的汰渍洗衣粉上市之初，势头十分强劲，市场占有率和销售额以迅猛的速度向上飙，但一段时间之后，这种势头逐渐放缓了。而在这个阶段销售速度放缓同宝洁以往的经验是不相符的，也就是说一定是在哪个环节上出问题了。于是宝洁公司开始了大量的市场调研工作，对渠道检查，没有问题；对产品测试，没有问题；对竞品分析，问题肯定不是出在这里……最后品牌经理把注意力集中到了广告上。其起因是在一次小组座谈会上，消费者在对产品评价时，听到消费者抱怨汰渍洗衣粉的用量大。当追问是什么原因使这位被访者认为用量大时，她说：“你看广告中在倒洗衣粉时，倒了那么长时间，所以，说它洗得干净，其实是因为它用得多。算计起来这样更划不来，还不如买奥妙，贵点儿但省呀！”于是品牌经理赶紧把广告带找来，掐算了一下展示产品部分倒产品的时间，一共 3 秒钟，比奥妙洗衣粉广告的 1.5 秒长了一倍……

【课堂讨论】

请模特现场表演，至今依旧是品牌服装业做广告的最主要形式。法国碧蔓公司总经理说:“服装展示会有两种：一种是服装设计师的，展示他的新作品；还有一种服装系列展，展示某种流行的服装。”但是不论哪种展示会，到会的都只有几百人，为什么品牌服装企业仍然热衷于这种广告形式？

第三节 人员推销

【本节任务】

理解人员推销的概念和特点；掌握人员推销的程序；了解推销人员应该具备的素质；了解人员推销管理工作。

人员推销是人类最古老的促销手段，远在小商品经济时代商人的沿街叫卖、上门送货等就属于人员促销的性质。在市场经济条件下，人员推销这种古老的推销形式，已成为现代社会中最重要的促销形式，尤其对产业用品和高科技产品的促销，是一种最有效的方式。

一、人员推销的概念和特点

（一）人员推销的概念

人员推销是由企业派出推销人员或委派专职推销机构人员直接向潜在购买者进行宣传介绍活动，使其采取购买行为的促销方式。

（二）人员推销的特点

同非人员推销相比，人员推销的最大特点是具有直接性。无论是采取推销员面对面地与顾客交谈的形式，还是采取推销人员通过电话访问顾客的形式，推销人员都在通过自己的声音、形象、动作或拥有的样品、宣传图片等直接向顾客展示、操作、说明，直接发生双向交流。人员推销的这种直接性的特点，决定了其在实施过程中既具有优于非人员推销的一面，也有劣于非人员推销的另一面。

1. 人员推销的优点

(1) 人员推销具有极大的灵活性。销售人员在推销访问过程中可以亲眼观察到顾客对推销陈述和推销方式行为的反应，并揣摩其购买心理变化过程，因而能立即根据顾客情绪及心理变化有针对性地改进推销方式，以适应各个顾客的行为和需要，最终促使交易达成。

(2) 人员推销针对性强，无效劳动少。与广告相比，广告所面对的群众范围十分广泛，其中有些根本不可能变为企业的顾客，所以，企业做广告所花的钱，有一部分是白花的。而销售人员却是带有一定的倾向性访问顾客，访问的都是一些购买可能性最大的顾客，目标较为明确，因而耗费无效劳动较少。

(3) 人员推销注重人际关系，有利于顾客同销售人员之间建立友谊。销售人员代表企业利益，同时也代表着顾客利益。他们一般都知道，满足顾客需要是保证销售达成的关键，因此，销售人员总是愿意在许多方面为顾客提供服务，帮助他们解决消费问题，同时，在面对面的交谈过程中，销售人员与顾客既可谈论商品买卖问题，也可以谈及家庭、社会等其他问题，久而久之，双方极有可能建立起友谊关系。

(4) 人员推销有利于促成及时购买。人员推销的直接性，大大缩短了从促销活动到采取购买行为之间的时间间隔。因为采取广告、公关等促销方式，顾客有一个接收、思考、比较、认定以及到店购买的时段；而采取人员推销活动，则可以通过推销人员的现场说服解答工作，使顾客的种种问题迎刃而解，可以促使顾客立即采取购买行为。

2. 人员推销的缺点

(1) 推销成本较高。在市场范围广阔而买主又较为分散的状态下，人员推销总成本和单位成本都很高。据美国学者的调查，在许多企业里，人员推销费用是一项最大的经费开支，通常占企业纯销售额的8%～15%，而广告费用开支占1%～3%，因此，企业决定使用人员推销时，必须权衡利弊，慎重从事。

(2) 影响范围有限。人员推销是以口头方式与顾客进行沟通的，是一对一的促销活动，而未借助各种媒介做传播工具，这种直接性制约了人员推销信息传递的辐射面，使得只有与推销人员有过接触的顾客才能接收到企业的营销信息，因此，企业在人员促销中应采用广告等非人员促销方式才能克服这方面的缺点。

【营销故事】

猜猜哪位名人会来

在美国肯塔基州的一个小镇上，有一家格调高雅的餐厅。店主人察觉到每星期二生意总是格外冷清，门可罗雀。

一个星期二的傍晚，店主人闲来无事，随便翻阅了当地的电话簿，他发现当地竟有一个叫约翰·韦恩的人，与美国当时的一位名人同名同姓。这个偶然的发现，使他计上心来。

他当即打电话给这位约翰·韦恩，说他的名字是在电话簿中随便抽选出来的，他可以免费获得该餐厅的双份晚餐，时间是下星期二晚上8点，欢迎携夫人一起来。约翰·韦恩欣然应邀。

第二天，这家餐厅门口贴出了一幅巨型海报，上面写着："欢迎约翰·韦恩下星期二光临本餐厅。"海报引起了当地居民的瞩目与骚动。

到了星期二，来客大增，创造了该餐厅有史以来的最高纪元录，大家都要看看约翰·韦恩这位巨星的风采。

到了晚上8点，店里扩音机开始广播："各位女士、各位先生，约翰·韦恩光临本店，让我们一起欢迎他和他的夫人！"霎时，餐厅内鸦雀无声，众人目光一齐投向大门，谁知那儿竟站着一位典型的肯塔基州老农民，身旁站着一位同他一样不起眼的夫人。人们开始一愣，当明白了这是怎么一回事之后，便迸发出了欢笑声。客人簇拥着约翰·韦恩夫妇上座，并要求与他们合影留念。

此后，店主人又继续从电话簿上寻找一些与名人同名的人，请他们星期二来用晚餐，并出示海报，普告乡亲。

于是"猜猜谁来吃晚餐"、"将是什么人来吃晚餐"的话题，为该餐厅生意冷清的星期二带来了高潮。店主人没花一分钱，歪打正着，应归功于他大胆的创意。

二、人员推销的程序

根据应用较为广泛的“程序化推销”理论，人员推销的程序包括七个步骤，如图 10-4 所示。

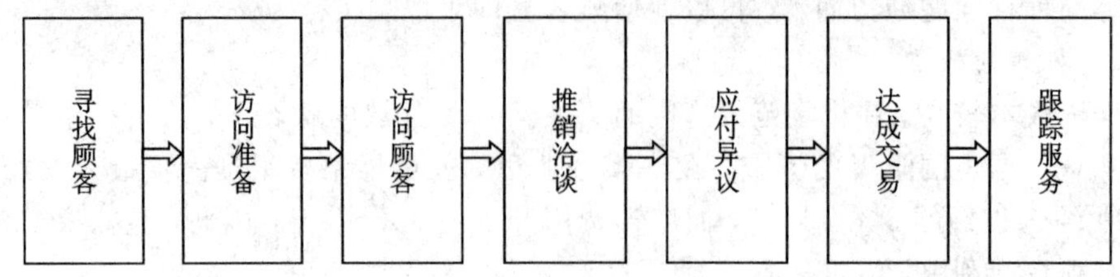

图 10-4 人员推销的程序

综合来看，一个有效的人员推销过程至少应包括三个程序：寻找顾客、进行推销、售后追踪。

（一）寻找顾客

人员推销的首要程序就是寻找潜在的顾客，只有有了特定的推销对象，推销人员才能开始实际的推销工作。推销人员可以通过以下一些途径来寻找潜在的顾客：

1. 市场调研

推销人员可以利用市场调研的结果，从中寻找可能的顾客。市场调研可以由企业自己进行，也可以委托有关的市场咨询公司进行。

2. 资料查寻

推销人员可以通过查阅现有的信息资料来寻找顾客，如工商企业名录、统计资料、各种年鉴、电话簿、有关的书报杂志等等。

3. 广告开发

推销人员可以利用各种广告媒介来寻找潜在的顾客，如报纸、杂志、电视、广播、直接邮寄等。

4. 客户介绍

推销人员可以请现有的客户推荐、介绍潜在的顾客。这种方法的关键在于推销员首先要取得现有顾客的信任，然后利用现有顾客的社会联系，寻找更多的新顾客。

寻找到潜在的顾客后，还需要对他们进行评估，以确认是否真正值得开发。通过对潜在顾客的需求、支付能力等的审查，推销人员可以剔除那些没有成功希望的顾客，优先把时间和精力放在那些最有潜力的顾客身上，以减少不必要的支出和浪费，提高推销的成本效益。

（二）进行推销

潜在的顾客目标被确定后，推销人员就要马上着手与顾客接触，进行推销。通常有两大方面的活动：一是要做好推销前的准备工作，二是与顾客见面，推销产品。

通常推销前的准备工作通常包括：

（1）拟定推销计划。确定向顾客介绍的产品及该产品能充分满足顾客需求的特征和优点，然后制定推销方案，如准备洽谈的内容、发言的提纲等。

（2）与顾客约见。首先要能见到顾客，然后才有机会面谈、推销。约见主要是约定推销访问的对象、时间地点、目的，应方便顾客，有利推销。

(3) 安排访问路线。特别是在一天里访问多个顾客或连续访问时，合理的访问路线可以减少推销人员的旅途、等候时间，避免无谓的浪费。

(4) 进入面谈阶段。当推销人员与顾客见面后，就进入了关键性的面谈阶段。推销人员应运用其熟练的推销技巧去说服顾客购买产品。这实际上就是推销人员与顾客的信息沟通过程，因此，“AIDA”模式也完全适用于这个阶段。

(三) 售后追踪

产品售出后，推销活动并未就此结束，推销人员还应该与顾客继续保持联系，以了解他们的满意程度，及时处理顾客的意见，消除他们的不满。良好的售后服务，可以提高顾客的满意度，增加产品再销售的可能性。

推销人员也可以通过售后的追踪和评价，了解顾客的信用度，从中挑选出关键顾客，即购买额在企业全部销售额中占相当大的百分比，或者是将来有可能成为最大顾客的那部分顾客，对他们进行重点的管理，因为这些关键顾客对于企业的生存和发展有着重要的影响。

三、推销人员应该具备的素质

(一) 业务指导思想方面

推销人员必须热爱本职工作，真心实意地为消费者服务。推销人员受命于企业，服务于消费者。热爱本职工作，就是对企业的热爱，就能为企业兢兢业业地去工作、具有创造性地去工作，把企业的利益同自身的利益紧密地联系起来，从自身利益的角度去关心企业。热爱本职工作，就必须有高度的责任心，不怕艰苦、任劳任怨，为完成推销任务、改变推销环境而不懈地努力工作。推销人员肩负着联系企业与顾客的重任，对企业来说，推销人员是企业的代表，而对顾客来说，推销人员又是他们的参谋、顾问，因此，推销人员既要想企业之所想，又要想消费者之所想；既要急企业之所急，又要急消费者之所急。从消费者的利益出发，推销人员应具有用户第一、顾客至上、顾客是“上帝”的思想，全心全意地为消费者提供满意而周到的服务。从某种意义看，推销人员为消费者服务，也就是为企业服务，也就是想企业之所想，急企业之所急。有人认为，企业利益和消费者利益是彼此矛盾的，为企业服务，就不能为消费者服务；反过来，为消费者着想也就必然损害企业的利益。这种观点是十分错误的，他们不懂得企业利益和消费者利益的一致性。作为推销人员必须清楚这个道理，代表企业并积极大胆地为消费者服务。

推销人员要实现服务于消费者这一宗旨，必须具备两个条件：(1) 相信自己代表的企业、相信自己推销的产品、相信自己有能力完成推销任务；(2) 有丰富的商品知识及操作技艺，既能现场表演，又能提供周到并令人满意的售后服务。只有具备了这两个条件，才能够大胆地说服消费者、影响消费者，当好消费者的参谋和顾问。这就是说，推销人员是在先说服自己之后才去说服消费者的，做到心中有数，能够灵活地回答消费者提出的各种疑虑问题。

(二) 业务知识方面

推销人员必须具有丰富的企业、商品、用户、市场、心理学、美学等方面的知识以及风土人情、语言表达能力等。

所谓企业知识，主要包括企业的历史、在同行中的地位、生产能力、经营策略、产品种类以及服务项目、订价策略等。

所谓商品知识，主要包括商品的性能、结构、用途、用法、维修、保管等知识，同时还包括对竞争商品知识的掌握以及与自己推销的商品之间的差别。

所谓消费者知识，就是指对消费者的了解，主要包括消费者购买的决策权、购买的动机、习惯、方式、条件、时间等方面的知识或情况。

所谓市场知识，包括广义和狭义两个层面。其中，广义的市场知识包括市场的基本理论、体系以及同市场相关的其他的经济范畴，比如价格、产品、竞争等。狭义的市场知识是专指顾客的情况，比如顾客现实的购买力以及怎样才能增加其购买量；潜在消费者的状况以及对产品需求的发展趋势；目标市场环境以及影响其变化的因素等。推销人员所具备的市场知识是指后者而不是指前者。但是，要作为一个符合市场经济发展要求的高水平推销人员而言，不仅要了解狭义的市场知识，而且还要具有广义的市场知识，成为市场方面的“万事通”。

所谓心理学的知识，主要是指把握和了解消费者的心理活动规律。一个优秀的推销人员，能够通过与消费者的简单对话，就能够明白消费者在想什么，打算购买一种什么样的商品，并且能因势利导，实现消费者的心愿。

所谓美学知识，主要是指推销人员能根据消费者的不同审美观点，从各个不同的角度介绍产品的设计、花色、品种等，以便满足消费者的审美要求。要做到这一点，就需要懂得美学方面的知识。

所谓风土人情知识，主要是指推销人员要了解消费者的风俗习惯。市场是任何消费者都可以去的地方，中国又是个多民族的国家，有些地方杂居着许多民族，再加上人口的流动性，市场上随时都会有不同民族的消费者出现，再加上推销人员活动的范围相当广泛，如果懂得消费者的风俗习惯，就可以接近他们，同他们交往，并能取得他们的信任，成为他们的朋友，从而更好地完成促销任务。

所谓语言学方面的知识，包括很多内容，不能要求推销人员同语言学家一样，懂得语言学方面的各种知识，而只要求他们有较强的语言表达能力，能够运用准确的语言向消费者介绍商品以及有关的情况。随着我国改革开放的深入发展，国际交往的不断增多，要求推销人员还必须懂得一定的外语知识，以便于与外国消费者沟通思想，在更大的范围内来推销商品。

（三）操作技术方面

推销人员必须懂得自己所推销的产品的基本操作技术，并能进行现场表演，用以增强消费者对推销人员、产品、企业等方面的信任感。特别是高档产品和高技术产品，价格较高，消费者中间很少有人能全部掌握它的性能和操作技术，在购买时或多或少都有点碰运气的心理。如果推销人员懂得其操作技术，进行现场操作表演，就可以增强消费者的信心，解除疑虑，有利于达成交易。

（四）职业道德方面

推销人员必须具有良好的职业道德，竭诚为消费者服务，任何危害消费者的思想和行为都是不允许的。

（五）在交往活动方面

推销人员要学会运用公共关系学方面的知识，协调好企业与消费者之间的关系，沟通企业与消费者的联系，并为企业收集信息，协助企业做好经营决策。交往活动是一门艺术，在同消费者的交谈过程中，推销人员要举止适度、谦恭礼貌、仪表端庄、谈吐文雅、平易近人。如果发生矛盾，也要冷静、正确地处理，绝不能用语言来伤害消费者。如果消费者提出问题，推销人员一定要认真对待，冷静而又耐心地回答，既要尊重消费者，又要科学地回答消费者提出的问题，保证交谈过程的和谐气氛。

关于推销人员的素质不仅仅包括这五个方面，还包括其他方面的内容，比如身体素质、文化素质、有无开拓精神等。根据对推销人员素质的简单分析可以看出，推销工作对推销人员所提出的要求是很高的，并不是什么人都可以胜任推销工作的。

四、人员推销的管理

（一）销售人员的组织

销售人员的组织，主要应根据销售地区、产品性质和顾客组成来确定，同时还要考虑销售人员自身的素质。几种常见的组织形式有：

1. 按区域组织

按区域组织是普遍采用的一种形式，即按产品销售的不同地区，分派销售员。每一销售人员负责一个特定地区的全部销售任务。这种形式的优点是有利于销售人员与客户建立深厚的联系，容易发现新顾客，并且责任明确，减少了销售人员的流动性和支出费用。它主要适用于产品种类和品种较少的企业。如果产品种类和品种较多，完成销售任务就有不少困难。

2. 按产品组织

按产品组织指每个销售人员负责一种或一类产品销售任务。当企业的产品繁多时，可采用这种形式，按不同的产品分派销售人员。这样，销售人员可以深入掌握某一种产品的知识和推销技术，有利于实现销售。

3. 按顾客组织

按顾客组织指按照顾客的类型分派销售人员。有时，一种类型的产品，可供多种类型的用户使用。用户规模有大有小，业务性质也不相同。企业可将顾客分为不同类型，分派销售人员。这种形式可使销售人员较深入掌握某一类顾客的工作特点和需要，并与之建立密切的联系。

另外，有的企业也采用综合形式组织。如地区与产品结合、产品与顾客结合、地区与顾客结合等形式。

（二）销售人员的选择与培训

企业对合格（优秀）的销售人员应有明确的要求，这些要求或条件是挑选和培训销售人员的标准。一般来讲，合格的销售人员应具备以下条件：

(1) 了解公司的历史、目标、组织、财务及产品销售情况。

(2) 熟悉产品的制造过程、产品质量、性能、型号及各种用途。

(3) 掌握产品用户的需要、购买目的、购买习惯等。

(4) 了解竞争者的产品特点、交易方式及营销策略。

(5) 具有判断能力。能通过顾客的各种反应，准确判断其真意何在。

(6) 有较强的应变能力。在没有思想准备的情况下，能得体地应付突然出现的问题。

(7) 良好的表达能力。销售人员的工作性质是说服他人，良好的表达，是接近和打动顾客的必要条件。

（8）社交能力。销售人员要擅长社交，有与人共事的本领、获得很多朋友。

（9）熟练掌握各种销售方法和程序。

当企业无法直接选择符合要求的销售员时，就只能从挑选对象中择优进行培训。培训的方法主要有：讲课、讨论、示范、实习和以老带新等。

（三）销售人员的报酬和监督

报酬和监督都是调动销售人员积极性的有效方法。销售人员流动性大、工作艰苦、责任重，他们的报酬一般应高于企业其他人员。报酬合理与否直接影响到销售人员的积极性。我国目前销售人员的报酬形式有三种。

（1）工资加奖金。这种适用于不直接取得订货的销售员，如宣传销售员、主要从事技术服务的销售工程师。这种形式刺激性不强。

（2）多种形式的承包制。这种形式以销售员完成的销售量或利润额为基础，按承包合同规定的分成比例支付报酬。这种形式刺激性强，有利于调动销售人员的积极性。但这种形式重刺激轻管理，销售员可能不愿去做那些非直接销售的工作，如服务工作、情报工作等。

（3）工资与承包结合。这种形式是前两种形式的结合，可较好地综合它们的优点而又避免各自的缺点，即刺激与管理并重。

监督是调动积极性的另一个方面。定额是监督的工具，如销售量、利润、费用、开发新用户数、访问次数等。这些定额既是对销售员的考核指标，又是监督销售员的有效工具。另外，销售员的主管还可通过走访用户、信函和电话等了解销售员的工作情况，以便考察、指挥和帮助销售人员。

（四）销售人员的考核

考核是很必要的，它关系到销售员的报酬、调动、工作量的增减等问题。定额是考核的量的标准，还应从质的方面进行考核，例如能力的评价、思想品质的评价、工作态度、各种非定额任务的完成情况等。

第四节　营业推广

【本节任务】

理解营业推广的概念和特点；掌握营业推广的各管理过程。

一、营业推广的概念和特点

（一）营业推广的概念

营业推广也叫销售促进(Sales Promotion，SP)，是指企业在特定的目标市场中，为迅速地刺激需求和鼓励消费而采取的非经常发生的推销努力。简言之，就是一种直接刺激以求短期内达到效果的促销方法。营业推广手法多样，根据不同对象、不同产品可相应采取不同措施如赠送样品、陈列、演出、展示、有奖销售等。

（二）营业推广的特点

营业推广的形式多种多样，一般都具有两个相互矛盾的特点：

1. 见效迅速

营业推广的许多形式，对消费者或用户具有相当的吸引力，特别是对那些想买便宜货的消费者具有特殊的吸引力，似乎告诉消费者这是不会再有的机会，使消费者有一种机不可失的紧迫感，从而打破消费者购买某一特殊商品的习惯，以及消费者持币待购现象，因此，营业推广能够很快见到成效。

2. 贬低产品

营业推广的有些做法给顾客的印象是急于求售。如果频繁使用或使用不当，会引起顾客的疑虑和担心，怀疑产品的品质、价格和品牌，由此而降低产品的身价和地位。企业在采用营业推广方式时，应当研究这种负作用的可能性，防止出现负面影响。

二、营业推广的管理过程

营业推广的管理过程包括：营业推广目标的确立、营业推广方式的选择、营业推广方案的设计、营业推广方案的实施和评价。

（一）营业推广目标的确立

营业推广的目标主要由企业的营销目标而定，一般有三个方面的目标。

1. 以消费者为目标的推广

以消费者为目标的推广主要是刺激消费者购买，如鼓励现有产品使用者增加使用量、吸引未使用者试用、争取其他品牌的使用者等。

2. 以中间商为目标的推广

以中间商为目标的推广主要是鼓励中间商购买、销售企业产品，提高产品库存量，打击竞争品牌，增强中间商的品牌忠诚度，开辟新的销售渠道等。

3. 以推销人员为目标的推广

以推销人员为目标的推广主要是鼓励推销人员推销企业产品，刺激他们去寻找更多的潜在的顾客，努力提高推销业绩等。

（二）营业推广方式的选择

营业推广有许多不同的推广方式，以实现其不同的目标，而各种不同的方式仍在不断地被翻新。选择营业推广方式，必须充分考虑市场类型、营业推广目标、竞争情况及每一种推广形式的成本效益等各种因素。

1. 企业使用于消费者的营业推广方式

企业在某些时期，为了一定的需要而对消费者或用户开展一些营业推广活动，特别是厂商和零售商以及某些服务业，更热衷于直接针对消费者开展推广活动。其推广的方式主要有：

（1）赠送样品。如果产品有明显的竞争优势，目标在于吸引消费者采用，则产品样品可作为有效的促销工具，企业可以向消费者免费赠送试用样品，尤其是推出新产品时。这些样品可以挨户赠送，通过邮寄赠送，在商店里散发，附在其他商品中赠送，或在广告中公开赠送。

（2）折价券和消费卡。折价券或优惠券就是给持有人一个保证，他在购买某种商品时可凭此券免付一定金额的钱。折价券可以邮寄，附加在其他商品中，或在广告中附送，这种形式多被厂商所采用；消费卡多被零售业、服务业所采用。持卡人凭卡消费可以享受一定的折扣，消费卡既可以免费有目的地发放，也可以收取一定的费用售出。这种形式可以培养固定的消费者。

（3）特价包。特价包就是向消费者提供低于正常价格出售商品的一种方法。其做法是在商品包装或标签上附带标明。它可以是一种廉价包装，也可以是一种特惠价包装。特价包对刺激短期销售十分有效，被许多厂商所利用。

（4）赠品印花。当顾客购买某一产品时，企业给予一定数量的交易印花，若凑够一定数量后，则可以凭印花兑换某些奖品，以招徕生意，扩大销售。

（5）特价销售。为度过某些销售淡季或迎接某些特定节日，厂商或零售商往往会开展一些优惠酬宾、折扣让利等形式的促销活动，以刺激消费者购买。

（6）消费信贷。消费信贷是通过赊销、分期付款等方式推动商品或服务的销售，顾客不用支付现金或只支付部分现金即可先期取得商品使用权。对商品房、汽车等大件特殊商品，消费信贷有明显的促销作用。

（7）产品展销。通过参与和举办各种形式的商品展销，突出、集中、重点介绍商品，配合以特惠零售价，能有效刺激消费者购买。

（8）现场示范表演。在销售现场用示范表演的方法，介绍新产品的用途及使用方法，增加顾客对新产品的了解，刺激其购买。

（9）赠礼与兑奖。赠礼一般将赠送礼品附在包装内，对一些儿童、妇女用品，持别是食品，赠送小礼品是一种常见的营业推广措施，它能有效地刺激销售。兑奖一般是通过广告向社会公布中奖标识，一般在商品包装物上附有中奖标识说明，或在商品包装物之内，通过购买使用即可揭晓。消费者凭中奖标识可以到指定地点兑奖。

（10）竞赛、游戏。竞赛、游戏是通过组织消费者参与有关活动，让消费者有某种机会去赢得一些东西，如现金、旅游或商品，作为他们运气和努力的回报。

【营销故事】

打 1 折

商家打折大拍卖是常有的事，人们绝不会大惊小怪。但有人能从中创意出“打 1 折”的营销策略，实在是高明的枯木抽新芽的创意。

日本东京有个银座绅士西装店。这里就是首创“打 1 折”营销策略的商店，曾经轰动了东京。当时销售的商品是“日本 GOOD”。

具体的操作是这样的：先定出打折销售的时间，第一天打 9 折，第二天打 8 折，第三天、第四天打 7 折，第五天、第六天打 6 折，第七天、第八天打 5 折，第九天、第十天打 4 折，第十一天、第十二天打 3 折，第十三天、第十四天打 2 折，最后两天打 1 折。

商家的预测是：由于是让人吃惊的销售策略，所以，前期的舆论宣传效果会很好。抱着猎奇的心态，顾客们将蜂拥而至。当然，顾客可以在此打折销售期随意选定购物的日子，如果你想要以最便宜的价钱购买，那么你在最后的那两天去买就行了，但是，你想买的东西不一定会留到最后那两天。

实际情况是：第一天前来的客人并不多，如果前来也只是看看，一会儿就走了。从第三天就开始一群一群地光临，第五天打 6 折时客人就像洪水般涌来开始抢购，以后就连日客人爆满，当然等不到打 1 折时，商品就全部卖完了。

【即问即答】

请问：上述案例中，企业采用的是哪种定价策略？

【课堂讨论】

2013 年 1 月 11 日 11 时 11 分，一个非常特殊的时刻，DS 开启行业微信营销新时代。为了配合第二款国产车型 DS 5LS 的上市，DS 从 2014 年 1 月开始，通过“一元订车”、“订车宝”、“DS 众筹基金”三步走，开创了 DS 5LS 上市营销的新局面，成为了豪华车市场“微信营销”的先行者。随后，DS 在此基础上推出了“DS 合伙人计划”，利用粉丝的力量和圈子口碑的影响力，让每一个人都成为 DS 传播的一员。

扫描二维码阅读相关资料，讨论：DS 的微营销有何特点？其对传统促销策略将产生哪些影响？

“订车三部曲”玩转移动电商：http://auto.sohu.com/20140712/n404273108.shtml

2. 企业使用于中间商的营业推广方式

企业为取得批发商和零售商的合作，可以运用购买折让、广告折让、陈列折让、推销金等营业推广工具。

购买折让是指购货者在规定期限内购买某种商品时，每买一次就可以享受一定的小额购货折让，以鼓励购货者大量购买商品，尤其是那些通常不愿进货的新品种。中间商可以利用这种购买折让得到立即实现的利润、广告或价格上的补偿。企业为酬谢中间商替其做商品广告，往往要给中间商广告折让。中间商为生产企业商品举办特别陈列，企业要为其提供免费样品。当中间商购买某种商品达到一定数量时，企业要为其提供免费品。当中间商推销企业产品有成绩时，企业要给予中间商推销金，或免费赠送附有企业名字的特别的广告赠品，如钢笔、日历、笔记本、烟灰缸、领带等。

3. 企业使用于推销人员的营业推广方式

推销人员经常要将许多不同品牌的商品推荐给消费者使用，因此，企业常运用销售竞赛、销售红利、奖品等营业推广工具直接刺激推销人员。上面所讲的企业使用于中间商的营业推广方式也可使用于推销人员，包括中间商的推销人员和企业自有的推销人员。

(三) 营业推广方案的设计

企业市场营销人员不仅要选择适当的营业推广方式，而且还要做出一些附加的决策以制定和阐明一个完整的促销方案。营业推广的方案的设计，通常要考虑以下六个方面的因素：

(1) 推广的规模。推广的规模的确定要考虑成本与效益的关系。推广活动要获得成功，给消费者一定的奖励是必要的。但如果超过一定限度，规模的扩大不一定会带来效益的增加。

(2) 推广的对象。哪些消费者可以参加营业推广并获得奖励？一般来说，应奖励那些现实的或潜在的长期顾客。

(3) 推广的途径。推广的途径即要决定如何把营业推广方案向目标对象传送，如折价券，可以附在产品包装中，也可以通过广告媒体进行传送、分发。两种方式各有其不同的影响范围与成本。

(4) 推广的时间。其指营业推广活动持续时间的长短。如果时间太短，则许多可能的消费者还未来得及购买，无法享受推广的优惠；时间太长，则可能会给消费者造成不良印象，认为是变相减价或产生对产品质量等的怀疑。

(5) 推广的时机。应该在什么时候举行营业推广活动，通常要考虑产品的寿命周期、消费者的收入状况、购买心理、竞争状况等因素。同时也要考虑不同的促销工具、各部门之间的协调配合等情况。

(6) 推广的预算。预估营业推广的费用支出，可以有两种方法：一是自下而上，先确定各种具体促销方式的费用. 然后相加得出总预算；二是先确定企业促销的总费用，然后按一定的百分比来进行分配，确定营业推广的费用。

(四) 营业推广方案的实施和评价

1. 方案的预试

虽然营业推广方案是在经验较为丰富的基础上制定的，但仍应经过预试以确认所选用的方案是否适当，推广规模是否最佳，实施的途径效率如何。对于消费者市场面广的营业推广，可以邀请不同消费者对几种不同的可能的优惠方法作出评价，给出评分进行不同推广方式的比较，也可在有限的地区范围内进行试用性测试以选择较优的方案。

2. 方案的正式实施和控制

一个好的营业推广方案，能否实现其预期目标，将取决于实施阶段的努力，这种努力体现在以下两方面的工作上：一是对推广程序的控制，以求符合既定方案的思路；二是对一些不测事件的控制和必要调整，以求最大限度排除意外干扰的负面影响。

每项营业推广活动在时间上可分为两个阶段：(1) 准备阶段的准备时间。它包括以下各项工作所需时间：各种推广工具的策划时间，如广告的创意、设计、制作等所需时间；营业推广信息的传播时间，如材料邮寄或分送到户、广告播放或刊登等时间；促销人员的招募和培训等时间；产品包装的修改时间；赠品的选择与采购时间；零售点合理库存的分配时间，等等。准备时间必须充分、合理安排；(2) 销售延续时间。它是指从某一特别选择的起始日开始的一段持续的营业推广时间，在这期间，消费者由于受到吸引，如各种优待方法的刺激，而纷纷加入到购买者行列中来，掀起一个销售高潮。这段时间可长可短，视营业推广工具和目标等而定。短的如一周、十天，长的可达一两个月。营业推广的控制，是保证营业推广活动实现其方案构想的重要手段。

3. 方案结果的评价

企业可用多种方法对营业推广结果进行评价。评价程序随着市场类型的不同而有所差异。例如，企业在测定对零售商推广的有效性时，可根据零售商销售量、商店货档空间的分布和零售商对合作广告的投入等进行评估。企业测定对消费者推广的有效性可用以下几种方法进行评估。

(1) 比较推广前、推广期间和推广后的销售或市场占有率。在其他条件不变的情况下，增加的销售应归功于推广方案的影响。图 10 - 5 显示了推广对品牌市场占有率的结果。在推广前，企业品牌的市场占有率为6%。在推广期间，则上升为10%。这增加的4个百分点是由于吸引了有消费偏好的消费者前来购买以及品牌忠诚消费者因价格诱因而增加购买的结果。而推广一结束，消费者因储存过多的存货且正在设法消费，所以，品牌占有率跌至5%。等存货调整期一过，品牌占有率又回升至7%，表明增加了1个百分点的忠诚顾客。这在品牌质量不错，而又有许多非品牌使用者不知道本品牌的情况下，完全有可能。

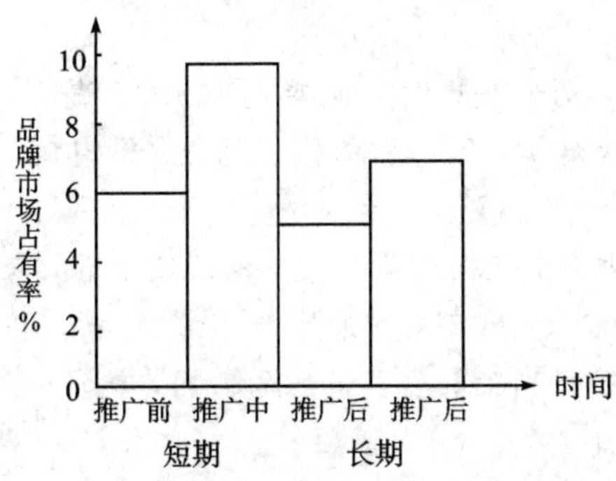

图10-5 推广对品牌市场占有率的结果

在大多数情况下，推广结果并不令人满意。可以想象以下两种不同的情况：第一种情况，品牌占有率在推广期间上升至10%，推广后立即跌至2%，经过一段时间又回升至6%。这表明：在推广期间，现有的顾客是主要购买者并且储存商品，推广期一过，他们便消费这些储存商品；最后又恢复到原来的正常购买率。所以，优待的结果在很大程度上表现在购买时间模式的改变，而不是购买量的持续提高。但是，企业在这种情况下的推广并不一定是浪费。特别是当存货过多，企业想暂停生产，尽早处理完存货时，此项推广更不失为有效的行为。第二种情况是，品牌占有率在推广期间只上升很少或没有改变，推广期一过就回落，且停留在比原来更低的水平上。这表明：该品牌基本上处于销售衰退阶段，推广只是使衰退缓慢下来，而无法使衰退停止或使情况好转。

测定推广效果的另一种方法，是在目标市场中找一组样本消费者面谈，以了解有多少消费者还记得推广活动，他们认为推广活动办得如何，有多少人从中获得利益，推广对他们以后的品牌选择行为有何影响。这种方法常用来选择研究某种推广工具对消费者的影响。

(2) 通过仔细安排好的实验来研究。这种实验可随着优待属性(如诱因价值、优待期间、优待分配媒体等)的不同而有所差异。优待属性的改变与地理区域的变换相搭配，可以了解不同地理区域的推广效果。同时，运用实验法还需做一些顾客追踪调查，以了解为什么不同的优待属性会有不同的反应水平。

(3) 消费者固定样本数据。消费者固定样本数据也可以用来评估消费者对推广活动的反应。国外的研究发现：优待通常促进了品牌转移，其比率则视具体优待方式而定。通过媒体送达的赠券引发了大量的品牌转移，而降价却没有这样明显的效果，附在包装内的折价券几乎对品牌转移没什么影响。尤其引人注意的是，消费者在优待过后，通常又恢复到原来偏好的品牌。

营业推广在整个促销组合中占有重要地位，它不仅给顾客带来某些实惠，而且在产品生命周期的不同阶段，运用不同的营业推广手段，并恰当地配以其他促销手段，就可能使企业实现其预期目标，如引导新产品迅速进入市场、巩固与提高市场占有率、暂时削减产品库存或有效地做撤退决策。而要实现营业推广目标，必须制订周密、完善的推广方案以及在实施方案过程中进行有效控制。

【营销故事】

一件货

对买新产品的商家来说，最吸引顾客的无非是“新”，如何再在“新”上继续作文章呢？

意大利有个莱尔市场，就是专售新产品的。有些新产品很畅销，许多顾客抢着购买，没抢到手的，要求市场再次进货，可得到的回答竟是：很抱歉，本市场只售首批，卖完为止，不再进货。

对此，有些顾客很不理解，还向旁人诉说。但从此以后，来这里的顾客中意就买，决不犹疑。不难看出，莱尔市场的“割爱”是个绝妙的创意，它能给顾客留下强烈的印象——这里出售的商品都是最新的；要买最新的商品，就得光顾莱尔市场。

这真是“新”上创新的创意！

第五节　公共关系与客户关系管理

【本节任务】

理解公共关系的概念和特点；理解公共关系的活动方式；理解客户关系管理的基本内容。

一、公共关系的概念和特点

（一）公共关系的概念

公共关系是指一个组织为改善与社会公众的联系状况，增进公众对组织的认识、理解与支持，树立良好的组织形象而进行的一系列活动。企业公共关系作为一种特殊的促销形式，包含了以下具体的内容：

（1）企业公共关系是指企业与其相关的社会公众的相互关系。这些社会公众主要包括：供应商、中间商、消费者、竞争者、信贷机构、保险机构、政府部门、新闻传媒等。企业不是孤立的经济组织，而是相互联系的社会大家庭中的一分子，每时每刻都在与其相关的社会公众发生着经济联系和社会联系。所谓企业公关，就是指要同这些社会公众建立良好的社会联系。

（2）企业形象是企业公共关系的核心。企业公共关系的一切措施，都是围绕着建立良好的企业形象来进行的，企业形象一般是指社会公众对企业的综合评价，表明企业在社会公众心目中的印象和价值。在激烈的市场竞争中，一旦企业建立了良好的形象，就拥有不凡的商誉：供应商愿意提供货源，甚至赊欠货款也可提供；中间商和消费者愿意购买产品；信贷机构和投资者愿意提供资金；企业也容易寻求合作伙伴开拓市场，从而使企业在竞争中占据有利地位。反之，一旦企业在社会公众中造成不良形象，则会逐步被市场所淘汰。

（3）企业公共关系的最终目的，是促进商品销售，提高市场占有率。表面上看，企业公共关系仅是为了建立良好的形象，同其他促销方式相比，企业公共关系活动的促销性似乎并不存在。但从本质上看，企业作为社会经济生活基本的经济组织形式，营利性是它的基本准则。公共关系的最终目的，仍然无疑是促进商品的销售。正因为如此，公共关系才成为促销的一种重要方式，只不过它是一种隐性的特殊促销方式。通过企业公共关系达成促销的目的，首先经历了一个树立企业形象的环节，经由良好的企业形象，企业首先推销了自身，从而促进自身产品的销售。

（二）公共关系的特点

公共关系是一种隐性的促销方式，它是以长期目标为主的间接性促销手段，其主要有以下几个特点：

（1）可信度高。大多数受众认为公关报道比较客观，比企业广告更加可信。

（2）传达力强。许多人对广告等信息传递方式本能地反感，并有意识地回避。而公共关系活动中的宣传报道是以新闻形式出现的，受众收看、收听和阅读的概率和兴趣较大，所以传达能力强。

（3）具有戏剧性。公共关系的活动和报道可使企业和产品戏剧化，具有趣味性，引人入胜。

（4）成本低廉。公共关系主要是利用信息沟通的原理和方法进行活动，它比广告成本少得多。如企业提供一个有趣的或有意义的活动，传媒会争相报道，企业可以不用付费，并且能产生较大的轰动效应。从投入和产出之比来看，公共关系是所有促销方式中成本最低的。

二、公共关系的活动方式

公共关系活动是一门综合性的艺术，它必须遵循一套科学的程序和步骤。这些步骤可归纳为调查研究、确定公关目标、制订公关对策、实施公关计划、反馈和评价公关效果。企业要有效地实施这些步骤，实现公关目标，就必须善于运用各种公关活动方式。常用的公关活动方式有以下几种：

（一）通过新闻媒介传播企业信息

通过新闻媒介传播企业信息是企业公关最重要的活动方式。通过新闻媒介向社会公众介绍企业和产品，不仅可以节约广告费用，而且由于新闻媒介的权威性和广泛性，使得它比广告更为有效。这方面的活动包括：撰写各种新闻稿件（如企业介绍、产品介绍、人物专访、特写等）、举行记者招待会、邀请记者参观企业等。

（二）加强与企业外部公众的联系

同政府机构、社会团体以及供应商、中间商等建立公开的信息联络，争取他们的理解。通过他们的宣传，加强企业及其产品的信誉和形象，如赠送企业产品或服务项目的介绍和说明以及企业月报、季报和年报资料等。

（三）借助公关广告

通过公关广告介绍宣传企业，树立企业形象。公关广告的形式和内容可概括为三种类型：

（1）致意性广告，即向公众表示节日致庆、感谢或道歉等；

（2）倡导性广告，即企业率先发起某种社会活动或提倡某种新观念；

（3）解释性广告，即就某方面情况向公众介绍、宣传或解释。

（四）举办专题活动

通过举办各种专题活动，扩大企业的影响。这方面的活动包括：举办各种庆祝活动，如厂庆、开工典礼、开业典礼等；开展各种竞赛活动，如知识竞赛、劳动竞赛、有奖评优等。

（五）参与公益活动

通过参与各种公益活动和社会福利活动，协调企业与社会公众的关系，树立良好形象。这方面的活动包括：安全生产和环境保护、赞助文体等社会公益事业、为社会慈善机关募捐等。

三、客户关系管理

（一）客户关系管理的概念

客户关系管理(Customer Relationship Management，CRM)最初是由加特纳集团提出的一种管理理念，目的在于建立一个系统，使企业在客户服务、市场竞争、销售及支持方面形成彼此协调的全新的关系实体，为企业带来长久的竞争优势。尽管自这一概念提出以来，还没有十分统一的定义，但总的来说，CRM 是一种旨在改善企业与客户之间关系的新型管理机制，其目标是通过提供更快速的优质服务吸引和保持更多的客户，通过对业务流程的全面管理降低企业的成本。

客户关系管理是一种企业发展的整体战略，是企业决策的基础，涉及企业的各个层面，团队协作是实现这一战略必不可少的条件。客户关系管理的核心是价值。在对客户的识别、保留和发展的整个生命周期里，对价值的评判始终是贯穿其中的核心问题。这种价值评判包括两个方面：一是企业为客户提供的价值的评价，二是客户对企业的价值贡献的评价。客户关系管理的实施过程是一个使关系增值的管理过程。客户关系管理实质上是对企业客户资产的增值管理。客户要成为企业的无形资产，两个必备的条件是：第一，企业与客户之间有事实关系存在，第二，对这种关系，企业有数据和文件记录来保证双方之间的双向沟通。显然，客户关系管理的实质就是对企业客户资产的增值管理。

（二）建立客户关系的步骤

企业与客户企业之间的关系的基础不是一个双方总和为零的游戏，而是一种双赢策略为基础的合作，主要通过双方的价值让渡来实现。在这种关系建立发展过程中，并不仅仅是价值让渡，还包括技术、信息的交流与良好的售后服务。根据企业与客户企业之间接触的层次与频度可以将企业与关键客户之间的关系形成和发展分成五个连续的阶段：(1) 关系开始之前阶段；(2) 关系发展早期阶段；(3) 关系发展阶段；(4) 关系稳定化阶段；(5) 关系制度化阶段。

在关系开始之前阶段，潜在客户(企业)对供应商知之甚少，营销人员是客户获取供应商企业信息的主要来源。对有的客户来讲，营销人员与供应商是同一概念，因此在关系开始之前阶段，企业能否引起客户的重视主要取决于营销人员。

当客户开始试用产品时，就进入了关系发展的早期阶段。这一阶段客户按有关程序进行有关技术指标测试与产品试用，并可能根据需要作一定的生产投资。对关键客户营销人员应在这一过程中尽力缩小同客户(人员)之间的距离，这对下一步建立良好关系大有益处。虽然在这一阶段营销人员可通过努力增加一点订单，但良好关系的建立与发展，主要取决于客户对企业产品与供应商潜在关系价值的评价。

在关系发展阶段，随着订货数量的增加，客户（企业）通过营销人员在特定事情的处理，对供方的产品、管理有了较全面的了解，同时双方信息、情感交流增加，彼此距离缩小。在这一阶段营销人员与客户（人员）之间关系的良性互动对双方的业务量及关系发展影响很大。

在经过较长的关系发展阶段，随着业务量的扩大，企业彼此之间构成重要影响。这时双方的高层领导就会参与到关系发展中来，并成为关系稳定与发展的核心。这样就进入了稳定化阶段。相比而言，这时营销人员的重要性就相对减弱。在这个阶段双方在彼此默认的规划指导下进行交易。

在稳定化关系为双方带来了巨大益处后，这种合作的愿望将会进一步加强，就可能进入关系制度化阶段，即双方明确彼此的特殊关系，并且制定出特定交易程序，以维护这种关系利益，如定点制造等形式均属此阶段。

【知识拓展】

请扫描二维码阅读“解析万科万客会：大数据时代的客户关系如何做？”

http://yn.winshang.com/news-283558.html

（三）客户关系管理的要点

1. 用长远的观点评价客户

在关系建立前期，尤其是关系开始之前阶段与关系发展阶段，营销人员的作用是相当重要的。营销人员对待客户的态度直接影响着企业与客户的关系。用长远的观点评价客户要求营销人员要用伙伴的态度对待客户，对双方建立良好关系应积极主动。营销人员是否持有该观点对关系建立与发展至关重要。尤其在建立关系的早期与发展这两个阶段，由于这两个阶段时间较长，这就要求营销人员既要有信心又要有耐心。那种持一锤子买卖心理的营销人员很难经受这漫长的等待，因此，他们很可能在关系发展的早期阶段同客户就中止了关系的发展。这样客户潜在价值就不可能充分挖掘出来。目前国内不少企业与营销人员的关系处于买卖关系或收入与销售业绩直接挂钩的关系，这使得营销人员迫于销售等方面的压力，不得不追求短期效益，这种营销管理方式随着营销环境进一步的变化，不利之处将日趋明显。

2. 真诚对待客户

真诚地对待客户能增加客户的信任与满意度，能够加强同客户的交流。而通过与客户的交流可获得客户特别需要的重要信息，进而使得为顾客提供满意的服务成为可能。这一点在关系建立早期阶段甚至整个关系发展过程中都很重要。

3. 了解客户的需求

了解客户的需求也很重要。当一个营销人员不了解顾客的需要，他是不能为客户解决任何问题的。要了解客户的需求时，就得学会倾听客户的意见。对重要的客户，一个成功的营销人员就应从供应商的位置跳到客户顾问的角度，同客户共同分析、解决有关问题。当客户认为营销人员是一个有价值的新点子来源时，客户就会同营销人员进一步谈及其工作中所需解决问题的细节，这样营销人员对客户越了解，双方之间的关系就会越牢固。

4. 守信用

守信用包括两方面的含义：一是不能讲无法办到的事，二是讲了的事就得办。有些营销人员为了一时获取客户的满意，随意许诺，结果有些事无法兑现，这对于建立长期客户关系是不适用的。另一方面，有时营销人员在得到订单后，又会因眼前利益而违背之前的协定。守信用，不仅在关系建立的早期，而且在关系建立与发展的整个过程，均应严格遵从。

【营销故事】

东方饭店的亲情化服务

企业家A先生到泰国出差，下榻东方饭店，这是他第二次入住该饭店。

次日早上，A先生走出房门准备去餐厅，楼层服务生恭敬地问道："A先生，您是要用早餐吗？"A先生很奇怪，反问"你怎么知道我姓A？"服务生回答："我们饭店规定，晚上要背熟所有客人的姓名。"这令A先生大吃一惊，尽管他频繁往返于世界各地，也入住过无数高级酒店，但这种情况还是第一次碰到。

A先生愉快地乘电梯下至餐厅所在楼层，刚出电梯，餐厅服务生忙迎上前："A先生，里面请！"

A先生十分疑惑，又问道："你怎知道我姓A？"服务生微笑答道："我刚接到楼层服务电话，说您已经下楼了。"

A先生走进餐厅，服务小姐殷勤地问："A先生还要老位子吗？"A先生的惊诧再度升级，心中暗忖："上一次在这里吃饭已经是一年前的事了，难道这里的服务小姐依然记得？"服务小姐主动解释："我刚刚查过记录，您去年6月9日在靠近第二个窗口的位子上用过早餐。"A先生听后有些激动了，忙说："老位子！对，老位子！"于是服务小姐接着问："老菜单？一个三明治，一杯咖啡，一个鸡蛋？"此时，A先生已经极为感动了："老菜单，就要老菜单！"

给A先生上菜时，服务生每次回话都退后两步，以免自己说话时唾沫不小心飞溅到客人的食物上，这在美国最好的饭店里A先生都没有见过。

一顿早餐，就这样给A先生留下了终生难忘的印象。

此后三年多，A先生因业务调整没再去泰国，可是在A先生生日的时候突然收到了一封东方饭店发来的生日贺卡：亲爱的A先生，您已经三年没有来过我们这里了，我们全体人员都非常想念您，希望能再次见到您。今天是您的生日，祝您生日愉快。

A先生当时热泪盈眶，激动不已。

虽然泰国的经济在亚洲算不上最发达，泰国的东方饭店却堪称亚洲饭店之最，几乎天天客满不说，入住更是需要提前预订。

是什么令东方饭店对大都来自西方发达国家的客人充满如此魅力？仅仅因为泰国的旅游风情吗？抑或是其独到的人妖表演？都不是，其征服人心靠的是几近完美的客户服务和一套完善的客户管理体系。

西方营销专家的研究和企业的经验表明："争取一个新客户的成本是留住一个老客户的5倍，一个老客户贡献的利润是新顾客的16倍。"这就是现在经常提及的客户关系管理的实质。

本章小结

企业的促销活动种类繁多，主要分为：人员促销与非人员促销，具体来说可分为四种，即人员推销、广告、营业推广和公共关系。

影响促销组合策略的因素涉及促销目标、产品类型、市场状况、企业策略、产品寿命周期和促销预算。

衡量和选择广告媒体时应考虑广告媒体的传播范围、消费者接触媒体的习惯、广告媒体的频率、广告媒体的影响力、广告媒体的成本等因素。

人员推销是由企业派出推销人员或委派专职推销机构人员直接向潜在购买者进行宣传介绍活动，使其采取购买行为的促销方式。

营业推广也叫销售促进，是一种直接刺激以求短期内达到效果的促销方法。营业推广的管理过程包括：明确活动的目标，选择营业推广的手段，确定活动的时机、强度和范围，制定活动方案以及方案的实施和评价等。

公共关系是指一个组织为改善与社会公众的联系状况，增进公众对组织的认识、理解与支持，树立良好的组织形象而进行的一系列活动。

测试练习

一、名词解释

1. 广告策略　2. 人员推销　3. 营业推广

二、填空题

1. 企业的促销活动种类繁多，具体来说可分为四种：(　　)、(　　)、(　　)和(　　)。

2. (　　)是在短期内采取一些刺激性的手段(如赠券、折扣等)来鼓励消费者购买的一种促销活动。

3. 影响促销策略选择的因素包括(　　)、(　　)、(　　)、(　　)、产品寿命周期和(　　)。

4. 消费者获取商品信息的来源主要有四种，即商业来源、(　　)、(　　)和(　　)。

5. 一个有效的人员推销过程至少应包括三个程序：(　　)、(　　)和售后追踪。

6. 公共关系是一种隐性的促销方式，其特点主要有(　　)、(　　)、(　　)和(　　)。

三、选择题

1. 下列促销手段中，属于推式策略的促销手段是(　　)。

A. 广告　　　　B. 营业推广
C. 人员推销　　D. 公共关系

2. 企业在适当地点设置固定的门市，有营业员接待进入门市的顾客，推销商品，这种推销方式属于(　　)。

A. 上门推销　　B. 柜台推销
C. 会议推销　　D. 户外推销

3. 推销员在不了解顾客的情况下，运用判断的手段激发顾客产生购买欲望的策略属于(　　)。

A. 试探性策略　　B. 针对性策略

C. 诱导性策略　　D. 逼迫性策略

4. 公共关系作为企业促销手段之一，其目标主要在于(　　)。

A. 扩大产品销售　　B. 增加盈利

C. 树立良好的企业形象　　D. 增加竞争实力

四、思考题

1. 什么是促销组合？几种主要的促销方式的优缺点分别是什么？

2. 什么是人员推销？人员推销有哪些特点？

3. 推销人员应具备什么素质？

4. 广告的媒体有哪些？选择广告媒体受哪些因素影响？

5. 什么是营业推广？营业推广的方式有哪些？

6. 什么是公共关系和客户关系管理？客户关系管理有哪些要点？

五、案例分析题

只有一名乘客的航班

随着现代社会流动性的加大以及交通工具的发展，航空公司交通事业日益繁荣，航空公司之间的竞争也日趋加剧。各航空公司为了争取客源，保持赢利，除了提高技术手段外，都努力在增强“服务意识”上下功夫，以求在竞争中立于不败之地。

英国航空公司所属波音747客机008号班机在准备从伦敦飞往日本东京时，因故障推迟起飞10小时。为了不使在东京候此班机回伦敦的乘客耽误行程，英国航空公司及时帮助这些乘客换乘其他公司的飞机。190名乘客接受了英航公司的妥当安排，分别改乘别的班机飞往伦敦。其中有一位日本老太太叫大竹秀子，说什么也不肯换乘其他班机，坚决要乘英航公司的008号班机不可。

按照一般理解，第一，这位日本老太太的要求实在太过分，甚至可以说是无理，完全不必理睬；第二，专为她一人飞，要造成很大损失，而不接受她的要求，不会有很大的不良影响。但令人吃惊的是，英航公司最后竟答应了她的要求，原拟另有飞行安排的008号班机照旧飞回伦敦。于是，一个罕见的情景出现在人们面前：从东京到伦敦，长达13000公里的航程，有353个飞机座椅的飞机上只有大竹秀子一个乘客，有6位机组人员、15位服务人员为其提供周到的服务。有人估计此行英航公司至少损失10万美元。

从表面上看，这确实是个不小的损失。但是，英航公司由此获得的声誉却是无法估价的。不必由他们自己宣传，新闻界就已经把这件事宣传得妇孺皆知了。英航公司“顾客第一，服务第一”的行为，在世界各国来去匆匆的顾客心目中换取了一个用金钱也难以买到的良好形象。

案例思考：

1. 从促销角度看，英航公司的此举动属于什么类型的促销？

2. 英航公司付出如此大的代价值得吗？

六、实训练习

1998年10月中旬，绿之源生物工程有限责任公司与武汉各大专院校合作，由各校学生会派人把一种特殊媒介的广告宣传品——信箱广告，粘贴在每个学生寝室的门上。这个信箱由硬质纸做成，长17.5厘米，宽16厘米，厚1厘米，可以插进书信、报纸、留言条等。信箱背面贴有一层胶面，只需往寝室门上一贴，就安装好了。整个信箱做工精细、结实耐用、美观大方。信箱的上方印有一个横向的、与真实的饮料瓶外观一致的精美图案，并且根据男女生寝室的不同，分别设计了不同的图案和文字。两种信箱都在醒目的位置上印出了产品名称："绿之源，螺旋藻饮品。"

这种信箱广告一贴出，同学们便争相观看，几个小时之内几乎所有的学生都知道了"绿之源饮品"，连平时喝惯了可乐、雪碧等碳酸性饮料的学生，也开始关注起"绿之源"。

请你为"绿之源饮品"另外设计一个独特的校园促销方案。

第十一章 市场营销管理

【营销格言】 尽量创意是市场营销的核心内容，但财力却是最基础的条件，没有金钱作为支撑，市场营销只是“空中楼阁”。

【本章结构】

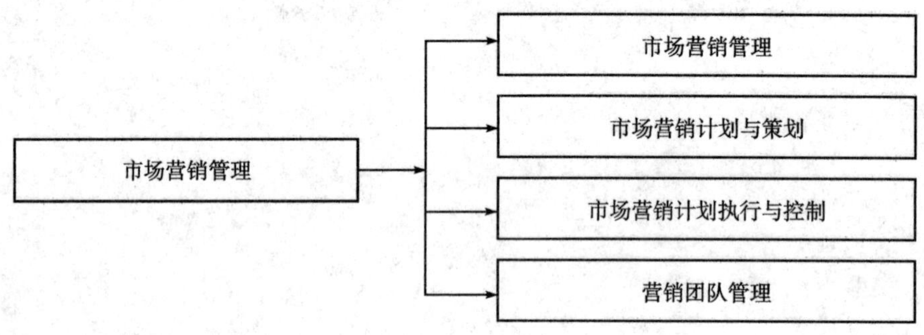

【案例导入】

蓝色巨人的兴衰

IBM一度被称为世界上最了不起的、行业中也最了不起的企业，IBM的形象也一直是一个身穿西服岿然屹立的蓝色巨人。但20世纪90年代初，这家公司重重地跌了一跤：公司首次亏损额达50多亿美元，公司市值下降68%，并裁员20万人。在IT业中，市场领袖已经成为微软和英特尔。IBM怎么了？

1981年前，IBM的年增长率一直在10%以上，1980年，销售额达到400亿美元。如果公司继续以这个速度增长，预计到1990年，销售额将达到1000亿美元。经过分析和讨论，IBM的高层经理们认为，IBM应该并且能够实现这一目标。为了实现这一目标，公司加速了在20世纪70年代即已经开始的生产能力和员工扩张计划。1990年初，IBM为每年做1000亿美元的大生意做好了准备，但不幸的是，1990年销售额只有500亿美元，过剩的生产能力和员工压得公司透不过气来！

有人将IBM的衰落归咎于技术落伍。但实际上，公司的研发力量接近行业内其他企业的总和。虽然对IBM的兴衰仁者见仁，智者见智，但有一点却是谁也不容忽视的：IBM忘了自己的业务。多年来，IBM一直是大企业的一站式信息服务商。IBM承诺提供有效、优质的技术和卓越的整套服务支持，并通过与顾客保持紧密的联系成为顾客不可缺少的“信息、办公、计算”的顾问和伙伴，因此，可以说，IBM销售的是一种信息处理和办公能力。但后来，受计算机市场的诱惑和过分膨胀的生产能力的压力，IBM错误地走上了“销售产品”之路。他们错误地认为，IBM与顾客的关系基础是IBM产品，是机器，而不是可靠的系统服务，因此当IBM转向“销售产品”时，顾客很快发现其他公司所提供的产品更加物美价廉，于是他们离开了IBM。

后来，IBM新任的行政总监重新调整了策略，重新致力于成为全方位服务供应商，重视为客户解决问题，而不仅仅是销售机器，致力于带领大企业进入网络世界，在咨询、系统集成、网络服务、教育培训等方面为客户提供帮助，同时重新构建客户关系和员工关系。1996年，IBM 重新站立了起来，年收入达 760 亿元，较上年增长了 9%。

思考：

IBM 的兴衰是什么原因造成的？企业在营销中为什么要重视客户关系管理？

第一节　市场营销组织管理

【本节任务】

了解市场营销组织的演进过程；了解营销组织的形式；掌握营销组织设置的原则；了解市场营销组织设计的程序。

所谓市场营销组织是指企业内部涉及市场营销活动的各个职位及其结构。由于对营销的界定持续地与时俱进，所以使得营销不断肩负起新的责任。对营销观念的改变，营销组织的本质、结构也会随之改变。

一、市场营销组织的演进

现代市场营销组织是由长久演进而来的产物。在市场经济发达的西方国家，市场营销组织的发展大体经历了五个阶段：

1. 简单的销售部门

所有的公司都是从四个简单的功能开始：公司必须要有人负责筹措与管理资金(财务)，生产产品或服务(生产)，将产品售出(销售)及管理帐目(会计)。此时销售部门通常由一名副总经理负责，他主要是管理销售力如销售人员，有时自己也做一些销售工作，同时也兼任一些市场调研或广告促销工作。

2. 具有附属功能的销售部门

随着市场竞争的日趋激烈以及公司规模的扩大，企业需要进行持续的市场调研、广告以及顾客服务等活动。营销副总经理必须雇佣专人来完成这些活动，于是许多企业设立了市场营销主管的职位，全权负责此类工作。

3. 独立的营销部门

随着公司业务的成长，与销售有关的工作，如市场营销调研、新产品开发、广告与销售促进、顾客服务等，其重要性逐渐有凌驾销售力之势。市场营销成为一个相对独立的职能，作为市场营销主管的市场营销副总经理与负责销售工作的销售副总经理一同负责。此时销售和营销可视为两个平行的职能，两个部门应该紧密相互配合。

4. 现代营销部门

虽然销售副总经理和营销副总经理的工作理当步调一致，但实际上他们之间的关系常常带有互相竞争和互不信任的色彩。销售副总经理不满销售人员在营销组合中的地位有所下降，而营销副总经理则要求在非销售人员的预算上有更多的权利。营销副总经理的任务是确定机会，制定营销战略和计划；销售副总经理的责任则是执行这些计划，因此营销副总经理会花较多的时间在计划上，从长计议，争取获得满意的市场份额；而销售副总经理，依赖于实践经验力争完成销售任务。当销售部门和营销部门的矛盾和冲突太大时，许多公司采取了由营销副总经理全权处理这类事物，包括负责对销售队伍的管理，从而形成了现代营销部门的基础，即由营销副总经理领导营销部门，管理下属的全部营销职能，包括销售管理如图 11－1所示。

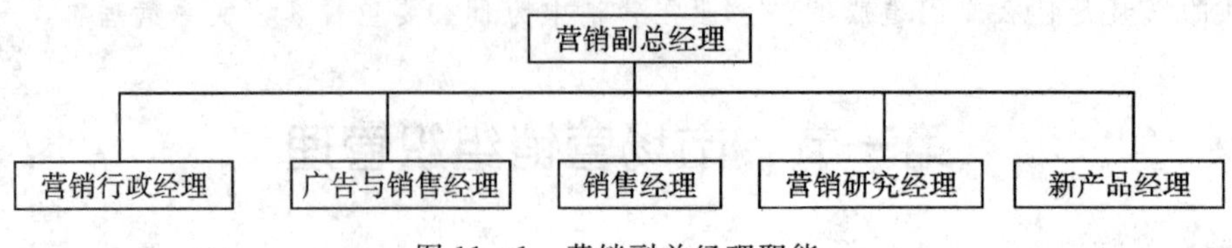

图 11－1　营销副总经理职能

5．现代市场营销企业

一个公司可能有一个出色的营销部门，但在营销上也可能会失败，因为营销成果也取决于公司的其他部门及每一位员工对顾客的态度和他们的营销责任感。只有公司的全体员工，所有部门都认识到他们的工作是公司的顾客所给予的，“市场营销”并不只是营销部门的工作的时候，这个企业才能成为有效的营销公司。

二、营销组织的形式

为了实现企业目标，市场营销经理必须根据自己所处的市场营销环境以及企业实际情况来选择合适的市场营销组织形式。大体上，市场营销组织可分为以下几种组织形式：

1．功能式组织

功能式组织是最古老的也是最常见的营销组织形式。它是由各营销功能专家组成并由营销副总经理负责协调各功能活动如图 11－2 所示。图中显示了各种专家：营销行政管理、广告促销经理、销售经理、营销研究经理及新产品经理。当然其他的功能专家也可以在营销部门中，如顾客服务经理、行销规划经理、实体配销经理等。

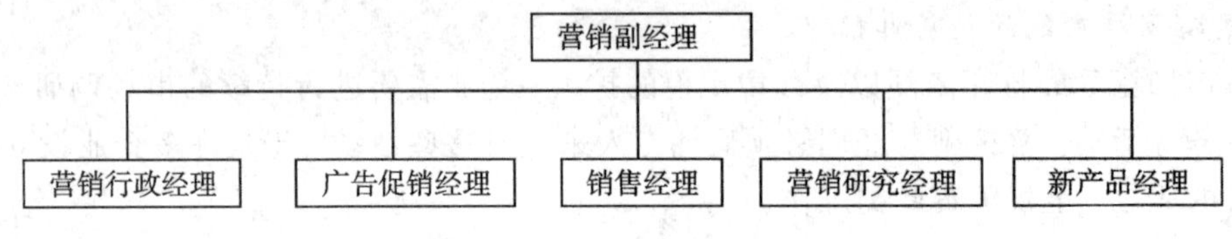

图 11－2　功能式组织结构

功能营销组织的主要好处在于其管理的简单性，但另一方面这种形式也会因公司产品及市场的成长而失去其有效性：第一，由于没有专人对任何产品或市场负责，所以对特定的产品及市场没有足够的规划和完整的计划。第二，功能小组为了争取更多的预算，更高的地位，明争暗斗，营销副总经理可能经常处于调解纠纷中，而无法脱身。

2．地理性组织

如果一个企业的市场营销活动面向全国甚至更大范围，就可以按地理区域设置其营销组织，如图 11－3 所示。

该组织机构设置包括一名负责全国销售业务的销售经理，若干名区域销售经理、地区销售经理和地方销售人员。从全国市场销售经理到地方销售人员，所管辖下属人员的数目即“管理幅度”逐级增加。

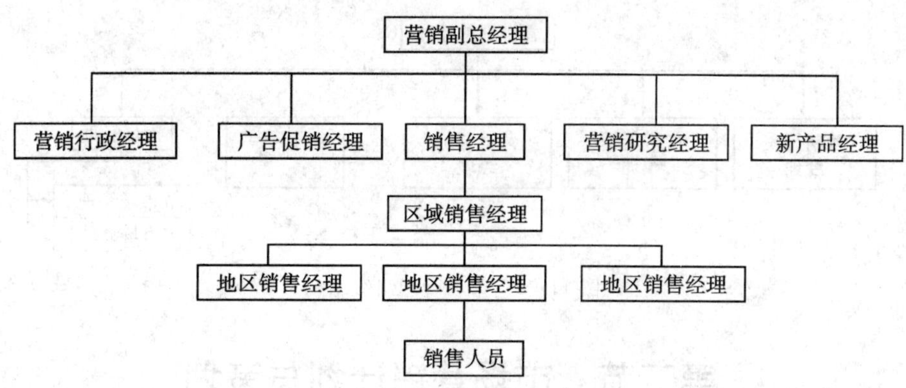

图 11－3　地理性组织结构

3. *产品管理组织*

当企业所生产的各产品差异很大，产品品种太多，以至按功能设置的市场营销组织无法处理的情况下，建立产品管理组织制度是非常有必要的。这个管理组织并非取代功能性管理组织，而是增加另一个管理层次而已，如图 11－4 所示。

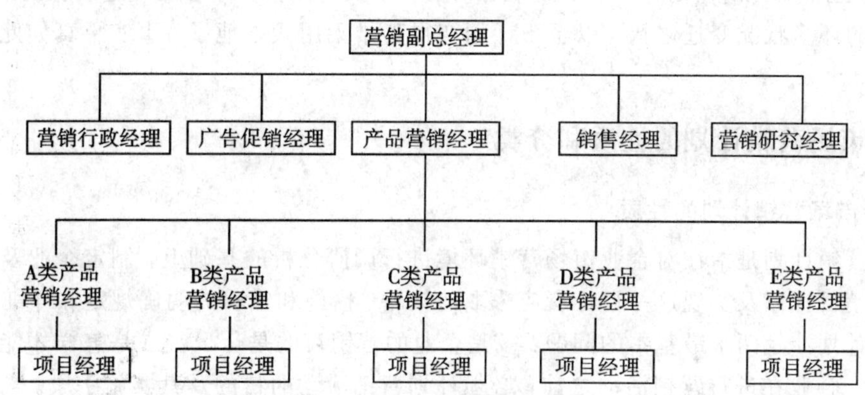

图 11－4　产品管理组织结构

产品管理组织可能带来许多好处：第一，产品营销经理可协调各种市场营销职能；第二，产品营销经理能对市场变化作出更加敏捷的反映；第三，由于有专门的产品经理，那些较小品牌的产品可能不会受到忽视；第四，产品管理是年轻主管的最佳训练场所，因为它涉及公司营运的所有领域。

产品管理组织也可能存在一些弊端：第一，它缺乏整体观念，各个产品经理可能会各自为战，会为了自己的产品利益而与其他产品经理产生矛盾摩擦；第二，由于产品经理权力有限，则不得不依赖同广告、销售、生产部门以及其他部门的合作，但这种合作往往不易得到支持。

4. *市场管理组织*

当企业拥有单一的产品大类，面对各种不同偏好的消费群体时，市场管理组织是行之有效的组织形式，其结构如图 11－5 所示。如美国钢铁公司将其钢铁卖给铁路、建筑及公用事业等产业部门。市场管理组织与产品管理组织相似，由一个总市场经理管理若干细分市场经理。这种组织形式的优点在于：市场营销活动可以按照满足各类不同顾客的需求来组织和安排，真正实现了“以顾客为中心”，使营销活动更有针对性，更有利于市场开拓和销售提升。

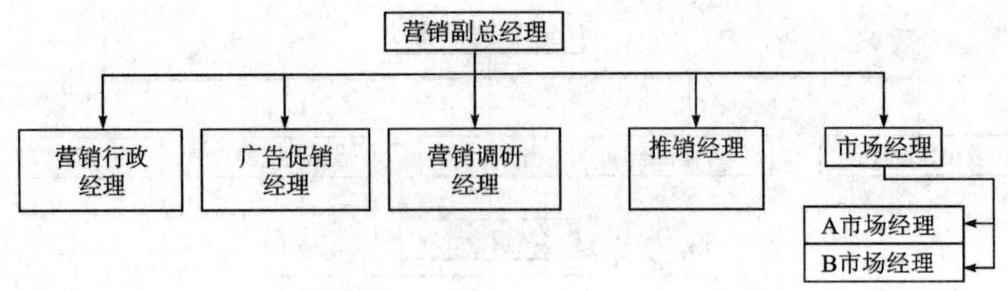

图 11-5　市场管理组织结构

第二节　市场营销计划与策划

【本节任务】

理解市场营销计划的性质和分类；掌握市场营销策划工作流程。

有人说过："假如你不具备计划的能力，那么你便准备迎接失败吧！"这说明了营销计划的重要性。当然，营销计划并非有趣的工作，在着手执行之前，你必须经过漫长的准备。也有人说当今的环境状况变迁之快，以至于计划变得英雄无用武之地了。事实果真如此吗？答案是否定的。

一、市场营销计划的性质和分类

(一) 市场营销计划的性质

企业营销计划是指在对企业市场营销环境进行调研分析的基础上，制定企业及各业务单位的对营销目标以及实现这一目标所应采取的策略、措施和步骤的明确规定和详细说明。

营销计划涉及两个最基本的问题：一是企业的营销目的是什么？二是怎样才能实现这一营销目标？企业在进行营销活动之前，必须计划营销活动的目的及其实施手段。离开营销计划的活动是盲目、脱离实际的，即便完成了也将是混乱和低效率的。

企业制度营销计划的作用主要体现在：(1) 营销计划促使企业内部各部门和全体员工明晰工作方向，并保持相互协调一致；(2) 营销计划使企业集中精力，及时利用机会，降低风险；(3) 营销计划使营销活动按照指定内容实施，避免不必要的浪费，节约营销成本；(4) 营销计划有利于企业加强对营销活动的有效控制。

(二) 市场营销计划的分类

面临复杂的市场环境，企业需要不断应其变化制定营销计划，不同的要求和目的计划形式也有差别。科特勒曾列出企业的 8 种计划：公司计划、事业部计划、产品线计划、产品计划、品牌计划、市场计划、产品/市场计划、功能计划。这些计划有些直接就是营销计划的内容，另一些计划则需要贯穿企业整体经营活动过程。企业实际的营销活动中，营销计划往往表现为以下几类形式：

1. 战略性营销计划和战术营销计划

战略性营销计划是企业针对所有营销活动所制定的计划，是对企业将在未来市场占有的地位及采取的措施所做的总体营销规划，涵盖范围广，是企业战略目标的具体体现。战术营销计划又称项目营销策划，是针对营销工作的某个层面、某个对象、某个具体项目做出的具体活动计划，内容集中度高，针对性强，比如：新产品推广计划、品牌形象宣传计划、产品市场推广计划、促销计划、公关计划、渠道计划等。

2. 长期营销计划和短期营销计划

长期营销计划是企业对营销活动在相当一个时期的活动安排，更侧重于为企业的营销战略思考，层次高、涉及面广。短期营销计划指企业对眼前的经营活动制定更具体的行动措施，比如某汽车公司的年度营销计划、某家电企业的年度知名度促进计划、某服装企业的季度促销计划。

值得注意的是，营销计划是营销战略分解的具体的实施方案，需要注意其可行性和可操作性。

二、市场营销策划

市场营销策划是根据企业的营销目标，以满足消费者需求和欲望为核心，设计和规划企业产品、服务和创意、价格、渠道、促销，从而实现个人和组织的交换过程。市场营销策划适合任何一类产品，包括无形的服务，它要求企业根据市场环境变化和自身资源状况做出相适应的规划，从而提高产品销售，获取利润。

一个完整的市场营销策划方案，形式上由：封面、目录、内容摘要、策划内容、封底组成，其中内容摘要部分需要概括说明本策划主要的策划背景、总体目标、任务对象和建议事项，摘要给整份策划书起统领和介绍作用，目的是让策划决策者和审议者能够迅速把握本策划的要点。

具体的市场营销策划流程包括八个步骤，如图 11－6 所示。

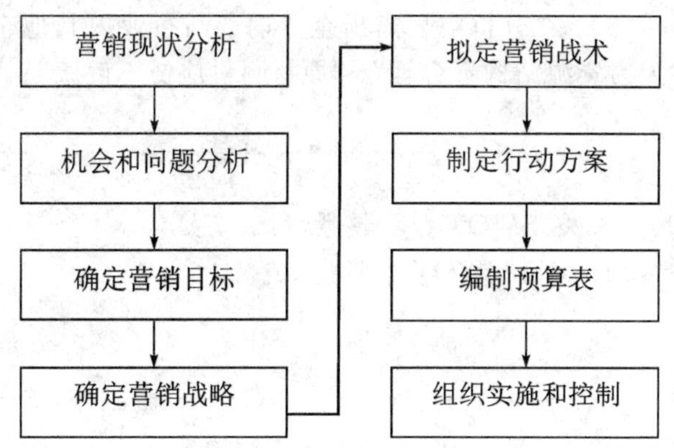

图 11－6　市场营销策划流程

（一）营销现状分析

营销现状分析是对企业所处的社会客观环境、市场环境以及产品状况、竞争状况、分销状况等方面的调查研究。

（1）宏观环境。这部分描述社会宏观环境现状和发展趋势，涉及人口、经济、技术、政治法律、社会文化等方面对企业营销活动的影响。

（2）市场状况。营销计划需要了解一系列市场背景，包括市场规模和容量、市场增长状况、过去几年市场总销量、细分市场状况，以及顾客需求、品牌认知、购买行为等内容。

(3) 产品状况。产品状况分析需要考虑近几年有关产品的价格、销售、边际收益和净利润等。

(4) 竞争状况。竞争状况分析本企业及产品的主要竞争对手，了解对手的产品特征、生产规模、发展目标、市场占有率，并且分析其营销战略和策略，了解其发展意图、方向和行为，为本企业制定对应策略打好基础。

(5) 分销状况。分销状况阐述企业分销渠道的销售规模、地位、策略、管理能力等内容。这部分是对所有形态的分销渠道的总体对比研究，从管理能力上还要了解具体一个分销实体的激励方案的科学性、有效性和费用等。

(二) 机会和问题分析

营销策划者在进行上述现状的分析后，找出关于企业营销或者生产、产品、品牌、分销等方面的形式，然后进行 SWOT 分析，从而提出下一步的目标和对应策略。

(1) 机会(Opportunities)。企业营销机会是营销管理的重要任务之一，要求从环境现状分析中寻找新的市场需求；从企业内部经营资源中，找到诸如资金、技术、生产、分销中的有利条件，决定自己的发展方向和努力目标，使之成为营销计划中的突破点。如“产业政策支持”、“强强合作，资源互补”、“国家鼓励行业发展”等。

(2) 威胁(Threats)。在分析现状时通过大量可靠数据，找出营销环境中的问题，包括企业面临的严重竞争局面、原有良好的市场不可控制地逐渐萎缩等，以便在计划中采取必要的对应手段。如“新的竞争者进入”、“竞争对手加大促销力度”、“冒牌产品横行”等。

(3) 优势(Strengths)。企业优势将在分析中体现，如优于竞争对手的企业资源、经营管理能力、独有的生产技术优势等，这些因素是企业开发机会、对付外来威胁的关键力量。如“产品属于名牌”、“有 50 年的生产经验”、“在行业内属于较大规模生产”。

(4) 劣势(Weaknesses)。在分析中显露出企业内部与行业内其他企业的一些能力差别。如“生产设备老化”、“人力资源结构不合理”、“原材料供应链不健康”。

【知识拓展】

请扫描二维码阅读有关“SWOT 分析模型”的更多知识。
http://wiki.mbalib.com/wiki/SWOT 分析模型

(三) 确定营销目标

市场营销策划的目标是策划中最基本的要素，是企业营销活动所要达到的最终结果。营销目标一般包括以下内容：销售量、销售利润率、市场占有率、市场增长率、产品/品牌知名度和美誉度等。例如：“在明年度获得总销售收入 2 千万元，比今年提高 10%”、“经过该计划的实施，品牌知名度从 15%上升到 30%”、“扩大分销网点 10%”、“实现 390 元的平均价格”。

此外，产品经理可为产品确立财务目标，如：“在明年度，净利润达到 200 万元”、“下半年现金流量达到 180 万元”、“在第 6 个五年获得 16%的税后投资报酬率”。

注意：(1) 目标是不含糊的，是可以测定的方式，如数据和指标；(2) 如果是双目标，目标之间应该彼此协调，具有一定的层次关系；(3) 设置一定的期限；(4) 目标具有挑战性，但必须可达。

（四）确定营销战略

对市场机会进行评估后，对企业要进入的哪个市场或者某个市场的哪个部分，要研究和选择企业目标市场。企业必须善于选择适合自己并能充分发挥自身资源优势的目标顾客群从事营销活动，确立企业在市场中的位置，这是企业营销管理中的战略决策问题。这个决策过程是由市场细分、目标市场选择和市场定位三个环节组成的。这三个环境是相互联系，缺一不可的。其中，市场细分是企业目标市场选择和市场定位的基础和前提，目标市场选择是企业营销战略的核心，市场定位是保证产品在潜在消费者的心目中留下值得购买的形象。

【即问即答】

营销战略在整个营销策划中的地位和作用如何?

（五）拟定营销战术

确定了目标市场，企业将根据目标市场的特征合理配置资源，从战术上分别制定产品、价格、分销和促销方案。企业营销管理过程中，制定企业营销战术策略是关键环节。企业营销策略的制定体现在市场营销组合的设计上。为了满足目标市场的需要，企业对自身可以控制的各种营销要素如质量、包装、价格、广告、销售渠道等进行优化组合。重点应该考虑产品策略、价格策略、渠道策略和促销策略，即“4Ps”营销组合。

（六）制定行动方案

行动方案也叫营销活动计划，是营销战术的具体化，主要指营销活动“要做什么?”、“什么时候做?”、“怎样做?”行动方案必须是具体的、细节化的，要全面考虑时间、空间、步骤、责任、项目费用等要素。一般需要使用表格或者图形，把各个要素的实际表现描述和陈列出来，使整个方案条理清晰，一目了然。

（七）编制预算表

营销预算是指执行各种市场营销战略、政策所需的最适量的预算以及在各个市场营销环节、各种市场营销手段之间的预算分配。营销预算是协调各个部门工作的重要工具，营销预算的各项重要指标与公司的生产、供应、财务、研发等息息相关。营销预算通常包括销售收入预算、销售成本预算、营销费用预算三个部分。

（八）组织实施和控制

组织实施和控制是营销策划的最后一个环节，是对执行整个营销计划过程的管理。组织实施的内容有：(1) 建立灵活而有适应性的组织架构；(2) 制定相应的激励制度，形成规章制度；(3) 强化企业文化的营销理念，并协调企业各部分和营销计划执行部门的关系；(4) 设立提示和监督的制度，确保计划的实施有条不紊地进行。企业往往给计划执行设定阶段性和长期考核指标，并给方案设立应急和备选方案，以确保预期目标能够顺利实现。

第三节　市场营销计划执行与控制

【本节任务】

了解市场营销计划执行过程；了解市场营销控制方法。

一、市场营销计划执行

许多人认为“把事情做正确”(实施)与“做正确的事情”(计划)一样重要，甚至前者比后者更加重要。一个企业的战略计划可能与另一个企业雷同，但是却能通过更快或更好的实施在市场中获胜。要知道市场营销计划的执行很难，通常想出好的营销计划比实施这些计划更容易些。一个好的市场营销计划如果执行不当，是不会有成效的。

(一) 市场营销计划执行工作

1. 制定行动方案

为了有效实施营销计划，营销部门需要制定详细的行动方案。通过具体的行动方案来回答下列问题：将做什么？何时做？由谁负责？费用是多少？例如，一般促销计划中应列明：特殊活动及其日期、参加的贸易展览会、新的现场展示和其他促销活动，并明确这些活动何时开始、检查和结束。

2. 调整组织结构

企业的正式组织结构在市场营销计划实施中发挥着巨大作用，因为每一个营销计划都要落实到具体的部门和人员。为了顺利完成营销计划，各部门、人员的权责界限都应作相应的调整和改变。市场营销组织结构应当根据企业战略、营销计划的需要，适时改变和完善。

3. 形成规章制度

为了保证计划能有效地实施，必须设计相应的规章制度。通过这些规章制度，明确与计划有关的各个环节、岗位、人员的责、权、利关系，充分调动员工积极性；对各环节岗位、人员的工作进行客观考核并据此实施奖惩。

4. 协调各种关系

成功的市场营销计划的实施取决于企业能否将行动方案、组织结构、决策和奖励机制、人力资源和企业文化这五大要素组合成一个有机的整体。要想使企业各种要素组合成一个有机的整体，需要企业具有较强的协调能力。

(二) 计划实施中的问题与原因

在执行一项营销计划时，所有的事情都可能出错，目标、基本的项目、价格、渠道、传播方式等都可能出现问题。当营销成果令人失望时，设法找出失败的原因，以便将来能较为成功地实施，是一件不容忽视的事情。一般造成营销计划失败的原因有如下几种：

1. 长期目标和短期目标相矛盾

营销计划的制定常常依据企业的长期目标，但在营销计划的执行过程中，我们对计划执行效果、部门、人员的考核又具有短期性。这就使得市场营销人员在执行计划过程中往往只重视短期效果，而忽视企业的长期利益。

2. 计划脱离实际

由于营销计划的制定者与实施者角色不同，往往出现计划脱离实际的情况，造成计划看起来很诱人、鼓舞士气，但执行起来却举步维艰。

3. 因循守旧的惰性

一项新的营销计划的执行必然会打破原有的组织结构，同时人员、部门的责、权、利都会发生变化，这些必然会受到原有旧势力的阻碍。

4. 缺乏具体、明确的行动方案

成功实施的营销计划需要一个详细的、可以把所有的人和活动及各种资源聚集到一起的行动方案。一项营销计划的实施往往牵涉许多部门、人员和环节，它们共同构成了一条执行链，任何一个环节、部分出现问题时，都会影响到计划的顺利完成。计划越详细、具体，执行就越容易。

【营销故事】

曾经东北一家国有企业破产，被日本财团收购。厂里的人都翘首盼望日方能带来让人耳目一新的管理方法，出人意料的是，日本人来了，却什么都没有变：制度没变、人没变、机器设备没变。日方就一个要求：把先前制定的制度坚定不移地执行下去。效果怎么样？不到一年，企业扭亏为盈。日本人的绝招是什么？执行，无条件地执行！

二、市场营销控制

市场营销部门必须连续不断地监督和控制各项营销活动，以保证市场营销计划的完成。所谓市场营销控制，是指市场营销管理者经常检查市场营销计划的执行情况，看看计划与实际是否一致，如果不一致或没完成计划，就要找出原因所在，并采取适当措施和正确行动。市场营销控制包括年度计划控制、盈利能力控制、效率控制和战略控制等几种方法。

（一）年度计划控制

任何企业都有自己的年度计划，而年度市场营销计划的执行能否取得理想的成效，还需要看营销控制工作进行得如何。所谓年度计划控制就是用销售额、市场占有率、营销费用率、顾客态度追踪四种绩效工具以核对年度计划目标的实现情况。事实上计划的结果不仅取决于计划制定的是否正确，还有赖于计划执行与控制的效率如何，所以搞好控制工作是一项极其重要的任务。

1. 销售分析

销售分析就是衡量并评估实际销售额与计划销售额之间的差距。这种差距的衡量与评估有两种方法：

1）销售差距分析

销售差距分析适用于分析不同因素对销售绩效的作用。例如，假设年度计划要求第一季度销售1万件产品，每件10元，即销售额10万元。在该季结束时，只销售了9000件，每件9元，即实际销售额8.1万元，比计划销售额少19％，差距为1.9万元。那么绩效降低有多少归因于价格下降？又有多少归因于销售下降呢？其计算如下：

$$\text{因价格下降的差异}=(10-9)\times 9000=9000\text{ 元}$$

$$\text{因价格下降的影响}=9000\div 19000=47\%$$

$$\text{因销量下降的差异}=(10000-9000)\times 10=10000\text{ 元}$$

$$\text{因销量下降的影响}=10000\div 19000=53\%$$

由此可见，没有完成计划销售量，是造成差距的主要原因，企业应该仔细检查不能达到预期销售量的原因。

2）地区销售量分析

地区销售量分析是用来衡量导致销售差距的具体产品和地区。例如，假设企业在三个地区的计划销售量分别为：A 地区 1500 件、B 地区 500 件、C 地区 2000 件，但地区实际完成的销售量分别为：A 地区 1400 件、B 地区 525 件、C 地区 1075 件，与计划的差距分别为：A 地区－6.67％、B 地区＋5％、C 地区－46.25％。显然问题出在 C 地区，应该对 C 地区不良的绩效进行深入分析，加强管理。

2. 市场占有率分析

公司的销售额并无法告诉我们公司对于竞争者的绩效如何，假设公司的销售量增加，这可能是由经济情况改善的结果，此时所有的公司都得利，也可能是公司相对于竞争者的绩效有所提高。企业必须追踪其市场占有率，若公司的市场占有率上升，则公司取得了市场竞争者的利益；若市场占有率下降，则公司相对于竞争者而言是损失了。市场占有率分析有四种方法。

1）总体的市场占有率

企业的总市场占有率是以其销售量除以总产业销售量的百分比而得，使用此方法时必须做两个决策：第一，决定要使用销售量还是销售额来表达市场点有率。对销售量而言，量的变化反映出竞争对手之间销售量的消长；对销售额而言，量的变化反映出量与价格的组合。第二，正确认定行业的范围。例如脚踏车是否应纳入摩托车市场。

2）所服务市场占有率

所服务市场占有率是指企业的总销售额占其服务市场总销售额的百分比。所服务市场是指对企业而言有兴趣的市场，且企业营销活动触及的市场。企业的服务市场占有率通常要大于它的总市场占有率。

3）相对市场占有率(相对于前三名竞争者)

相对市场占有率(相对于前三名竞争者)是以企业的销售额除以前三名竞争者销售额总额的百分比而得的。例如，若企业占有 40％的市场，而三个最大竞争者的占有率分别为：20％、10％及 10％，则公司的相对市场占有率为 100％(＝40％/40％)。在一般情况下，相对市场占有率高于 33％，即可视为具有强势地位。

4）相对市场占有率(相对于领先竞争者)

相对市场占有率(相对于领先竞争者)是以企业销售额与市场领导竞争者的销售额的百分比来表示的。相对市场占有率超过 100％，表明企业为市场领先者；相对市场占有率为 100％，表明企业与市场领先者不相上下。

3. 市场营销费用率分析

市场营销计划控制也要检查企业在完成营销计划时，营销费用有没有超支。市场营销管理人员应密切注意市场营销费用与销售额的比率，如果这一比率变化幅度较大，营销人员就应当引起警觉，防止比率失控，并分析原因，及时采取相应措施。

4. 顾客态度追踪

营销计划的实现与顾客对企业及产品(服务)的态度密切相关，通常企业用以下方法来追踪顾客的态度。

1）抱怨和建议

企业对顾客的各种抱怨应充分认真对待，并及时作出回应。对来自顾客的抱怨应该进行仔细记录、分析和归类，并从中找到企业不足之处，以便及时改进，从而提高顾客满意度，增加回头客，吸引新顾客，减少顾客流失率。同时企业应积极鼓励顾客提出建议和意见，使企业与顾客间保持一种协商机制，从而建立起一种长久的合作关系。

2）固定顾客样本

要想了解顾客对企业及产品(服务)的态度并非易事。通常做法是：由一些具有代表性又愿意支持企业工作的顾客组成固定顾客样本，定期地通过问卷调查或电话调查的方式了解其态度。通过这种方法使企业能更好地掌握顾客态度变化趋势，使市场营销管理者提早发现可能出现的问题。

3）顾客调查

企业定期地对随机顾客进行调查，了解企业员工服务态度、服务质量、产品价格等方面的信息，以便企业能及时发现问题，并进行纠正。

(二) 盈利能力控制

企业必须衡量各产品、区域、顾客群、营销渠道及订单大小的获利能力。这些信息可帮助管理者了解哪一项产品或营销活动应当予以扩大、缩减甚至删除。在进行企业盈利能力分析时，首先要对企业营销成本进行分析，因为营销成本的高低直接影响到企业利润的大小。

市场营销成本包括两大类：直接费用(如直接推销费用、促销费用、仓储费用、运输费用、营销管理人员工资办工费用)和间接费用(共同分担的费用如形象成本)，取得满意的利润是每个企业的最终目标，因此盈利能力控制是市场营销管理者的工作重点。

(三) 效率控制

如果企业某一产品、地区或市场的获利力能较差的话，说明营销管理的效率很差。可见企业营销计划的完成情况与营销管理的效率有关。

1. 销售力效率

各地区的销售经理应该记录其责任区内销售力效率的几项指标，其包括：每天每位销售人员的平均销售访问次数；每次接触的平均访问时间；每次销售访问的平均成本；每次销售访问的招待成本；每100次访问而取得订单的百分比；一定期间新增顾客数；一定期间流失顾客数；销售力成本占总销售额的百分比。通过以上统计分析可以帮助营销管理者发现许多问题：销售代表访问次数是否太少吗；每次访问时间是否过长；招待费是否过高等。这将非常有助于营销经理提高销售力效率。

2. 广告效率

对广告产生的效果不易衡量，许多管理者容易忽视对广告效率的控制。通过对下列资料的统计和分析可以达到提高广告效率的目的：对媒体分类；统计媒体工具、每接触一千位购买者所花的全部广告成本；顾客对每一媒体工具注意、联想和阅读的百分比；顾客对广告内容和效果的意见；对产品的态度前后衡量；受广告刺激而引起的询问次数；每次询问的成本。

3. 促销效率

为了改进促销的效率，管理者应该对每一促销成本和对销售的影响作出记录，其包括：因优待而售出的百分比；每一销售金额的陈列成本；折扣券收回的百分比；因展示而引起询问的次数。通过对上述记录的整理分析，可以帮助营销管理者选择最佳的促销工具和促销方法，开展最有效率的促销活动。

4．分销效率

对企业分销系统的结构、布局、分销渠道成员的作用和能力以及企业存货控制、仓库位置和运输方式全面分析，为企业找到最有效的分销组合。

（四）战略控制

企业必须时常对其整体的营销效力做精密的检讨与回顾。由于营销是一个目标、政策、战略经常迅速过时的领域，因此企业必须定期地重新评估企业计划、战略及其执行情况。其中最有效的方法便是营销审计。

市场营销审计是对企业市场营销环境、目标、战略、组织、方法、程序和市场营销活动等进行综合的、系统的、独立的和定期性的核查，以发现市场机会、找出存在问题，并提出改进建议，提高市场营销管理效果。具体讲市场营销审计包括对宏观环境、微观环境、营销策略、营销组织、营销系统、营销盈利水平、特定的营销功能七个方面的检查和评估。

第四节　营销团队管理

【本节任务】

理解营销团队的概念与作用；理解营销团队的建设工作的内涵。

一、营销团队的概念与作用

（一）营销团队的概念

营销是企业经营管理的核心命脉，在当今经济全球化的大潮下，市场竞争异常激烈，营销工作再不能只靠营销人员单打独斗，必须形成一个卓越的营销团队。团队在今天的销售过程中已成为决定成败的关键因素之一。

所谓营销团队，就是为了实现企业的营销目标，有目的地将企业的营销人员按照一定的形式组织起来形成一个有战斗力的团队，以确保顺利完成团队或企业的既定营销目标。

要形成一个有战斗力的营销团队，在团队建设中必须要考虑每个团队成员的知识结构、技术技能、工作经验、年龄性别和性格等方面的问题。要合理地配置，尽可能达到各方面合理的平衡，这是团队建设一个重要的基础。

（二）营销团队的作用

企业的营销活动能有效开展，离不开营销团队的建设。营销团队建设在企业营销活动中有以下重要作用：

1．可以有效地实现营销的全员管理

现代管理强调企业经营与管理活动涉及全体员工，而不仅仅是管理人员的事情。同样一个企业的营销业绩或营销团队的业绩，不只是营销主管非常关注的事，也应成为团队中每个个体都自觉关注的事。实行有效的营销团队，可以使团队内个体利益与整体利益一致化。企业引入团队营销模式，可以解决好企业内部互挖“墙角”、外部营销“撞车”的问题。

2．可以发挥营销团队成员个人的所长，搞好营销工作

实行营销团队管理，可以群策群力，调动营销团队所有资源和一切积极因素，从而能更好实现企业的营销目标。第一，企业引入团队营销模式，容易争取到重大项目。试想，当你告

诉客户，有一个团队的强大专业人员为其专门服务，客户会怎么想？第二，可以处理好重大项目营销分工的问题，将每项工作安排给最适宜的人员，提高各项工作针对性和有效性，提高整体营销效果。

3. 实行团队营销模式，可以有效提升营销成员的营销技能

在一个营销团队中，培养有丰富经验的营销人员，可以带领和指导新营销人员及缺乏经验的营销人员，促使他们尽快成长；另一方面大家可以相互交流取长补短，在实现企业营销目标时，自身的能力建设、学习水平同团队的整体业绩一并提升。企业引入团队营销模式，可以强化员工专业特长，提高团队整体素质，很快适应市场竞争的需要。

二、营销团队的建设

营销团队的建设需要注意以下几点：

（一）增强营销团队凝聚力

团队的凝聚力是团队成功的关键所在，一个缺乏凝聚力的团队，人心涣散，终究逃脱不了失败的命运。塑造团队文化，确立团队使命与愿景，是营销团队凝聚力塑造的精神之源。营销团队如果缺乏积极进取、团结向上的工作氛围，团队成员的力量就很难合在一起，成员间就会扯皮推诿指责，团队也就不可能成功。一个营销团队是依附于企业的，应该用企业文化和企业精神去熏陶每个团队成员，形成良好的大环境。

【课堂讨论】

螃蟹效应

钓过螃蟹的人或许都知道，篓子中只放一只螃蟹，很快它就能爬出来，但是如果在篓子中放入一群螃蟹，不必盖上盖子，螃蟹是爬不出去的。你知道这是为什么吗？螃蟹效应在营销管理中的启示是什么？

【营销故事】

为什么猎狗跑不赢兔子

一条猎狗将兔子赶出了窝，一直追赶它，追了很久仍没有抓到。一位牧羊人看到此种情景停下来，讥笑猎狗说：“你们两个之中小的反而跑得快很多。”猎狗回答说：“你们不知道我们两个跑是完全不同的！我仅仅为了一餐饮而跑，而他却为了性命而跑呀！”

寓言揭示：兔子与猎狗做一样的事情，都拼命地跑步，然而，他们的目标是不一致的，其目标不一致，导致其动力也会不一样。

（二）确立核心的营销团队管理层

一个营销团队必须要有一个核心管理层来领导和指导其运行，而管理层必须具备计划能力、分析能力、执行能力、控制能力，并构筑团队的支撑体系来达到设定的目标业绩，领导层的好坏直接决定团队营销活动能否有效开展。“一头狮子带领的一群绵羊，能够打败一头绵羊带领的狮子”说的就是这个道理。企业应该特别注意职业经理人的选拔和培养，注重选拔一批德才兼备的帅才，而不会因人事的变动而使团队陷于被动局面。

(三)制定完整的规章制度

营销团队管理从某种意义上讲，团队人际关系及人性化管理的成分较重，尤其是团队规模较小时。但为了保证团队能规范有序运行，规范成员行为，必须加强团队管理的制度建设。首先是严格遵守规章制度，规章制度包含很多层面：团队纪律条例、组织条例、财务条例、保密条例和奖惩制度等。其次，要加强制度的执行，令行禁止。

【阅读资料】

"破窗效应"理论

美国斯坦福大学心理学家菲利普·辛巴杜(Philip Zimbardo)于1969年进行了一项实验，他找来两辆一模一样的汽车，把其中的一辆停在加州帕洛阿尔托的中产阶级社区，而另一辆停在相对杂乱的纽约布朗克斯区。他把停在布朗克斯的那辆车牌摘掉，把顶棚打开，结果当天就被偷走了，而放在帕洛阿尔托的那辆，一个星期也无人理睬。后来，辛巴杜用锤子把那辆车的玻璃敲了个大洞。结果呢，仅仅过了几个小时，它就不见了。以这项实验为基础，政治学家威尔逊和犯罪学家凯琳提出了一个"破窗效应"理论：如果有人打坏了一幢建筑物的窗户玻璃，而这扇窗户又得不到及时的维修，别人就可能受到某些示范性的纵容去打烂更多的窗户。久而久之，这些破窗户就给人造成一种无序的感觉。结果在这种公众麻木不仁的氛围中，犯罪就会滋生、繁荣。

从"破窗效应"中，我们可以得到这样一个道理：任何一种不良现象的存在，都在传递着一种信息，这种信息会导致不良现象的无限扩展。必须高度警觉那些看起来是偶然的、个别的、轻微的"过错"。如果对这种行为不闻不问、熟视无睹、反应迟钝或纠正不力，则会纵容更多的人"去打烂更多的窗户玻璃"，就极有可能演变成"千里之堤，溃于蚁穴"的恶果。就如刘备那句话——勿以善小而不为，勿以恶小而为之。

(四)努力使团队内各分工协调一致

企业在开展团队营销时，应遵循两个原则：一是协调分配资源原则。团队的人、财、物等发展资源是有限的，进行资源的优化配置，才能达到最大限度地利用资源和赢得市场的目的。二是共同协作、相互受益原则。团队内部各工种要加强沟通，相互配合有助于彼此的共同发展；反之，相互推诿，或者封闭消息，将带来重复劳动，加大信息成本，从而造成效率低下。

团队营销强调整体的利益和目标，强调组织的凝聚力，管理者为员工创造积极、高效的工作环境，团队中的每一个人围绕共同的目标齐心协力，同舟共济，发挥最大潜能。当所有部门或员工协调一致，发挥市场调研、产品设计、营销推广等策略的整体效应，与客户建立良好关系，团队营销才会变得卓有成效。

(五)加强营销团队的队伍建设

营销团队人才队伍建设应从以下几方面入手：

1. 合理的人才选择标准

企业在选人的过程中要坚持"可塑性"用人原则，无论是内部选聘还是外部招聘，企业在选人的时候应该注重"可塑性"，而不是更多地关注于其是否曾经从事过类似的工作，是否有业务经验。

2. 打造队伍积极的从业心态

态度是营销工作的基础和根本，在日常的工作中，由于营销人员每天都要与不同类型的客户打交道，所以每天都可能面临很多的拒绝。心态不好，注定是无法做好工作的。企业需要给员工及时的引导和帮助，让他们认识到只有具备相当好的抗压能力才能经得起市场的挑战和磨砺，并采取各种措施加强企业文化宣传，用整个良好的氛围使员工形成共同的价值观和事业追求理念，保持良好的精神状态和斗志。

3. 开展体验式拓展训练

拓展式培训是通过设计独特的富有思想、挑战性和趣味性的户外活动，培养员工积极进取的人生态度和团队合作精神，是一种现代组织的全新的学习方法和训练方式。

(六) 建立完善团队的管理考核制度

加强对营销团队的考核是打造卓越的营销团队的保障。要做到在营销工作中有序协作，就必须建立一套健全完善的管理制度和考核机制。为此，要做好以下几个方面的工作：

1. 明确工作职责

营销团队的职责必须围绕企业经营重点，定位于各种客户开发、维护、市场信息收集等方面，重点是维护大客户、推进大项目、签订大订单。要制定服务规范，细化和规范操作流程，提高标准化服务水平。

2. 规范营销秩序

规范营销秩序包括规范营销人员工作服务的客户对象、工作的区域、产品等。

3. 建立激励措施和按劳分配机制

企业可对营销团队使用企业资源情况，考虑其涉及面的大小，按照一定比例分解指标，把个人完成任务情况与所在团队整体营销效果进行捆绑考核。根据员工的能力、努力程度给予不同奖励，使团队内所有员工分享劳动成果。奖励向关键岗位和优秀人才倾斜，以收入差距体现劳动“公平”。这有助于增强团队的向心力和员工的主动性，避免不必要的猜忌，使员工感受到自己在团队中的重要性，增强其自信心。

4. 建立淘汰机制

在业绩考核的基础上，为有利于营销团队的建设，还必须建立淘汰机制。对营销能力弱、没有营销激情、长期营销业绩差的营销人员实行降级、淘汰，让营销人员既有动力，又有压力，始终保持营销团队的活力。

【知识拓展】

请扫描二维码阅读了解团队建设的误区。

http://www.doc88.com/p－6744476662751.html

本章小结

市场营销组织是指企业内部涉及市场营销活动的各个职位及其结构。市场营销组织的发展大体经历简单的销售部门、具有附属功能的销售部门、独立的营销部门、现代营销部门和现代市场营销企业五个阶段。市场营销组织可分为功能式组织、地理性组织、产品管理组织、市场管理组织和事业部组织五种组织。

市场营销计划的内容包括状况分析、营销目的与目标、营销策略、营销活动计划和营销控制。

市场营销计划执行应包括制定行动方案、调整组织结构、形成规章制度、协调各种关系等方面。

市场营销控制包括年度计划控制、盈利控制、效率控制和策略控制等几种方法。

营销团队管理包括营销团队的作用和营销团队建设两个方面的内容。

测试练习

一、名词解释

1. 市场营销组织　2. 市场营销计划

二、填空题

1. 市场营销组织的发展大体经历了五个阶段：(　　)、(　　)、(　　)、(　　)和(　　)。

2. 年度计划控制就是用销售额、(　　)、(　　)、(　　)四种绩效工具以核对年度计划目标的实现情况。

三、选择题

1. ＿＿＿＿＿＿是最常见的市场营销组织形式。

A. 职能型组织　　B. 产品型组织

C. 地区型组织　　D. 管理型组织

2. 市场营销组织是指企业内部设计市场营销活动的各个职位及其＿＿＿＿＿＿。

A. 系统　　B. 控制

C. 结构　　D. 组合

四、思考题

1. 如何理解营销组织设置的原则中的“幅度与层次适当原则”？

2. 简述市场营销策划的主要工作流程。

3. 市场营销控制的主要方法是什么？

4. 营销管理中应如何加强营销团队的队伍建设？

五、案例分析题

郁闷的庆功宴

临近年底正是销售经理最为紧张的时候，因为公司财务正在计算和总结全年的销售情况，而这则关系到销售部门能否按照计划完成任务，当然也涉及销售经理能否拿到全额的提成和奖金。

凌云公司的销售经理李爽却一幅成竹在胸的样子，因为当年的销售任务已经在11月份就完成了，12月份的业绩就是超出部分的了。果然，公司于新年前夜举办了“庆功宴”，以此表彰年度做出突出贡献的员工，李爽以突出的销售业绩得到了公司领导的认可和嘉奖。席间，按照惯例，李爽向领导一一敬酒，表达领导对自己工作的信任和支持的感激之情。走到大老板面前，自然要为来年表一表决心和信心，说到明年的计划销售额时，大老板还没等李爽说出自己的建议，就笑着拍拍李爽的肩膀说到："小李，今年超额完成10%，干的漂亮啊！明年的销售额我就给你加3成，好好干吧……"。

后面老板说的什么李爽都没听见，只感觉一个头三个大。李爽本意是根据今年的客户状况及销售机会等数据做个分析，然后打个报告，希望对来年的销售计划有个科学的规划。谁知道大老板一拍脑门就加了3成，想想进入这个领域的越来越多的竞争对手，已经硝烟弥漫的价格大战，李爽此时此刻的心情只剩下了——郁闷。

案例思考：

1. 该公司制定下年度销售计划科学吗？为什么？

2. 应该如何考虑科学制定销售计划？

六、实训练习

选择当地的一家知名度较高的经济型酒店，学生以团队的形式，广泛收集并分析该酒店的相关信息，为该酒店拟定一套营销方案，编写营销策划报告。

综合实训一　市场营销策划

一、实训目的

实训的目的是检测学生对市场营销理论知识的掌握程度，训练学生对市场营销各阶段技能的综合应用能力以及营销创新能力。

二、实训任务

选择某真实企业的某系列产品或某个产品，针对某一现实市场，进行真实环境下的可操作营销策划和必要的营销活动策划。

任务一：营销诊断。以市场调研为手段，开展企业内外部环境研究，掌握企业及其产品的市场现状、消费者需求状况以及主要竞争对手状况，客观评价企业产品的市场地位。

任务二：营销战略设计。确定目标市场，合理作出市场定位。

任务三：营销战术设计。制定营销组合策略。

三、实训的基本要求

1. 以5人左右为一策划团队，协作完成营销策划流程，创作营销策划案。
2. 实训成果表达一：《XX产品营销策划书》，要求字数最少4000字。
3. 实训成果表达二：制作PPT向全班同学汇报并回答老师和同学的提问。
4. 营销策划案所需数据、参考书等资料一律自行收集、准备。

四、《XX产品营销策划书》基本框架(参考)

（一）市场分析

1. 企业的目标和任务
2. 企业市场现状分析

（1）企业市场现状

（2）企业外部环境

（3）企业内部环境

3. 消费者市场分析
4. 主要竞争对手及其营销策略
5. SWOT分析

（二）营销战略

1. 营销目标、预期效果
2. 目标市场选择
3. 市场定位

（三）营销策略

1. 产品/服务策略
2. 分销策略
3. 定价策略
4. 促销策略

（四）营销实施方案

（五）营销效果评估与管理

综合实训二　促销活动策划

一、实训目的

充分调动学生创新积极性，强化学生团队合作精神，训练学生整合各项资源、系统安排各项活动、活动现场协调指挥的能力和素质。

二、实训任务

将“综合实训一”中的其中一项促销活动具体化，设计详细的实施流程，明确每一个活动细节，让实施者根据你这个策划方案，就能够很好地去完成促销活动任务。

任务一：写一份促销活动策划方案。

任务二：写出具体实施促销活动。

三、实训的基本要求

1. 以5人左右为一策划团队，协作完成促销活动策划方案。
2. 实训成果表达一：《XX活动策划书》。
3. 实训成果表达二：制作PPT向全班同学汇报活动实施过程和创新点。
4. 实训成果表达三：活动现场展示。

四、《XX活动策划书》基本框架(参考)

（一）活动目的(背景)：基于什么现状要开展这个活动，为什么要开展这个活动

（二）活动主要参与对象：确定活动的目标受众

（三）活动主题：主要是提炼、构建活动广告语。这部分是促销活动方案的核心部分，应该力求创新，使活动具有震撼力和排他性

（四）活动的主要方式和内容

（五）活动时间、地点

（六）活动的执行方案

这部分是重点，力求清楚明了。

(1) 活动的前期准备。这主要包括人员安排、物质准备、广告宣传配合。

(2) 活动现场操作。这包括活动现场各环节安排、时间节点控制、人员活动纪律控制等。

（七）意外防范计划，力求对各种意外情况做出预案

（八）费用预算

（九）效果评估

参考文献

[1] 吴健安. 市场营销学. 5版. 北京：高等教育出版社，2014.
[2] 侯丽敏. 市场营销经理助理资格考试. 北京：电子工业出版社，2010.
[3] 季辉. 市场营销. 北京：科学出版社，2010.
[4] 池丽华. 市场营销学. 北京：立信会计出版社，2011.
[5] 路剑清. 市场营销学. 北京：清华大学出版社，2014.